The Core Mission and Management Mechanism of the University

大学的核心使命与管理机制

张国有　主编

北京大学出版社
PEKING UNIVERSITY PRESS

图书在版编目(CIP)数据

大学的核心使命与管理机制/张国有主编. —北京：北京大学出版社，2019.4

ISBN 978-7-301-30388-7

Ⅰ.①大… Ⅱ.①张… Ⅲ.①高等学校—学校管理—研究 Ⅳ.①G647

中国版本图书馆 CIP 数据核字(2019)第 041624 号

书　　名	**大学的核心使命与管理机制**
	DAXUE DE HEXIN SHIMING YU GUANLI JIZHI
著作责任者	张国有　主编
责任编辑	周志刚　刘清愔
标准书号	ISBN 978-7-301-30388-7
出版发行	北京大学出版社
地　　址	北京市海淀区成府路 205 号　100871
网　　址	http://www.pup.cn　　新浪微博：@北京大学出版社
微信公众号	科学与艺术之声（微信号：sartspku）
电子信箱	zyl@pup.pku.edu.cn
电　　话	邮购部 010-62752015　发行部 010-62750672
	编辑部 010-62750539
印 刷 者	大厂回族自治县彩虹印刷有限公司
经 销 者	新华书店
	650 毫米×980 毫米　16 开本　21 印张　273 千字
	2019 年 4 月第 1 版　2019 年 4 月第 1 次印刷
定　　价	79.00 元

前　言

《大学的核心使命与管理机制》是继《大学的理念、规则与大学治理》之后第二本大学领导人论说大学管理的专辑。2013 年 5 月第一本大学管理专辑出版后，大学又有了新的进步、新的成就，也出现了新的值得探讨的问题。许多大学领导人关注大学的发展与管理，因此又有了新的探索、新的见解。这本专辑里的 23 篇文章，出自于现任的大学校长、书记和曾任的大学校长、书记，以及学院院长和相关领域的大学领导人、管理者。他们经验丰富、见解独到，尽管角度各有不同，某些观点也并不一定为所有人认可，但长期沉淀的心得很值得一读。

大学的基本任务在于人才培养、科学研究、社会服务、文化传承，但核心使命集中于人才培养。如何实现核心使命，关键在于将大学建设成为能够培养卓越人才的机构，通过有序有效的体系来有序有效地培养卓越的人才。与机构建设、体系建设相关，这本专辑侧重于研究以培养人才为目的的大学发展的指导思想、人才培养模式与途径、大学机构建设的问题与对策、大学治理体系的状态及国际比较、大学决策体系与决策机制、学科的建设与发展管理、学生实践能力的培养与全面发展等。

人才培养是大学的核心使命。习近平总书记最近一个时期多次强调，要坚持把立德树人作为根本任务，培养德智体美劳全面发展的社会主义建设者和接班人。① 大学的核心使命就是培养人。培养踏踏实实修好品德、有大爱大德大情怀的人，培养求知问学，有丰富学识，沿着求真理、悟道理、明事理的方向前进的人，培养具有批

① 习近平总书记 2018 年 5 月 2 日视察北京大学时在座谈会上的讲话，9 月 10 日在全国教育大会上的讲话等多次讲话强调的基本思想。

判思维、创新思维、实践能力的人，培养具有健全人格、健康体质、坚强意志的人，培养具有劳动意识、不畏艰苦、踏实劳作的人，下大力气培养创新型、复合型、应用型人才。大学毕业生是社会的有用人才，应该成为社会的典范，能够引领社会的风气。所以，大学坚持立德树人的人才培养目标极为重要。

大学要培养全面发展、引领未来的人，就要构建德智体美劳全面的人才培养体系，大学的理念、规则、机制、学科体系、治理结构、教学方式、科学研究、专业设置、管理规则、培养模式等都要以培养人才这个核心使命进行规划和设计。同时，还要改善支持、爱护、促进大学发展的社会环境，"深化教育体制改革，健全立德树人的落实机制，扭转不科学的教育评价导向，坚决克服唯分数、唯升学、唯文凭、唯论文、唯帽子的顽瘴痼疾，从根本上解决教育评价指挥棒问题。"①

我长期在北京大学工作，经历过大学的"985"建设和 2017 年启动的"双一流"建设，深知大学存在的理由与根据就是"培养人才"。北京大学的核心使命是培养引领未来的人，同时孕育推动国家和人类进步的新思想、前沿科学和未来技术。北大一直以"追求真理、追求卓越、培养人才、繁荣学术、服务人民、造福社会"为办学理念，坚持立德树人，重视基础、尊重选择，追求世界最高水准的教育，培养以天下为己任，具有健康体魄与健全人格、独立思考与创新精神、实践能力与全球视野的引领未来的卓越人才。1898 年北京大学的前身京师大学堂设立时，其章程就明示，将"端正趋向，造就通才"作为"全学之纲领"②。1932 年的北京大学章程进一步明示，以"研究高深学术""养成专门人才""陶融健全品格"③为大学宗旨。可见，北大

---

① 习近平总书记 2018 年 9 月 10 日在全国教育大会上的讲话。

② 《钦定京师大学堂章程》第一章，光绪二十八年七月十二日(1902 年 8 月 15 日)。

③ 《国立北京大学组织大纲》第一条，《北京大学日刊》二六七六号，1932 年 8 月 29 日。

一直将自己看作是“养成硕学闳才之所”①。

北大在坚守培养引领未来人才这个核心使命的同时，面向科学前沿和国家战略需求，营造和维护自由探索的环境，支持为探究真理而进行的独立多样、综合交叉的创造性研究，着力基础研究，促进应用研究，为中国及世界贡献新思想、前沿科学和未来技术。为此，就要建立和完善一个培养系统，这个系统的功能是将“入学生”转化成“毕业生”，在这个转换过程中，进行各种培养活动，达到教育目的。北大建校 120 年来，一直在改进和完善这个培养系统。一直面向现代化、面向世界、面向未来，坚守思想自由、兼容并包的大学精神，继承爱国、进步、民主、科学的大学传统，弘扬勤奋、严谨、求实、创新的大学学风，努力建设崇尚真理、追求卓越、中国特色、北大风格的现代大学制度。

不仅仅北大，我国的许多大学都扎根中国大地建设具有自身特色的大学。特色差异的方面很多，其中一个重要方面就是培养人才的成果、效率不尽相同，与成效相关的培养系统和环节的构成也不完全相同。综合大学、专门化大学、人文社会科学、艺术、医学等，相互之间在结构功能上有所侧重，即使同一类的大学，由于理念、规则、机制、传统的差别，还有系统环节构成上的差别、努力程度的差别等，都会在成果、效率上显示出自己的特色。究竟如何建设一个有序有效的培养人才的大学系统，既要考虑大学内部因素又要考虑大学外部的因素，既有宏观因素又有微观因素，是个值得深入研讨的问题。

就上述思考，《大学的核心使命与管理机制》这本专辑的内容主要侧重三个方面：大学的核心使命与发展理念，国外大学治理和管理机制的比较分析，大学学科建设与人才培养模式。专辑的文章从中国不同类别大学建设的实际出发，在不同的领域，分别阐述了大学存在的理由及发展理念，分析了国内外大学建设的经历、经验和

---

① 1920 年 10 月 5 日蔡元培校长呈国立北京大学现行章程给民国教育总长范源廉的呈函。

可借鉴的管理机制，提出了许多独到的看法和建议。在这本专辑出版的时候，特别感谢各位大学领导人、前辈及同仁不辞辛劳欣然惠赐大作，并与读者分享心得。期盼读者们继续关注大学发展，提出看法及建议，共同探讨大学成长与大学管理问题。

张国有
北京大学经济与管理学部主任
北京大学前副校长
2018 年 10 月 30 日

目　　录

大学的核心使命与发展理念

国外大学管理机制分析

大学学科建设与人才培养模式

大学的核心使命与发展理念

大学建设遵循的"两个标准"*

刘 伟**

2018年5月2日，习近平总书记考察北京大学并发表重要讲话。这是党的十九大以来，总书记面向高等教育乃至整个教育战线首次发表的重要讲话。讲话着眼于建设社会主义现代化强国和实现中华民族伟大复兴中国梦，强调中国高等教育要抓住培养社会主义建设者和接班人这一根本任务，努力建设中国特色世界一流大学。讲话立意高远、思想深刻，是习近平教育思想的系统阐述和集中体现，是指导做好新时代高校工作的纲领性文献，是建设中国特色世界一流大学的根本遵循。

高校只有抓住培养社会主义建设者和接班人这个根本才能办好

习近平总书记在"5·2"讲话中指出，培养德智体美全面发展的社会主义建设者和接班人，是我们党的教育方针，是我国各级各类学校的共同使命。高校只有抓住培养社会主义建设者和接班人这个根本才能办好，才能办出中国特色世界一流大学。学习和领会习近平总书记关于"根本"的科学论断，必须从我国社会主义初级阶段的基本国情出发，在中国特色社会主义进入新时代这一新的历史方位上，从实现"两个一百年"奋斗目标的历史高度，加深对新时代发

---

* 本文为中国高等教育学会重大委托课题"习近平新时代中国特色社会主义高等教育思想研究"的阶段性成果。原文：刘伟. 中国高等教育培养社会主义建设者和接班人 建设中国特色世界一流大学.（2018-08-03）[2018-10-31]. http://www.sohu.com/a/244885515_273375.

** 刘伟，中国人民大学校长，经济学教授。

展高等教育事业重要战略意义的认识。

中国高等教育的发展，从新中国成立到现在经历过两次大的创业。第一次是新中国成立后的创业，我们逐步建立起了相对完整的高等教育学科体系和人才培养模式，培养了一支可信赖的教师队伍，建立了我们自己的教育体系，形成了中国特色的教育体制。在第一次创业中，高校哲学社会科学通过改造和建设并举、继承和创新融合，我们建立了新中国自己的哲学社会科学体系。改革开放以后，第二次创业，中国的教育在更大范围内吸收人类文明发展的优秀成果，借鉴各国先进经验，更重要的是从中国的实际出发，总结我们自己的经验，继承我们的优秀传统文化，走自己的路。这个道路中间有曲折、有反复，但是我们走过来了，为改革开放伟大事业提供了智力支撑和人才保证。我们整体上开始向世界教育第一方阵迈进。

党的十九大后，在新的历史进程中，我们开始进行第三次创业，总的目标就是实现教育现代化，建设教育强国，办人民满意的教育，为人民谋幸福、为民族谋复兴、为世界谋和平。这一次创业，高等教育战线面临的任务是伟大的、光荣的，更是艰巨的。总体来看，我国形成了世界上规模最大的高等教育体系，人才培养、科学研究、社会服务、文化传承创新、国际交流合作能力显著增强，高等教育质量明显提高，为促进经济社会发展做出了重要贡献。我国高等教育取得了长足发展，但大而不强、活力不够等问题仍然存在，与国家发展需要和人民群众期盼相比仍存在较大差距。习近平总书记指出："我国正处于历史上发展最好的时期，但要实现'两个一百年'奋斗目标、实现中华民族伟大复兴的中国梦，必须更加重视教育，努力培养出更多更好能够满足党、国家、人民、时代需要的人才。"①

中国特色社会主义进入新时代，我国对高等教育的需求比以往任何时候都更加迫切，对科学知识和卓越人才的渴求比以往任何时

---

①　2016 年 9 月 9 日，习近平总书记在北京市八一学校考察时的讲话。

候亦更加强烈。党中央做出加快建设世界一流大学和一流学科的决策，就是要提高我国高等教育发展水平，增强国家核心竞争力。我国独特的历史、独特的文化、独特的国情，决定了我国必须走自己的高等教育发展道路，扎实办好中国特色社会主义高校。我国高等教育发展方向要同我国发展的现实目标和未来方向紧密联系在一起，为人民服务，为中国共产党治国理政服务，为巩固和发展中国特色社会主义制度服务，为改革开放和社会主义现代化建设服务。国家发展同大学发展相辅相成，站在新的历史方位上，我国大学要培养什么样的人，总书记给出了明确的答案，就是要培养德智体美劳全面发展的社会主义建设者和接班人。

明确高校工作“根本标准”和“第一标准”的要求

习近平总书记首次提出了“两个标准”的概念，明确了高校工作的“根本标准”和“第一标准”，即要把立德树人的成效作为检验学校一切工作的根本标准，把师德师风作为评价教师队伍素质的第一标准。

国无德不立，人无德不立。我国自古以来就有重视德育的传统。《左传》有言：“太上有立德，其次有立功，其次有立言。虽久不废，此之谓不朽。”习近平总书记高度重视“德”在育人中的首要地位、方向和作用。道德之于个人、之于社会，都具有基础性意义，做人做事第一位的是崇德修身。这就是我们的用人标准为什么是德才兼备、以德为先，因为德是首要、是方向，一个人只有明大德、守公德、严私德，其才方能用得其所。崇德修身，既要立意高远，又要立足平实。要立志报效祖国、服务人民，这是大德，养大德者方可成大业，明大德才会守公德、严私德。各级各类学校都必须把育人摆在人才培养工作的中心位置，实现育人和育才的辩证统一。这就是人才培养的辩证法，是办学必须遵循的基本规律。

把立德树人的成效作为检验学校一切工作的根本标准，要真正做到以文化人、以德育人，不断提高学生思想水平、政治觉悟、道德品质、文化素养，引导同学们明大德、守公德、严私德。我们要用习近平新时代中国特色社会主义思想武装学生头脑，把社会主义核心价值观融入人才培养全过程，引导大学生自觉践行社会主义核心价值观。强化青年学生的时代责任感和历史使命感，激励青年学生自觉将个人奋斗纳入到建设中国特色社会主义的伟大事业中，自觉把个人的理想追求融于实现中华民族伟大复兴的中国梦。

立德树人是一项复杂的系统工程，也是一项神圣的长期任务。学校是立德树人的主阵地，要坚持中国特色社会主义办学方向；教师是立德树人的引路人，要全面提升教师的政治素质、业务能力和育人水平，坚持教育者先受教育，让教师更好担当起学生健康成长指导者和引路人的责任；社会是立德树人的软环境，要统筹协调、协同推进，营造良好的育人环境和教育氛围。完成立德树人的根本任务，需要整合学校、教师、社会各方面的力量，形成协同育人的机制，实现全员育人、全过程育人、全方位育人。

师德师风是评价教师队伍素质的第一标准，建设中国特色世界一流大学要建设高素质教师队伍。构建政治素质过硬、业务能力精湛、育人水平高超的高素质教师队伍是大学建设的基础性工作。“师者，人之模范也。”人才培养，关键在教师。教师队伍素质直接决定着大学办学能力和水平。老师的一言一行都给学生以极大影响，所以要把师德师风作为评价教师队伍素质的第一标准。

总书记对高校教师队伍现状给出了高度评价，认为教师队伍师德师风总体是好的，绝大多数老师都敬重学问、关爱学生、严于律己、为人师表，受到学生尊敬和爱戴。同时，也要看到教师队伍中存在的一些问题。对出现的问题，我们要高度重视，认真解决。高校要加强和改进教师思想政治工作，健全师德师风评价体系，完善师德建设制度规范，实行“师德一票否决制”，推动教师队伍自觉承担起传道授业解惑的光荣职责，恪守职业道德规范，不断坚定崇高职业理想和职业道德。

我们要坚持将师德师风作为评价教师队伍素质的第一标准，鼓励广大教师积极学习领会、贯彻落实习近平新时代中国特色社会主义思想，并贯穿到日常的育人工作中去。引导广大教师切实在日常工作中把立德树人作为出发点和根本任务，不断增强使命感，积极教书育人，加强自身道德修养，关爱学生，注重学生思想品德教育，注重学生全面发展，成为学生爱戴、社会尊敬的好教师。教师思想政治状况具有很强的示范性，要坚持教育者先受教育，让教师更好担当起学生健康成长指导者和引路人的责任。

明确提出要抓好“三项基础性工作”

如何培养社会主义建设者和接班人？习近平总书记在“5·2”讲话中强调，要抓好三项基础性工作，即坚持办学正确政治方向、建设高素质教师队伍、形成高水平人才培养体系。政治方向就是为谁培养人的问题，这从根本上决定着我们的教育性质；教师队伍就是谁来培养人的问题，教师队伍是培养人的主体力量。

1. 坚持办学正确政治方向

坚持办学正确政治方向，最根本的是坚持马克思主义对高校工作的指导。马克思主义是我们立党立国的根本指导思想，也是我国大学最鲜亮的底色。在中国共产党领导的高等教育实践中，党始终牢牢把握高校正确的办学方向，掌握高校思想政治工作主导权，用科学理论武装人，用正确思想引导人，保证高校始终成为培养社会主义建设者和接班人的坚强阵地。

以马克思主义为指导是中国共产党领导高等教育实践经验的科学总结。中国共产党领导高等教育的成功历史经验证明，高校的创办、发展、改革和创新都离不开马克思主义的指导。在革命、建设和改革各个时期，马克思主义的研究与传播都在高等教育的办学中处于十分重要的地位。特别是改革开放以来，国际国内环境发生了巨大变化，高校思想政治建设也面临新的挑战。为牢牢把握高校意识形态工作领导权，中国共产党十分重视思想政治理论课在高校的开设，马克思主义指导思想在高等院校得到更加科学的贯彻和落实。同时，高校思想政治工作队伍持续加强，大学生的思想政治觉悟和马克思主义理论水平得到提升。这些举措从根本上保证了党的教育方针在高等院校贯彻实施。

以马克思主义为指导是坚持社会主义办学方向的客观要求。“大学之道，在明明德。”大学既是传授知识的场所，也是塑造和培养学生价值观的熔炉，青年的价值取向决定了未来社会的价值取向。对于青年大学生的价值观教育，决定了国家和民族的未来。高校是意识形态工作的前沿阵地，肩负着学习研究宣传马克思主义、培养社会主义建设者和接班人的重大任务。能否坚持马克思主义的指导地位，事关高校的正确办学方向，事关立德树人的根本任务，因此具有很强的政治性、战略性、全局性。

以马克思主义为指导是实现“双一流”建设目标的内在需要。马克思主义是科学的世界观和方法论，扎根中国大地办高等教育、办世界一流大学，要求我们必须重视用马克思主义指导高校改革发展和学科建设。高校运用马克思主义的立场、观点和方法去辨明研究方向、掌握科学思维、得出合乎规律的认识，是开展具体科学研究的客观要求。在马克思主义指导下，各种学术思想和学术流派切磋交流，既有利于一流人才的培养、一流学科的建设，也有利于一流大学的创新发展。

坚持办学正确政治方向，要坚持不懈地抓好马克思主义理论教育，深化大学生对马克思主义历史必然性和科学真理性、理论意义和现实意义的认识，教育学生学会运用马克思主义立场观点方法观察世界、分析世界，真正搞懂面临的时代课题，深刻把握世界发展走向，认清中国和世界发展大势，让学生深刻感悟马克思主义真理力量，为学生成长成才打下科学思想基础。要坚持不懈培育和弘扬社会主义核心价值观，准确理解和把握社会主义核心价值观的重要意义、深刻内涵和实践要求，引导广大师生做社会主义核心价值观的坚定信仰者、积极传播者、模范践行者，不断增强价值判断、选择、塑造能力。

2. 建设高素质教师队伍

当今世界正处在大发展大变革大调整之中，新一轮科技和工业革命正在孕育，新的增长动能不断积聚。中国特色社会主义进入了新时代，开启了全面建设社会主义现代化国家的新征程。我国社会主要矛盾已经转化为人民日益增长的美好生活需要和不平衡不充分的发展之间的矛盾，人民对公平而有质量的高等教育的向往更加迫切。建设高素质的教师队伍是建设社会主义现代化教育强国的首要条件，是建设人民满意世界一流大学的客观要求。高校教师承担着传播知识、传播思想、传播真理的历史使命，肩负着塑造灵魂、塑造生命、塑造人的时代重任，是高等教育发展的第一资源，是国家富强、民族振兴、人民幸福的重要基石。只有优秀的教师才能培养优秀的人才，只有拥有高素质的教师队伍才能争创人民满意的世界一流大学。可以说，教师队伍素质直接决定着世界一流大学办学能力和水平，这就对高校教师队伍能力和水平提出了新的更高的要求。

建设高素质教师队伍，要按照习近平总书记“5・2”讲话中“政治素质过硬、业务能力精湛、育人水平高超”的要求推进，促进高等教育内涵式发展。要从培养社会主义建设者和接班人的高度，考虑大学师资队伍的素质要求、人员构成、培训体系等。建设高素质教师队伍，必须把师德师风作为评价教师队伍素质的第一标准，加强理想信念教育和师德师风建设；必须更加注重提高教师业务能力，加强理论素养和专业素质建设；必须更加注重提高教师育人水平，加强教育教学水平能力建设。

我们要认真落实中共中央、国务院《全面深化新时代教师队伍建设改革的意见》精神，着力提升思想政治素质，全面加强师德师风建设，全面提升高等学校教师质量，建设一支高素质创新型的教师队伍。要搭建校级教师发展平台，组织研修活动，开展教学研究与指导，推进教学改革与创新，注重加强院系教研室等学习共同体建设，建立完善传帮带机制。要全面开展提升教师教学能力的培训，重点面向新入职教师和青年教师。要加强高端智库建设，依托人文社会科学重点研究基地等，汇聚培养一大批哲学社会科学名家名师。

3. 形成高水平人才培养体系

社会主义建设者和接班人，既要有高尚品德，又要有真才实学。学生在大学里学什么、能学到什么、学得怎么样，同大学人才培养体系密切相关。目前，我国大学硬件条件都有很大改善，有的学校的硬件同世界一流大学比已经没有太大差别，但关键是要形成更高水平的人才培养体系。人才培养体系必须立足于培养什么人、怎样培养人这个根本问题来建设，可以借鉴国外有益做法，但必须扎根中国大地办大学。

形成高水平人才培养体系，必须加强党的领导和党的建设，加强思想政治工作。办好中国特色社会主义高等教育，必须旗帜鲜明坚持并加强党对高校工作的领导，加强和改进高校党建工作，这是办好中国特色社会主义大学的根本保证。对于坚持党对高校工作的领导这个根本问题，任何时候我们都不能含糊和动摇。必须头脑清醒、态度鲜明，而且在行动上要自觉。党的领导是中国社会主义制度最大的优势所在，党在高校中的领导则是这一优势在高等教育领域中的体现。只有坚持党对高校的领导，坚持社会主义办学方向，才能把我们的特色和优势有效转化为培养社会主义建设者和接班人的强大能力。

形成高水平人才培养体系，要瞄准世界前沿进行攻关创新。今天，党和国家事业发展对高等教育的需要，对科学知识和优秀人才的需要，比以往任何时候都更为迫切。在从大国到强国的发展历程中，高等教育的作用和地位将会发生重大变化，从更多在国家经济社会发展中起基础支撑作用到支撑和引领作用并重。国家发展与民族振兴需要高等教育做出应有贡献。高等教育发展必须要面向国家和民族的现实需要和长远目标，这是历史的责任和时代的使命。我们要瞄准世界前沿，下大气力组建交叉学科群和强有力的攻关团队，加强学科之间协同创新，加强对原创性、系统性、引领性研究的支持,努力培养造就一大批具有国际水平的战略科技人才、科技领军人才、青年科技人才和高水平创新团队,力争实现前瞻性基础研究、引领性原创成果的重大突破。

形成高水平人才培养体系,要大力推进教学改革建设。2013年,中国人民大学启动本科人才培养综合改革,在全国率先发布实施本科人才培养路线图,全面推进本科人才培养体系和模式改革。路线图从兴趣培育、目标管理、主要路径、条件支持、价值引导等五大方面,系统设计了八项制度以及十六个项目,全面建设“研究型学习制度”体系,着力实现一系列重要转变:从以教师为中心到以学生为中心,从以传授知识为中心到以探究问题为中心,从以课堂教学为中心到课内课外相结合、知识学习与研究实践相结合,从以知识、能力教育为中心到全面的人格养成。我们通过新的路线图的实施,将通识教育融入人才培养体系,注重夯实学生知识基础,改进和加强专业教育,扩大学生自主选择空间,加强学生分类指导,促进学生多元复合发展,目前已经取得了良好的效果。

努力建设中国特色世界一流大学

习近平总书记在“5·2”讲话中对中国特色世界一流大学作了深刻阐述:“古今中外,每个国家都是按照自己的政治要求来培养人的,世界一流大学都是在服务自己国家发展中成长起来的。我国社会主义教育就是要培养社会主义建设者和接班人。”习近平总书记这一重要教育思想,为建设中国特色世界一流大学提供了根本遵循。

建设中国特色世界一流大学,是党中央、国务院在新的历史条件下,为提升我国教育发展水平、增强国家核心竞争力、奠定长远发展基础做出的重大决策。世界现代高等教育发展的历史表明,世界一流大学都是在服务自己国家发展中成长起来的。发达国家高等教育的发展道路显示,世界一流大学成功的根源都在于遵循教育规律,面向本国实际和时代要求,在解决国家面临的重大战略问题和人类发展难题的过程中形成了具有自身特色的发展道路与大学制度,体现了国家特色、民族特点和文化自信。

我国现代意义上的大学仅有100多年的历史。一个多世纪以来,我国高等教育从无到有、从小到大,快速发展起来。梳理中国近现代高等教育发展的历程,能清楚地看到两大脉络:一是受列强坚船利炮和科技发展冲击而建立的北洋大学堂、京师大学堂、南洋大学堂等一批新式教育机构;二是中国共产党在革命战争年代创办的抗日军政大学、陕北公学、延安女子学院、鲁迅艺术学院等一批具有红色基因的新型大学。正是这两大源流,逐步汇聚发展形成了今天中国高等教育的体系与格局。以中国人民大学前身陕北公学为代表的具有红色基因的高等教育机构,为建设中国特色高等教育事业做出了具有特殊意义的探索。80多年来,在中国共产党的领导下,中国人民大学扎根中国大地,走出了一条独具特色的发展之路。对以下这样三大命题做出了深刻的历史回应:一是中国共产党独立创办的具有红色基因的高校能不能建成"中国特色世界一流"的大学?二是在中国这样一个经济文化相对落后的发展中国家能不能建成"中国特色世界一流"的大学?三是以人文社会科学为主的高校能不能建成"中国特色世界一流"的大学?这三大命题更是有待在新历史时期"双一流"建设的伟大实践中不断深入地探索,而我们必须更加坚定地树立自信。

建设中国特色世界一流大学,要全面贯彻党的教育方针。中国共产党领导高等教育发展的历程深刻表明,党的领导坚强有力,中国的高等教育事业发展就顺利。因此,中国特色世界一流大学的建成,与中国共产党的坚强领导是分不开的。培养社会主义建设者和接班人,是我们党的教育方针,是我国各级各类学校的共同使命。我们要坚持社会主义办学方向,加强党对高校的领导,扎根中国大地,遵循教育规律,创造性地传承中华优秀传统文化,努力成为世界高等教育改革发展的推动者和引领者,培养社会主义建设者和接班人。

建设中国特色世界一流大学，要坚持中国特色和世界一流的辩证统一。我们要吸收世界一切优秀的人类文明成果，站在时代的高度，用远大的历史眼光，批判地吸收借鉴外国高等教育的有益经验。同时，还要认识到我国高校不仅具有一般大学的共性，还具有中国社会主义大学的特性。它应当扎根于中国大地，从中国的实际出发，继承中国教育的优良传统，适应中国社会的需要。所以，在借鉴国外一流大学发展经验特别是其哲学社会科学发展经验的过程中，必须根据中国特色社会主义事业的需要加以分辨和取舍，使之同当代中国的实际相结合，同社会主义大学的发展需要相结合，这样才能培育出具有中国特色的世界一流大学和一流学科。

建设中国特色世界一流大学，要树立办学自信。新时代是我国高等教育发展的黄金时代，也是建设中国特色世界一流大学的历史机遇期。要把中国特色社会主义道路自信、理论自信、制度自信、文化自信转化为办好中国特色世界一流大学的自信。要按照“四个全面”战略布局，坚持以中国特色世界一流为原则，以支撑创新驱动发展战略、服务经济社会为导向，以人才培养为中心环节，提升我国高等教育综合实力和国际竞争力，为实现“两个一百年”奋斗目标和中华民族伟大复兴的中国梦提供有力支撑。

大学发展要务实戒虚

刘利民*

改革开放40年，中国高等教育发生了巨大变化，为经济社会发展提供了强有力的人力支持和智力支撑，创造了大国高等教育发展的奇迹。站在新的历史起点上审视高等教育，我们在取得一系列成就的同时，也面临着矛盾累积和问题叠加的复杂局面。

自20世纪90年代末开始，中国高等教育规模迅速扩大，在极短的时间内完成了从精英模式向大众模式的转变，其间产生的一些问题还需要时间的磨合，需要教育观念、教育结构、教育模式等多方面的渐进性和适应性调整，需要在反思经验教训的基础上形成发展共识。在当前推进"双一流"建设背景下，对大学发展定位、教学与研究的关系、教育国际化、大学评价等方面所存在的问题要有个清醒的认识，回归初心，务实戒虚，脚踏实地推进大学的健康发展。

一、大学要通过分类与定位走向多元

分类发展是大学多样化的根基，也是实现大学办学任务的要求，每所大学应对自身定位、人才培养、科学研究、服务面向等有清晰的认识。多年来，不少地方和一些大学也在理论与实践等层面进行了探索，但一直未形成社会所期待或需求的发展格局。大学分类发展动力不足，主动意识不强，多数大学可以在体制内依靠既有基

---

* 刘利民，中国教育国际交流协会会长、欧美同学会副会长、第十三届全国政协委员。曾任首都师范大学党委书记、北京市委教育工委副书记、市教育委员会主任、北京市人民政府教育督导室主任、教育部副部长、国家总督学。

础和条件做到“衣食无忧”,“等靠要”意识比较强。尤其是地方大学发展特色不突出,同质化现象严重,学校之间在人才队伍建设、学科专业建设等方面也存在无序竞争现象。

大学要与社会发展契合,要清楚自己在社会发展和国家创新系统中的位置,清楚自己能干什么和该如何干,这应是一种主动的自我定位。定位的清晰与否体现了一所大学在体系内竞争力的强弱,大学应依据自身实力和发展特点,确定发展方式,主动寻求错位,凝练特色,通过差异最大限度地降低同质化竞争造成的不良影响,避免“零和博弈”。如何让大学清楚自身现实条件扬长避短错位发展,最为关键的就是切实完善促进大学分类发展的体制机制,这是一个指挥棒的问题。长期以来我们习惯于以行政手段让各类大学向一个标准看齐,以致于政府越引导大学去特色发展,大学发展模式却越来越趋同。

分类发展的本质是彰显特色和专长,明确分工和面向,根本目的是让教育的多样化与社会需求的多元化相一致。引导大学分类发展不是简单地将大学进行类型划分,更不是定型归类,也不是分等。分的是每所大学的专长,要的是每所大学的特色,统筹的是错位和差异化发展,需要的是真正的分类管理和政策的配套跟进。每所大学以自己所长满足不同的社会需求,自然也应有各具特色的办学理念和发展模式,所以好的标准是多元的,这一点至关重要。

二、教研本合一,研究要分类

大学的根本任务是人才培养,教学是教师职业永恒的主题。我们要明确大学的系统定位和教师的身份,在大学里研究可以做,也必须做,研究至为重要。无论是提升教师自身水平的研究,还是为国家和社会发展直接提供支持的创新性研究,都是大学和教师该有的责任和义务。但近些年来,很多大学为争取资源而将科研作为“核心竞争力”,让“教学成为良心活”,这不但异化了科研的本质,也违背了人才培养的初心。论文、学历、奖项是教师该有的要求或具备的条件，但不应是考核教师的主要指标。教师首先是教书育人，职称的评定应与育人有最大关联。我们不能以教师的研究来评价教师的教书育人工作，不能以教学指标不好量化为由让教师戴上“科研枷锁”，人为地让科研与教学分离。教学与研究可以有机地结合在教师个体能力的评价之中，研究与教学从不对立。

大学里的研究应予以分类。更多的研究应是为教学服务的，是“教学学术”，是为了提升教育教学水平，属更新性研究，只有少数研究是探究性的，是科学创新。如果将此明确，教学与研究将各得其所，教师将得以解放，科研人员积极性将被更好激发，科研投入与产出的绩效也将更加明确和高效，教育育人初心也会得以回归。当然，这种分类不是截然的，不是非此即彼的，它们统一于科教融合和知识的创新传承之中。

三、国际化是实力体现，需行稳致远

教育国际化是理念，是过程，是参与，其本质是影响力，是实力的体现。国际化不是“外国化”，不是简单地使用或套用他国模式或所谓国际标准。当前，大学的国际化已经成为实力和声誉的重要表征。我们可以借鉴和参考欧美国家大学发展的成功经验，但舍弃自信和自我的盲目模仿参照是缘木求鱼。人才培养和学术探索可能有共同规律，但大学发展没有万能模式，作为社会的一个组织，它必与国情相合，必植根于本土，它反映着国家民族特性，在社会发展中扮演着重要的角色，不同国家的大学自然具有不同的发展模式。

教育服务于国家和民族，有特色、有实力、有影响力是教育国际化的前提，我们要有教育国际化的理念，倡导全球视野，树立开放精神，我们要积极参与教育的国际交流与合作，参与国际竞争，参与国际标准的制定，但并不代表每所大学都要加快推进国际化进程。在高等教育国际化这个问题上，我们要保持应有的清醒和自信，不妄自尊大，但也绝不要崇洋媚外。一味地跟踪和模仿是不能在世界高等教育范围内发出中国声音，也不能提供中国经验、贡献中国智慧的。在“请进来、走出去”的过程中，要克服浮躁心态，摒弃标签式的国际化，以我为主，博采众长，基于国家和民族的优秀文化，将跨文化跨国界的理念与具体实践相结合，建立与国情相适应、具有中国特色的大学发展模式。走自己的发展道路，才能行稳致远。

四、大学评价要回归本真

大学的评价是个热点，也是个难题。为什么要建立大学、大学与社会的关系、大学在国家创新系统中的作用、社会对大学的期待等等，对这些问题的回答也包含着对大学该不该评价和如何评价的问题。尤其是近些年我们把大学排名和各种评估作为保障质量的替代方式引起了越来越多的关注。

近些年来，大学或主动或被动地接受各种“标准化”“同质化”的评价评估，对大学发展产生了较大的负面影响，越来越多的大学成为“论文量产厂”，成为各种评价指标下的“标准件”。原为促进发展而产生的评价评估不但没有发挥应有的作用，还在一定程度上异化了大学的使命和目标。出现这种现象，归根结底还是一个大学分类发展和分类管理的问题。

评价应该有，但如果大学要分类发展，为何要做统一评价？如同当前各大学排名，都知道排名方法本身有局限性，指标选择和权重以及数据质量都有很多需要改进之处，但囿于各种原因，很多大学还是热衷于此，名进则喜，名退则忧，却不管大学本身到底有无真正的发展。评价评估如同照镜子，重要的是自我审视后激发内生动力，而不是看着镜中他人漂亮，忙着去给自己化妆。排名可参考，因为不能自说自话，但统一量化指标下的发展绝不是内涵发展。我们不能对众多浅显的道理与规律视而不见，或置若罔闻，而是要对大学发展事业和规律保持尊重。如何让评价有价值，这不仅是一个技术问题，也关乎我们对大学的认识，关乎我们的大学发展理念。

人才是富国之本、兴邦大计。我们要坚定大学发展自信，要不忘初心，回归初心，要务实戒虚，力戒空谈。国家和社会资源有限，大学发展要坚持有所为有所不为，不可也不必无所不有无所不能，一方面要做减法，下决心减掉赘肉，不贪大求全，另一方面要做加法，苦练内功，发展内涵。

从大学章程思考大学的理念与管理

许智宏*

改革开放后，经过40年的发展，中国大学的面貌已发生根本的变化，但也面临着许多挑战。根据《国家中长期教育改革和发展规划纲要(2010—2020年)》的战略目标和战略主题，明确高等教育的发展任务是：全面提高高等教育质量，提高人才培养质量，提升科学研究水平，增强社会服务能力，优化结构办出特色。针对目前我国高等教育发展面临的问题，《规划纲要》对于现代大学制度建设提出了三条要求：推进政校分开、管办分离；落实和扩大学校办学自主权；完善中国特色现代大学制度。中国现代大学的建设历史只有一百多年，由于种种原因，大学的制度建设明显滞后。作为大学制度建设的一个重点，拟订大学章程已被提到高校的议事日程。教育部2013年9月发布《中央部门所属高校章程建设行动计划(2013—2015)》，明确985高校应在2014年6月底，211高校要在同年年底前完成章程起草工作，目前这项工作已经完成。我参与了各大学章程的审议，审议过程中，涉及大学发展、大学治理、决策机制等方面的许多问题。大家各抒己见，引发了一系列思考，这对于大学今后的发展及管理，非常有益。

一个大学的章程，应该是该大学的"宪法"。一旦经过实践总结，成为章程，就具有学校大法的作用，不应因校领导的变更而随意改变。根据章程，师生对学校的办学宗旨、治理框架(决策体制和管理机制)、各部门的机构设置和职责、院系的设立与运转、各类教职

* 许智宏，中国科学院院士，北京大学前校长。

工和学生的责任和权利等等，也就一目了然①。通过审议各校提交的章程，我觉得各校在制订大学章程方面已有一个良好的开端，但还不能说很理想，究其原因，比较欧美成功的大学，我国很多大学的历史尚短，特别是新中国建立后在计划经济体制下，大学尚无办学自主权，不可能也“无需”有自己的章程。改革开放以来，中国的大学伴随经济体制改革，才有了新的活力，但由于种种原因，包括政府和大学自身的问题，不少大学快速扩张、趋同，失去办学特色。体现在章程上，如果去头去尾，相当多章程基本雷同，体现不出各校的传统和特色。本文仅谈谈个人在大学章程审议过程中所做的一系列思考，也希望高校，特别是研究型大学，在章程制订、修改以及据此基础上制订学校各项措施、细则时能更好地加以思考，并在大学管理与发展中共同探索切合各校发展的途径。

一、认识大学的核心任务和教育理念，挖掘本校历史积淀、传承优良传统和办学特色

大学的一切制度建设都必须围绕大学的核心任务。在当前社会充斥急功近利、浮躁作假、追求物质利益的风气下，让教育回归它的本意，使受教育者不仅有知识，而且善于思考，有完善的人格和高尚的道德，显得尤为重要。因此，大学的制度应围绕大学的理念和核心任务，确保营造良好的学术环境，倡导优良学风，弘扬大学精神，从而教书育人，潜心学术，传承文明，服务社会。

对于大学的办学理念，国外知名大学的校长有很多精辟的阐述。去年刚离任的美国耶鲁大学校长理查德·雷文在1993年的就职演说中讲：“保存和发展知识宝库，捍卫自由探寻和自由表达，培养领袖和善于思考的公民，教育我们周围的世界，拓展人类的成就，挖掘人的潜力。我们再次肯定这些责任不仅因为它们本身即是目

---

① 许智宏：《对建设现代大学制度的思考》，载《中国教育咨询报告（一）》，北京：高等教育出版社2012年版，第314-316页。

的，同时也是改善人类物质文明和提升人类精神文明的途径。”①在2002年7月于北京举行的中外大学校长论坛上，哈佛大学荣誉校长陆登庭教授在演讲中说，“自古以来，良好教育的首要目的就是要营造一种氛围，提供更多的机会，使理智的力量能够渗透到世界的各个角落；为经过时间考验的各种不同观点提供表达的场所，因为任何观点都必须接受事实和辩论的挑战；提醒社会成员，我们有时也会不遗余力地追求一个错误的目标。”②在同一论坛上，时任牛津大学校长卢卡斯教授对大学存在的价值和特征作了精辟的阐述，“大学之存在，是为了探究事物的本质；大学之存在，是为了发现如何区分真实与表象；大学之存在，是为了理解意义。它们为有差别地给以意义、探索、发现、重新排列、理解而存在；它们为理解差异和不同而存在。这一切事实上是创造一个更美好世界的源泉”。他认为，一所伟大大学的特征是，它们探索人类知识的全部领域和多样性。大学有必要保持对各自国家的认同，在那里它们同时理解他国合乎情理的差异。“独立思考、心境澄明、想象力、领导能力、决策能力、个人责任感、社会良知、同情心，所有这些一个成功社会所需要的社会美德和个人美德都在包含所有学科的这一学习环境中成长”。在他看来，“把大学在社会中的目的，仅仅局限在推动经济发展方面，是一种误解”③。之所以大段引用几位名校校长的话，旨在希望章程的制订者们在叙述大学自主开展人才培养、科学研究、社会服务、文化传承与创新时，不要忘记大学最基本的宗旨和使命。

现在不少大学，特别是研究型大学、综合性大学都在谈论通识教育，那我们应该追求怎样的教育呢？哈佛大学哈佛学院前院长哈

---

① 〔美〕理查德·雷文：《常春藤高墙之外：广阔世界里的耶鲁大学》，王芳等译，载《大学工作》，北京：外文出版社2004年版，第7-12页。

② 〔美〕Rudenstine NL（陆登庭）：《一流大学的特征及成功的领导与管理要素：哈佛的经验》，载：教育部中外大学校长论坛领导小组编：《中外大学校长论坛文集》，北京：高等教育出版社2002年版，第1-31页。

③ 〔美〕Lucas C（卢卡斯）：《21世纪的大学》，载教育部中外大学校长论坛领导小组：《中外大学校长论坛文集》，北京：高等教育出版社2002年版，第66-91页。

瑞·刘易斯在《失去灵魂的卓越——哈佛是如何忘记教育宗旨的》一书的中文版中有一段话："通识教育旨在利用大学生的可塑性，鼓励年轻人认识自我，并发现自己的生活道路。通识教育的任务还在于提醒学生：自己应对社会知恩图报，应该利用自己掌握的知识为人类谋福利，而不仅仅追求自身的经济富足。"[①]问题是在我国一些学校并没有很好理解通识教育的宗旨和含义，把重点仅仅放在扩大知识面，增大选课的自主权，很多教师也缺少准备，这样势必达不到通识教育的目的。今天大学的教育要回归到教育的本意，即要培养同学们完善的人格、高尚的道德，当然大学还要传承知识，形成新思想，推动社会经济和科技的发展，在这个过程中培养同学们的综合素质和能力。在很长一段时间里，我们从基础教育到大学，不少学校太注重于知识的传授，而忽视了学生批判性思维能力的培养、对完善人格、高尚品德的培养。

同时，大学章程应体现学校的历史积淀、优良传统和办学特色的传承。问题是我国的大学大多数是新中国成立后新建的，历史不长，加上多次院系调整、校址搬迁，师生缺少对学校历史的认同。北京大学在不同历史时期曾多次制订或修订了学校的章程，从1898年梁启超起草的《奏拟京师大学堂章程》，到1920年制订的《国立北京大学现行章程》，再到1947年北大教授会通过的新的《国立北京大学组织大纲》，先后有六个版本，可见北大在历史上对章程的重视[②]。即使如此，新中国成立后随高等教育部1950年颁布《高等学校暂行规定》及随后1955年制订通过的《高等学校标准章程（草案）》，由于众所周知的原因，北大也始终未能制订出一部能反映北大历史、传统和特色的新的北大章程。而在过去20多年高等教育快速发展过程中，一些地方不考虑办学条件和基础，追求办综合性

① 〔美〕哈瑞·刘易斯：《失去灵魂的卓越—哈佛是如何忘记教育宗旨的》，侯定凯译，上海：华东师范大学出版社，2007年版。

② 周其凤：《大学之用 大学之治 大学之道》，载张国有主编：《大学理念、规则与大学治理》，北京：北京大学出版社2013年版，第15-30页。

大学、研究型大学，争取硕士点博士点；部分高校盲目扩大规模，开设“热门”专业，以求短期效应，使各地相当一部分高校，学科组成和院系构成相仿，缺乏特色。这也是目前相当一部分高校章程类同的原因之一。各级政府要明确政府的管理权限和职责，应更多地在宏观层面和政策层面对教育工作和学校进行指导和监管，对不同性质的高校应实行分类指导和分类管理，避免千校一面的情况出现。大学没有高低之分，而只有培养目标、办学特色的差异。政府的政策应激励各类学校办出特色，均衡发展。在这方面，中国高校还有很长一段路要走。

二、明确研究型大学的科研与教育的辩证关系

学术研究是大学的生命线，发展知识和科学研究，推动科学技术的进步是大学的历史使命之一。但是，应该明白，即使对于研究型大学，教书育人依然是其最基本的功能，否则就与研究院所无异，而学术研究也是大学培养人才的重要途径。21 世纪的大学，特别是研究型大学，应该既是高水平的教学中心，又是高水平、有影响的研究中心。我国在过去的计划经济时期，教育与科研脱节。在很长时期内，中国的科研活动主要集中于国立科研院所中①②。改革开放以来这种局面已有了很大的改变。不久前召开的 2013 年度国家科学技术奖励大会上公布的评奖结果显示，在 54 项国家自然科学奖中，大学获得 36 项，中科院和其他国家研究机构获得 18 项，高校已占 2/3。国家科技进步奖共 137 项，高校获 57 项，国家科研机构 42 项，企业 44 项，各占约 1/3。国家技术发明奖 55 项，高校获 38 项，国家科研机构 12 项，企业 5 项，高校占 69%。2012 年高校在国内外发表的科技论文已占全国论文总量的 83%。说明中国高校已成为

---

① 许智宏：《科技创新需要大学和科研院所均衡发展》，载《科学新闻》2005 年第 9 期。

② 许智宏、李宇宁、王东芳：《进一步确立研究型大学在基础研究领域的主导地位》，《中国高等教育》2009 年 15、16 期合刊，第 8-11 页。

科研方面，特别是基础研究方面的一支生力军。

大学，特别是一批研究型大学已成为我国知识创新体系中的重要组成部分。大学，特别是综合性大学通常学科比较齐全、人才密集、信息灵敏，具有宽松活跃的学术文化氛围。大学的科学研究要充分发挥自身的优势，打破学科壁垒，促进多学科的交叉、融合、渗透，注重在科学前沿、交叉学科领域做出更多的贡献。在技术领域，应加强技术创新，加速科技成果的产业化，促使教学、科研、产业的密切结合，使大学成为知识创新、推动科技成果向现实生产力转化的重要力量①。大学应充分发挥自身集教学和科研于一身的独特优势，进一步把二者紧密结合起来，建立教学与研究之间的良性循环机制。诚如哈佛大学陆登庭教授所讲："在任何杰出的大学，教学与研究是紧密结合在一起的，在最优秀的研究和学术工作中获得的、在最佳的学术期刊和最优秀专著中发表的重要思想和发现，是教学内容和方法的源泉。"因此，大学既要从自身的学术研究中，也要从高等学校与科研机构在科学研究过程的密切合作中，广泛汲取当代最新的科学研究成果，及时运用到课堂教学中去，使学生可以从两者中受益②③。为此，大学必须认真解决以下四个问题：

其一，正确认识和处理基础研究与应用研究的关系。基础研究和应用研究既密切联系，不可分割，又各具特点。在科学研究中，要坚持基础研究与应用研究协调发展，区别对待。以认识自然为目标的基础研究是新技术、新发明的源泉，无论是现在和将来都是科技、经济和社会可持续发展的基石。基础研究的每一个重大突破，往往会对科学技术乃至经济社会的发展产生巨大的推动力。正如哈佛

---

① 许智宏：《中国大学的历史使命和发展前景——由北京大学创建世界一流大学引发的若干思考》，载教育部中外大学校长论坛领导小组编：《中外大学校长论坛文集》，北京：高等教育出版社 2002 年版，第 200-213 页。

② 〔美〕哈瑞·刘易斯：《失去灵魂的卓越—哈佛是如何忘记教育宗旨的》，侯定凯译，上海：华东师范大学出版社 2007 年版。

③ 丁石孙：《改革与发展的十年——北京大学 1979—1988》，1989 年在北京大学"蔡元培与近代中国教育"研讨会上的讲话（记录整理稿）。

陆登庭教授所说："如果没有在基础研究方面持续的努力，应用科学很快就会衰落和枯萎，因为致力于应用研究的人必须不断地与在最基础领域工作的人保持联系，前者工作的成效最终取决于后者的研究成果。而最基础的研究工作，只有优秀的大学才有能力承担得起。"①同时，在我们探讨基础研究的功能时，往往只记住了它对于高新技术和未来新兴产业发展的作用，对于"第一生产力"的作用，却忽略了基础研究在推动人类认识世界这一哲学层面的作用，忽视了基础科学在培养学生创新思维方面的作用，同样显出对基础研究认识上的功利性。正如北京大学丁石孙老校长说过的："就高等学校而言，基础研究对于人才培养具有特殊的重要作用。基础研究的训练是对学生素质的培养，是真正培养学生的科学洞察力的重要途径，能使他们眼光远大，不急功近利，无论他们今后从事技术开发、应用研究，还是基础研究乃至政治工作，这对他们都是极其有益的。"②中国大学要在基础研究方面有所作为，在认识未知世界、探求客观真理、为人类解决面临的重大课题提供科学依据，就必须确立战略眼光，坚持以学术为导向。须知，基础研究领域的重大突破，是不能靠"计划"出来的。大学应充分发挥自身具有良好人文环境的优势，营造适于基础研究的环境和学术氛围。在这一过程中，要培养一批能抓住科学发展方向、具有战略思维的科学家。应用研究是促进科技进步和经济发展的直接动力。在计划经济时期，科技与经济严重脱节。而改革开放以来，教育界已认识到在促进科技与经济结合方面，大学同样应起到重要的不可替代的作用。在这方面，关键是要使我们的教授、研究人员熟悉市场、了解经济建设中的问题，针对国家和社会急需的应用研究领域，找准结合点，努力促进科技成果的转化，为发展社会生产力、造福社会做出贡献。大学应在基

① 〔美〕哈瑞·刘易斯：《失去灵魂的卓越—哈佛是如何忘记教育宗旨的》，侯定凯译，上海：华东师范大学出版社 2007 年版。

② 丁石孙：《改革与发展的十年——北京大学 1979—1988》，1989 年在北京大学"蔡元培与近代中国教育"研讨会上的讲话（记录整理稿）。

础研究和应用研究之间保持一定的平衡，但同时应看到在很多科技领域，今天基础研究和应用研究之间的界限也在变得模糊①。

其二，加强学科建设，应遵循现代科学技术的发展特点，正确认识和处理学科分化和综合的关系，促进学科交叉和融合。学科的分化和综合是学术发展的两种趋势，是实现知识创新的两种途径。现代科学技术正朝着既不断分化，又不断综合的方向发展，新知识的生长点往往出现在学科的边缘和学科之间的交叉处。目前，许多学科之间已经没有截然分明的界限，自然科学、技术科学、社会科学、人文科学内部各分支领域以及相互间的依赖程度越来越大，解决经济社会发展中遇到的人口健康、粮食生产、生态环境、能源、空间等重大问题有赖于各种专业和社会力量的协同努力。相信这种综合的趋势在21世纪将会有增无减。从目前高等学校科学活动的组织形式来看，它仍然是工业化时代的产物，加上教育主管部门管理上的僵化，不同学科和专业划分过细，不同学科之间相对隔绝，沟通和联系不够，形成了限制科学活动整体性协调发展的壁垒。过去，我们对于学科分化的负面影响认识不足，产生了一些人为设置的界限，加上目前在职称评审、奖励制度中存在的种种弊端，也阻碍了不同学科之间的交流和融合。在面向现代化、面向世界、面向未来的过程中，如何建立和发展新学科、改造传统老学科、建立起有利于发挥师生积极性和创造性的学科管理机制，是北京大学和所有研究型大学应思考和解决的重要问题。

其三，充分认识人文科学在大学中的作用。科学是一个内在的统一体，自然科学和人文科学是相辅相成的。长期以来，大学在学科建设上普遍存在着重工轻理、重理轻文的现象，人文社会科学方面的研究基金，特别是人文科学方面，严重匮乏。与自然科学或工程科学比较，人文社会科学缺少对优秀青年人才的激励政策。当我

---

① 许智宏：《中国大学的历史使命和发展前景——由北京大学创建世界一流大学引发的若干思考》，载教育部中外大学校长论坛领导小组编：《中外大学校长论坛文集》，北京：高等教育出版社2002年版，第200-213页。

们谈到创造性时，往往认为只有自然科学、技术与工程科学才有创新，常常忽视人文科学、社会科学的创新，忽视人文因素在创造性培养过程中的重要作用。哈佛大学现任校长福斯特教授 2010 年在都柏林三一学院皇家爱尔兰研究院的演讲中说，“当我们过分强调高等教学是经济增长的原动力时，也就有可能扭曲了我们对于大学应该是什么或者必须是什么的理解，人们就难免会低估基础科学研究的价值，也就无法正确认识那些看上去没有直接效果抑或无法解决具体问题的研究和学科。毕竟，历史学、人类学、文学等学科之于大学以及人类具有不可磨灭的重要价值”①。实际上，我们不仅需要科技创新，而且需要体制创新、观念创新、理论创新。培养创造性人才既包括创造能力的培养，也包括创造精神的培养，而后者是与培养对象对社会、国家乃至人类的责任感以及探索未知、追求真理的强烈兴趣和勇气密切相关的，人文科学、社会科学在其中起着重要作用，塑造一种健全的人文精神是大学的灵魂。在强调培养学生科学精神的同时，必须强调人文精神的培养。因此，科技与人文应该协调发展，不可偏废。大学的学科建设必须坚持科技与人文并重，力求二者相互促进，共同繁荣发展。大学应切实为人文科学、社会科学的教学科研工作，创造良好的条件，并使之真正成为国家重要的思想库。

其四，必须切实改变在研究型大学中普遍存在的重研轻教倾向。在研究型大学中，不少教授在不同程度上表现出对研究的兴趣甚于教学，甚至认为教学是一种负担。虽然我们都会讲教学相长，但在职称评定中又往往偏重发表了多少论文。不光中国如此，欧美的大学也存在同样的问题。2012 年 4 月剑桥大学校长博里塞维奇教授在北京大学的演讲中讲到，这是全球大学所面临的共同问题，大学的研究似乎比教学更容易出名，也更容易吸引经费投入。在教授都追求最新的研究成果得以发表、追求诺贝尔奖的风气下，他们

① 郭英剑：《哈佛大学校长福斯特：大学在变革的世界中的角色》，载《科学时报》2011 年 1 月 4 日。

是否还愿意投入更多的时间来教导学生？① 2011年1月，《科学》和《自然》两杂志几乎同时发表评论文章批评欧美大学重科研轻教学的现象②③。《自然》的文章作者Macilwain（马基宛）指出，“重研究则兴旺，重教学则衰退”，这是一种非常危险的错误观点。科学研究已经成为当代大学的重要功能，但是在大学的几项功能中，教书育人、培养人才应是最重要的，否则就失去了大学存在的价值。而且在研究和教学之间存在密切的关联，诚如斯坦福大学卡斯帕尔教授所说，“当开展创造性研究活动的教师教授学生时，不只是学生获益；同时，学术和研究本身也会在年轻一代持续、自觉、甚至天真的质疑中得到发展繁荣。当然，这要在授课、研讨课、做实验时展开讨论并有讨论的愿望时才能实现”。又说，“从长远来看，任何领域的学术和科学如果没有学生尽早的和积极的参与，都不可能繁荣”④。这也说明了大学通过教学和学术研讨，可以提高学生的批判性思维和创新能力，而大学的研究本身需要本科生和研究生的学习作为基石。在这方面，我国不少大学，我们的不少老师，还有很大的改进余地。其实，编写一本好的教科书本身也是一种创造性工作。最近去看望生科院翟中和院士，他主编的《细胞生物学》教科书，近20年来反复修改，是“廿年磨一剑”，他说：“教育与科研对一个人来说是可有机结合的，科研与教学是可以互补的。用科研来补充教学，用教学来开拓科研思路。参加本书编写的人都有几十年的教学与科研经历，既教书又做科研，是研究型大学教师的必然任务。”为此，必须通过制度使科研和教学之间保持平衡，如德国一些大学明确规定教

① 〔英〕谢克·博里塞维奇：《2012年4月11日在北京大学的演讲：什么是全球化大学》，《中国科学报》2012年4月18日。

② Anderson, WA etal. Changing the culture of science education at research universities. *Science*, 2011,(331-6014): 152-153.

③ Macilwain C. University cuts show science is far from saved. *Nature*, 2011,(469):133.

④ 〔美〕Casper G（卡斯帕尔）：《成功的密集型大学必备的四种特性》，载教育部中外大学校长论坛领导小组编：《中外大学校长论坛文集》，北京：高等教育出版社2002年版，第102-126页。

师应有40%的时间用于教学,40%用于科研,还有20%的时间用于公共服务。在教师职称晋升时,特别是终身教职时,要充分考虑其教学经验和技能。

目前对大学的各种评估太多过滥,扭曲并削弱了评估的价值和作用。各种大学排名,已成为不少中学生高考择校的标准。记得哈佛大学的学生曾经在哈佛学生杂志上发表题为《最后一次排名第一——哈佛大学应当退出大学排行榜》的文章,他们认为,"哈佛应该利用它的名气和影响力,通过退出排名的行动来削弱排名的重要性",并指出"高等教育领域是非常多元化的,根据一个标准化的体系为大学排名不能提供学校的准确信息"①。我们应推进的是科学的专业评价,以促进大学教学科研质量的提高,把办学质量放在第一位。须知,大学本身的不少方面是很难量化的。

三、坚持学术独立、思想自由和兼容并包

人类历史上杰出的科学家和思想家爱因斯坦在《自由和科学》一文中写道:"科学进步的先决条件是不受限制地交换一切结果和意见的可能性——在一切脑力劳动领域里的言论自由和教育自由。我所理解的自由是这样的一种社会条件:一个人不会因为他发表了关于知识的一般和特殊问题的意见和主张而遭受危险或者严重的损害。交换的自由是发展和推广科学知识所不可缺少的;这件事有很大的实际意义。首先它必须由法律来保障。但单靠法律还不能保证发表的自由;为了使每个人都能表白他的观点而无不利的后果,在全体人民中必须有一种宽容的精神。"②确保学术独立和思想自由,是大学成功不可缺少的元素。在这方面,国内外大学的发展为我们提供了经验教训。

---

① 许智宏:《社会转型期大学精神的重塑与创新人才的培养》,《中国科学报》2012年6月12日。

② 〔美〕阿尔伯特·爱因斯坦:《自由和科学》,许良英等编译载:《爱因斯坦文集》第三卷,北京:商务印书馆1979年版,第三卷179-180页。

我们的老校长蔡元培先生曾指出，大学者，“囊括大典，网罗众家”之学府也，《礼记·中庸》曰：“万物并育而不相害，道并行而不相悖”足以形容之……此思想自由之通则，而大学之所以为大也……对于学说，仿世界各国大学通例，循“思想自由”原则，取兼容并包主义……无论为何种学派，苟其言之成理，持之有效，尚不达自然淘汰之运命者，虽彼此相反，而悉听其自然发展①。蔡元培先生倡导的“思想自由、兼容并包”，由于社会的、自身的各种原因，在北大发展的一些时期并没有得到很好的贯彻，甚至遭到粗暴的摧残。即使在自然科学领域，20 世纪 50 年代的生物学教学和研究，通过行政措施强行把摩尔根遗传学从全国的大学中扫地出门，推行苏联李森科所谓的“米丘林遗传学”即是典型一例。但北大的历史表明，即使在其最困难的时期，追求思想自由，追求真理这种理念从没有泯灭，因为它已成为北大精神的核心组成之一。在这方面，老校长马寅初先生为我们做出了表率，在 20 世纪 50 年代后期，当举国上下点名批判他的“新人口论”时，他坚持学术争辩的原则，坚持真理，依然发出铿锵有力的声音，“我虽年近 80，明知寡不敌众，自当单枪匹马，出来应战，直至战死为止，绝不向专以力压服不以理说服的那种批判者们投降……学术问题贵乎争辩，愈辩愈明，不宜一遇袭击，就抱‘明哲保身，退避三舍’的念头；相反，应知难而进，绝不应向困难低头……要坚持真理，即于个人私利甚至于自己宝贵的生命，有所不利，亦应担当一切后果。”②

对于大学内外影响学术独立和思想自由的因素，卡斯帕尔教授有过精辟的分析，他说：“大学的成功不可能根据政府计划而制造出来。这在世界上任何地方都不成功。”除了要避免政治家直接干预学术事务，“对学术自由的威胁也来自立法者对研究的限制，他们热衷于将选民所关心的东西变成对研究的限制乃至禁止……世界上

---

① 迟惠生：《蔡元培与大学建设》，载张国有主编：《大学理念、规则与大学治理》，北京：北京大学出版社 2013 年版，第 102-131 页。

② 马寅初：《附带声明》，载《新建设》1959 年第 11 期。

最强大的大学就是那些能够得益于政府给予确实自主的大学。”他还提到,“政治体系的严格控制不是对大学追求卓越造成威胁的唯一因素。我们还要担心流行于大学内部的学术范式的力量,担心来自学术上正确的压力。甚至洪堡也强调:‘学术自由不仅会受到政府的威胁,还会受到学术组织本身的威胁,这些组织一开始持有一种特定的观点,然后就倾向于压制其他观点的兴起’。简而言之,在一所特定的学校,居于主导地位的学者可能试图保持大学不变,不吸收新观点,也不接受新挑战。有时,这种危险会超过其他任何的危险,成为成功大学的障碍。”当然,这也正如哈佛陆登庭所说,“大学面对着的永恒挑战,就是保持健康的学术氛围。自由探索、学术争鸣和自由发表自己的观点有时会导致冲突的出现,在冲突出现后,民主气氛会对学术团体的价值观提出挑战,最理想的结果是促进了不同民族和文化差异的相互尊重和理解……我们今天面对着很多两难境地,其中之一是如何保持最大程度的自由探索和允许多种观点并存,同时还要保持一种团体凝聚力、认同感和共同的基本价值观。”①

大家都在讨论“钱学森之问”,每年诺贝尔奖揭晓之时,媒体会有不少文章讨论中国何时能在本土产生诺贝尔奖得主,我对媒体说过这种心情可以理解。如前所述,一个卓越的基础研究项目,一项可能冲刺诺贝尔奖的科学成果,是不可能“计划”出来的。牛津大学卢卡斯教授说过:“创新和学术创造力的灵魂在于好奇心与卓越个人能力的运用、优秀的直觉、毅力的结合。这在一种指令性氛围中是不可能繁荣的。”②须知,诺贝尔奖也不是靠金钱堆起来的,孕育它产生的良好的学术环境恰恰为我们不少大学和科研院所所忽视,或至少重视不够。我们现在大学的“土壤”不够肥沃,施用了太多的

---

① 〔美〕哈瑞·刘易斯:《失去灵魂的卓越-哈佛是如何忘记教育宗旨的》,侯定凯译,上海:华东师范大学出版社 2007 年版。

② 周其凤:《大学之用 大学之治 大学之道》,载张国有主编:《大学理念、规则与大学治理》,北京:北京大学出版社 2013 年版,第 15-30 页。

“化肥”和“农药”，结果难以产生重大的发现、形成创新的思想、孕育创新的成果。

教育者或领导人的责任就在于要好好改良大学的“土壤”，创造并形成良好的学术氛围，使老师能安心教学和从事科研，学生能刻苦学习、善于思考、培养才能。也就是说学术界要在制度上重视软环境的建设，注重人文精神、科学精神的培育。也许很难预测第一个诺贝尔奖在哪所大学或哪个研究所出现，但如果学术界不再如此追求短期的成果，急功近利，不再满足于出几篇 SCI 论文，真正能静下心来探索科学、做学问之时，诺贝尔奖在中国出现只是迟早的事①。所以，政府（教育主管部门）通过法定文件所给予大学的自主权，就应包括确保大学的学术独立、思想自由、兼容并包。而大学则应通过章程制订和相应的制度，确保校内能营造这种良好的宽松的学术氛围。

曾任北大党委书记的任彦申同志在《后知后觉》一书中写道：“世界上最有活力、最有创造力的大学，无不把‘思想自由，个性解放，兼容并包，多元共生’作为不可动摇的办学原则。如果说，在政府运作中，把寻求最大的共识合力作为理想目标，认识越统一、步调越一致就越好，那么，在学术运行中，追求的恰恰是另外一种局面：思想多元，流派纷呈，公平竞争，自由讨论，百花齐放，百家争鸣。正是在这种多元思想文化的争鸣、碰撞和竞争中，催生了新思想的火花。大学中最可贵的精神就是自由探索、大胆创新的精神。任何真理都是在正确与错误的反复比较中形成的，任何创新思想一开始都得不到多数人的认同。在科学试验中失败一千次也没关系，只要一次成功就足够了。良好的学术环境不在于口头上高唱学术自由，而在于对探索创新过程中出现失误失败的容忍。如果在大学中，听到的都是众口一词的声音、千篇一律的表态，看到的是默默无闻的景

① 〔美〕阿尔伯特·爱因斯坦：《自由和科学》，载许良英等编译：《爱因斯坦文集》第三卷，北京：商务印书馆 1979 年版。

象,那就窒息了创新的活力,失去了大学的价值。”[①]我想,如果我们的各级领导,大学的书记校长和各级干部都能有这种认识,并在制度措施上得到切实的保证,大学的创新活力一定能被大大激发,新思想一定能不断产生,创新人才也一定能脱颖而出,不断涌现。

四、构建宽松的人才成长、激励机制和人才流动的环境

大学人事管理制度的建立,旨在形成一种宽松的人才成长环境,通过适当的聘用和激励(晋升、待遇等)机制,激发教职工积极向上、努力工作的活力和创造性,同时,通过有效的措施,促进人才的流动。2003 年春北大启动的教师聘任和职务晋升制度改革引起了海内外学术界和社会的广泛关注,也促使我们更好地思考现代大学的理念和教育的宗旨,大学是什么,大学为什么,大学精神是什么,中国大学的问题在哪里,如何改革等等[②]。就制度层面而言,我想当时旨在抓住世纪之交大批老教师退休的机会,适时建立适于北大的教师聘任和职务晋升制度,目的主要在改变每位教员事实上的终身聘用制、并建立终身教职;新缺岗位的招聘实现面向校内、外公开透明;教师的学术水平应通过校内外同行评议,以确保公正公平;从制度上促进人员的流动。而绝不是有些媒体关心的,把目标聚焦有多少人被解聘。国内外知名大学的校长都非常关注教师的聘任和晋升制度,哈佛大学荣誉校长陆登庭教授曾说:“在大学中,没有比发现和聘用高级教师更重要的问题……没有适当的聘用和晋升机制,学校势必会很快走向平庸。”[③]在过去十多年中,国内不少高校在这方面都有不少探索,也积累了许多的经验。在大学章程和相关规则的制订中,各高校对过去 30 多年大学人事制度改革的经验和教训进行全面的总结,使之更好适应大学教育科研的规律。

---

① 任彦申:《后知后觉》,南京:江苏人民出版社 2006 年版。

② 钱理群、高远东编:《中国大学的问题与改革》,天津:天津人民出版社 2003 年版。

③ 〔美〕哈瑞·刘易斯:《失去灵魂的卓越:哈佛是如何忘记教育宗旨的》,侯定凯译,上海:华东师范大学出版社 2007 年版。

当我们谈论大学的质量时，首要的就是教师的质量。对此，在教师聘任时的标准就很重要。斯坦福大学卡斯帕尔教授说，在他担任芝加哥大学法学院院长期间，“在聘任教师时，我们的标准是新聘任的教师不能和目前教师的平均水平一样，我们坚持一定要比目前法学院教师的平均水平高。”所以，进入最优秀的大学的标准通常也是最高的[①]。问题在如何全面地评价一位教师。通常我们会把学术水平放在第一位，看他的在最好的杂志上发表的论文和著作。但是，当前必须纠正对教师的评价体系中片面追求高影响因子(IF)，追求 SCI 或 SSCI 论文数量的倾向。我们并不是不要 SCI 或 SSCI 论文，而是反对把 SCI 或 SSCI 论文作为评价教师、评价院系和学校学术水平的唯一依据。当前在相当一部分教师中存在重研轻教的倾向，在很大程度上与这种评估制度有关。其实，对教师的评价同样应是多方面的。美国科学理事会前任主席、斯坦福大学查尔教授最近在湖南大学的演讲中提到，斯坦福大学对教师的评价包括五方面：一是教得如何；二是指导研究生怎样；三是研究成果能否得到校内外同行专家的认可，亦即创新能力如何；四是沟通交往能力(包括团队意识、合作精神与国际交往)如何；五是社会服务情况，是否能体现学校的社会服务能力[②]。客观地对一位教师做出综合评价，以发挥他们的长处，人尽其才，同样也很重要。

地球上最稀缺的资源是经过人文教育和创造性培训的智力资源。当智力资源对社会的发展比其他资源所起的作用更重要时，智力资源的稀缺性就表现得尤其明显[③]。牛津大学卢卡斯教授说过，全球化促进了对卓越科学家和学者的竞争，导致科学家和学者大规模的流动。“流动有这样一些好处：由于静态的、长期不变的教师队

---

① 许智宏：《社会转型期大学精神的重塑与创新人才的培养》，《中国科学报》2012年6月12日。

② 〔美〕查德·N·查尔：《大学治理应遵循三大原则》，《中国科学报》2014年2月18日。

③ 〔美〕哈瑞·刘易斯：《失去灵魂的卓越：哈佛是如何忘记教育宗旨的》，侯定凯译，上海：华东师范大学出版社2007年版。

伍,大学容易变得死气沉沉……流动也有不利方面:研究小组和大学的计划会由于关键人物流向其他院校而遭到重创。”①因此,对于大学而言,选择和培养人才、吸引卓越的学科领导人和优秀学者就至关重要。对于吸引优秀的学者,除了丰厚的报酬和待遇,良好的工作条件和学术环境、出色的同事和优秀的学生,都是重要的考虑因素。对于中国的高等教育而言,相当一部分高校的教师群体学缘结构单一,缺少活力;加上扩招,盲目设置新专业,致使缺少能够胜任的教师。中国最优秀的大学能为这些学校输送更多的人才,本身就是大学服务社会的重要体现。即使在这些最优秀的大学之间,这种人才的流动同样会使大学得益。为此,国家和大学层面均应在政策和制度上促进这种人才的流动。

五、重视学生成长、学生管理和校园文化

随着我国政治经济体制的变化,学生作为大学里人数最多的群体,他们思想活跃,流动性大,他们的状况也在发生深刻的变化。“在计划经济体制下,当时的经济环境尤其是政治环境几乎杜绝了学生表现自我意识的可能性,思想宣传和政治动员对学生产生的政治压力和社会规范压力足以使其放弃个人的价值目的。结果是过分强调了政府的意志,忽略了学生自我发展的需要。在市场经济条件下,学生个人意愿得到了充分重视,学生有了自主择业的权利。”②如何来看待当代的大学生?听听丁石孙老校长对北大学生的看法,“这几年北大学生经常出些事。怎么估计北大的学生?我当了几年校长,我认为北大学生有明显的优点:关心国家大事,社会责任感强,知识面比较广,思想比较活跃,敢对国家大事发表意见。这比较容易出新思想。当然,他们有片面性,有的话说得很过火,甚至狂

① 周其凤:《大学之用 大学之治 大学之道》,张国有主编:《大学理念、规则与大学治理》,北京:北京大学出版社 2013 年版,第 15-30 页。

② 闵维方主编:《高等教育运行机制研究》,北京:人民教育出版社 2002 年版,第 44-46 页。

妄。这是他们的缺点。青年人往往是这样。出了些事也不要大惊小怪,列宁也说过上帝是允许青年人犯错误的。事后找他们谈,他们绝大部分是通情达理的。”[①]其实,每一代大学生身体体现出来的特点,包括问题,都会打上时代的烙印。教育是全社会的事业,政府、社会、学校、家庭和学生个人都有责任。

我们往往把学生看成是受教育者,但如威廉·洪堡所说,“教师和学生在共同追求知识过程中都有自己的作用。教师的绩效取决于学生的存在和兴趣——没有这一点,科学和学术就不能发展……科学和学术的目标只有通过综合教师和学生双方的行动才能够最有效地得以实现。教师的心智更为成熟,但是在发展中也有或多或少的偏向,变得没有激情。学生的心智可能能力有限、专注精神不够,但是对任何可能性却是更加开放并更具回应性”。[②] 师生相互切磋学问,师生之间的关系,也就能够达到“亦师亦友”的境界[③]。卡斯帕尔说:“从长远来看,任何领域的学术和科学如果没有学生尽早的和积极的参与都不可能繁荣……学生,特别是研究生通过密切参与大学的研究活动,能够发展起对于科学基本问题的认识和理解,培养其开放的心智和浓厚的兴趣,这会使他们将最新知识转化为创新活动。接受了优质教育的学生将对大学的知识转让做出最有意义的贡献”[④]。在我国大学的科学和学术研究中,学生,特别是研究生的作用也已十分显著。所以,我们应充分估价学生在大学研究和教育中的特殊作用和贡献。

学生也是大学校园文化的最活跃的参与者和创造者。一所大学的校园文化最能反映出该校的特色和传统,以及学生的风格。作

---

① 丁石孙:《北京大学校长丁石孙教授谈决策民主化、科学化、高等学校要出新思想》,《人民日报》1986年9月2日第3期。

② 〔美〕阿尔伯特·爱因斯坦:《自由和科学》,许良英等编译,载《爱因斯坦文集》第三卷.北京:商务印书馆1979年版。

③ 〔美〕查德·N.查尔:《大学治理应遵循三大原则》,《中国科学报》2014年2月18日第1期。

④ 许智宏:《社会转型期大学精神的重塑与创新人才的培养》,《中国科学报》2012年6月12日。

为学校的第二课堂，校园活动对于培养学生的社会责任、领导力和组织才能、凝聚力和爱心，有着重要的作用。学校应有切实的制度和措施，确保在活动场地、时间、资金等方面予以支持。

很多学校都在讲要学习外国大学的学院制，但是我们往往忘记了中国大学自身的优势，就是我们的学生都住在学校里，学生们每天都在一起学习、工作、生活。这是欧美大多数大学无法做到的。问题在于青年学生的思想活跃，又往往使政府官员担心大学的稳定。以往，我们习惯于将同一院系的学生安排住在一起，更多地考虑是便于管理。很少去考虑如何充分发挥好学生住校这种优势，以更好地贯彻我们的教育理念。这其中的关键在于要转变管理学生的观念，要充分调动教师和学生的积极性，从管理学生转变到更多地让学生参与自我管理。除了学生以外，大学的教师也要转变理念，要让更多的教师参与对学生的辅导，关心学生的成长，比如引导学生在学期间理性选择专业、毕业时理性择业。有什么样的老师就会教出什么样的学生，因此教师就显得非常重要，教师要德才兼备、为人师表、严谨治学、教书育人。韩愈讲“师者，所以传道授业解惑也”，优秀教师的楷模作用是巨大的①。中国的大学都应该有自己的特色，每所大学培养出来的学生也应有各自的特色。学校的各级领导、老师和管理人员，都要善待学生，关心学生，才能增强学生凝聚力和对学校的认同感。

六、党委和行政、书记和校长的领导责任

当政府决定了某种政治经济体制以后，它在高等教育运行过程中的行为目标亦随之确定。市场经济体制下，用人单位、高等教育和学生的行为对高等教育运作机制的作用增大，政府行为由计划经

---

① 〔美〕阿尔伯特·爱因斯坦：《自由和科学》，许良英等编译，载《爱因斯坦文集》第三卷．北京：商务印书馆 1979 年版。

济条件下的行政管理转为宏观调控①。问题是政府在这一职能转变过程中，往往仍是习惯于计划经济时的管理方式，通过手中掌握的资源形成“指挥棒”，甚至一个部门下属的不同职能司(局)都可以通过各自掌握的有限资源，使各校为争取各种“工程”项目和分配指标忙得不可开交，这种管理的越位事实上使学校办学的很多方面(教学科研、招生和学生管理、人才培养和使用、经费使用、行政管理等)丧失了自主权。对此，一方面，各级政府(特别是教育主管部门)要切实转变职能，确保大学的办学自主权，多年来不少大学校长都呼吁过，依我个人的经历，认为这无非是指在人、财、物的管理上政府各有关部门统得太多，管得太死；另一方面，也有政府该管的又没管好，职责不明确，管理缺位，导致管理混乱，效率低下。最近读华中科技大学李培根校长的离任演讲，很有感触。他在演讲中列举了他任期内 19 个遗憾，其中诸如多数学生可能还是未脱离那种类似教育生产线的培养模式；在校园里还是多了一些官气，少了一些学气；自由、实事求是的欲望和良知被某些僵化的意识所遮蔽等等②。我想这些情况在我国不少大学都存在，而其中多数又都与教育体制有关。这不仅仅是李培根校长的遗憾，也是我国一批大学校长的遗憾，更是我国教育界的遗憾。

这里重点讨论大学本身的内部管理机制。

复旦大学杨玉良校长在谈论大学的行政管理权力时说：“在大学中，所谓的真正的权力就是学术发展的总体控制和导向，以及资源(学术研究的岗位、经费、物理空间、学术荣誉等等)的配置权。这也是大学中最为重要的行政管理权力……各类行政权力系统对高等学校作为学术机构的存在、结构的维持和稳定发挥着重要作用。然而，这种行政权力的本质使命是服务于大学这个学术共同体的，以保障和提升学术共同体的活力与创造力为前提。于是，维护学术

---

① 丁石孙：《北京大学校长丁石孙教授谈决策民主化、科学化、高等学校要出新思想》，《人民日报》1986 年 9 月 2 日第 3 期。

② 李培根．2014 年 3 月 31 日在华中科技大学的校长离任演讲。

独立、促进学术发展也就成为大学行政管理权力的使命所在。”[①]由于中国内地大学实行的是党委领导下的校长责任制，所以我国大学的行政权力系统实质上就包括了党委和校行政两部分。

对于大学本身的治理，首先要有一个良好的治理结构，避免在管理领导层上出现多中心的问题。学校行政领导的重要职责，一是确保校内学术权力与行政权力之间的平衡，实行“校长治校，教授治学”，校务公开，民主管理，确保师生在学校管理中的作用。二是在政府和学校之间的平衡，确保大学作为一个学术机构的学术自由。在计划经济时代，大学基本没有自主权，很多大学领导都不是教育家，政府习惯于“外行领导内行”。而今天的不少大学都有几万学生的规模，给了你自主权，能否管好，大有文章。这就要求，书记和校长虽不一定达到教育部说的教育家的水平，但至少该懂教育，热爱教育，知道按教育规律办事。我国确实迫切需要在实践中培养出一批有教育理念的教育家。

拜读了各校提交审议的章程，所写党委和校长职责部分基本上一样，因为从文字上而言，也确难以独创。问题是在文字后面如何去理解和执行党委领导下的校长负责制这一体制。我个人觉得，有二点值得注意。首先，要正确理解党委领导下的校长负责制，并不是党委书记领导下的校长负责制。考察过若干学校，两者之间出现问题的学校往往是书记过于强势(当然也有少数学校校长强势的)，事无巨细，书记说了算。在有的校长看来，他自己只是学校的“第二把手”而已，有的也就乐于退在后面了。我觉得，党委和校行政的使命是一致的，书记和校长是同事关系，不是上下级关系，不是领导和被领导的关系，只是工作的侧重点不同，必须在制度上确保一校不能形成两个中心。其二，无论是党委或学校行政，都不应是书记或校长说了算，学校的重大事项决策、重要人事任免、重大项目安排和大额资金运作等重大问题，应按相应的规章制度由学校领导集体研

---

① 杨玉良：《大学，为学术而存在》，载张国有主编：《大学理念、规则与大学治理》，北京：北京大学出版社2013年版，第31-46页。

究决定。因此，在中国现有的体制下，校长和书记之间能否形成良好的合作共事关系，还是各自为政，就显得尤其关键。当然，除了书记和校长之外，能否形成一个有凝聚力的领导班子，同样非常重要。这又涉及副校长的遴选如何进行、干部能否能上能下等事项。由于校领导的职数又是与行政级别挂钩，学校往往很难根据实际情况和需要，确定相关的领导岗位。我国也亟须改进校长选拔任用的办法。这些都需要相关主管部门和大学在改革中认真思考的。

哈佛大学荣誉校长陆登庭教授说："如果我们仅仅考虑现代社会不同学校的数量、职能、社区、系统和生活的其他方面，我们马上就会发现，受过良好教育并能够有效地领导和管理这些组织和过程的人才是不足的。如何建立一个大学层次的管理系统，它不仅能够保证学术活力和大学使命的完整性，而且可以提供适当的监控，这是大学面临的另外一个挑战。最后，创建有效的大学行政和管理结构与程序，允许不同形式内部领导体制和问责制的存在，对于大学来说，是一个永恒的两难选择。""一所优秀大学的领导责任，在很大程度上取决于校长、学院院长及其同事的能力，他们以团队方式开展工作，不是以'命令'(order)的方式要求其他人去完成学校的教学和研究任务，而是采取一些措施，调动教师的积极性，与教师通力合作，为他们提供广泛的学术领导并指明奋斗的方向……只有受教师高度尊敬的学者和与教师志同道合的人，才有可能在优秀大学中承担这种领导角色。"[①]陆登庭教授这些话讲得非常好，这也是很多中外大学所面临的问题和挑战。

由于各国大学的体制(公立私立、学校类型等)不同，大学校长们对于校长的职责的理解也不完全一致。英国诺丁汉大学坎普贝尔校长认为，"大学校长主要是要做三件事情：第一，他要制订发展战略。大学并没有一个适用所有学校的战略，但是每一所大学都要形成自己的战略。第二，大学要持续地作为一个学术共同体，大学

---

① 〔美〕哈瑞・刘易斯：《失去灵魂的卓越-哈佛是如何忘记教育宗旨的》，侯定凯译，上海：华东师范大学出版社 2007 年版。

校长要成为道义上的领导人，要清楚地表明大学应该和必须反对的价值观念。第三，大学校长要实施管理，当然这是不太重要的。”①斯坦福大学荣誉校长卡斯帕尔则列出了大学校长担当的九项角色：大学校长、首席执行官、理事会理事、筹款者、教育家、大学服务中的学者、公众人物、社会工作者、娱乐伙伴。他也说，担任校长的人一定要万分谦虚，认识到最后他也只是主持了一所大学历史上的一段时期。当他担任校长8年后宣布要退休时，斯坦福的一位化学家罗斯写信给他，引用了歌德的话：“事实上，这种工作永远不会完成。当根据时间和情境他已经尽了最大努力的时候，他一定要宣布其结束。”②作为校长，有永远做不完的事情，他总是在前任的基础上开拓完善，并应为后任打好基础。切忌如一些地方领导，不断变花样，搞政绩工程。须知，教育不是工程，教育需要改革，但同时也需要一个相对稳定的秩序和环境。

蔡元培先生作为校长，除了他所坚守的大学理念外，他所具有的学问、人格、精神、雅量和领导力，使他赢得了广大师生的爱戴以及后人的敬仰。陈独秀先生在《蔡孑民先生逝世后感言》中称蔡先生对于有关大节的事或是他已下决心的事，都很倔强地坚持着，不肯通融，虽然态度还很温和，这是他老先生可令人佩服的第一点；有容纳异己的雅量，尊重学术思想自由的卓见，在习于专制好同恶异的东方人实所罕见，这是他老先生更可令人佩服的第二点。与蔡校长长期共事的蒋梦麟先生说：“先生日常性情温和，如冬日之可爱，无疾言厉色。处事接物，恬淡从容。无论达官贵人或引车卖浆之流，态度如一。但一遇大事，则刚强之性立见，发言作文，不肯苟同。”③可见，一位称职的校长的综合素质对于学校的发展，大学凝聚

① 〔英〕Campbell C（科林·坎普贝尔）：《如何做出结构和运作上的安排以平衡大学内学术、行政和市场的力量：诺丁汉大学的经验》，教育部中外大学校长论坛领导小组编：《中外大学校长论坛文集》，北京：高等教育出版社2002年版，第229-241页。

② 许智宏：《社会转型期大学精神的重塑与创新人才的培养》，《中国科学报》2012年6月12日。

③ 马寅初：《附带声明》，《新建设》1959年版第11期。

力,会形成一种无形的力量。

大学的内部管理,例如院系的构建和管理权限,研究型大学的科研体制,总会计师制度和审计,教学和科研的绩效评估,师生对校务的知情权和参与等,不少还在探索之中,而其中最重要的是院系的构建和管理。在谈扩大办学自主权的同时,学校也应有一种自我约束的机制和必要的监督。在学校内部,向院系的放权是必需的,但前提是依据学校章程,各院系也均应有相应的制度。正如丁校长所说,“放权是必要的,但轻易放权是不负责任的。没有一定的约束机制,随意放权,就会导致混乱”。目前一些学校不顾学校实际情况,资源配置是否合理,盲目增设新的学院、开设新的专业。由于缺乏严格的准入制度或评审,有的学校或学院为申报新的重点学科,把教师队伍重组拼凑,其实新设专业师资严重不足,势必影响教育质量。在这方面,切实确保发挥学校学术委员会的作用,就非常重要。凡此种种,都值得我们在章程制定及修订过程中认真思考。

总之,一所学校章程的制订是一件非常严肃的事情。各所学校应把这项工作放在学校制度建设的重要位置上予以重视,而不是为应付上级的差使,切忌草草行事。更重要的是,章程制订审核后如何贯彻,如何制订或修改各方面相应的实施细则,还有很多工作要做。正如国家一样,制订了不少法律,但很多情况下有法不依,执法不严,使法律不能发挥作用。在我们当前的体制下,不少场合依然人治甚于法治,值得警惕。希望大学章程不要成为一纸空文,形同摆设,而应通过加强民主管理和法治,真正对大学的发展,在制度建设上起到积极的作用。

大学建设与伟大学校

林建华*

大学是很特别的社会组织，除了承担众多社会责任，还必须要坚守自己的核心价值，弘扬精神文化，才能凝聚人心，实现大学的使命和任务。大学像是一个大家庭，家庭成员一方面殚精竭虑，倾心学术研究，精心培育时代新人，努力创造辉煌；另一方面又各司其职，精心守护着大学的精神传统，维护着学校的声誉，努力保持着不竭的活力。

一、大学的功能、价值与社会期望

（一）大学的功能

大学的教育是为了让满怀热情、踌躇满志的青年人找到实现理想的道路，培养人是大学的核心使命，这既是政府和公众的诉求，也是大学声誉最重要的来源。因此学校的制度、资源和政策一定要以提升学生学习和成长体验为中心，建立起各方协同的制度和文化，才能真正实现学校的核心使命和任务。与此同时，要培养优秀人才，就要聚集最好的学者开展前沿的学术研究，就要为国家和社会发展提供高水平人才和学术支撑，这是大学的职能和本分。

学生的知识学习固然重要，但思想品德的培养更不可或缺，立德才可以树人，真正好的教育都要调动学生的内在主动性，无论是教育教学还是思想品德，概莫能外。学生的思想品德也是一个复杂的问题，与其生活经历、教育背景和成长环境都有关系。因此大学

---

* 林建华，北京大学教授，全国人大常委，曾任重庆大学、浙江大学、北京大学校长。

既要营造良好的环境氛围，使学生健康成长，又要根据学生的思想状况及每个人的特点，有针对性地做好思想品德教育工作，做到因材施教。

大学应当启迪学生思考生命的意义和人生的真谛，使其能够认识自己，理解生命的意义，做出符合自己天性的选择，找到发自内心的热爱并将其作为终生的事业。大学要使学生认识到人类一切伟大创造都会在社会生活中完成，每个人灵魂深处的热爱推动整个社会发生更好的转变，只有在人类文明传统中，一个人的生命才能获得完整的意义。大学还要使学生真正懂得中国，认识几千年形成的中国文明、古典文明、近现代传统和新时代中国特色社会主义。重点改革思想政治课程，将其纳入通识教育核心课程的范畴内，通过经典阅读、小班讨论、反思性思维训练，真正确立人生观、价值观，不盲目模仿西方，建立理论自信，走出一条中国特色之路。大学也要让学生真正懂得世界，要以开放的心态学习和借鉴其他一切文明的优秀成果，了解现实存在的世界，了解人类文明发展的过程，了解世界格局，了解为什么世界会是今天这个样子。

大学的管理者应该付出更多的时间，认真研究办学规律，研究大学的内在逻辑，这样才能在无序中实现导向，在差异中形成共识，在多任务中实现平衡。他们的责任就是平衡各方的利益诉求，调动各方的积极性，并引导大家共同达成学校的使命和任务。通过换位思考，真正理解大学中各个群体的内在利益诉求，通过合理的制度机制，平衡各方利益诉求，通过传播和弘扬大学的精神和价值观，激发教育情怀，达成学校的使命和任务。

中国社会经济发展快速，社会公众和企业对人才和创新性学术成果有着很强烈的需求，而目前中国的优质教育资源比较短缺，因此中国的大学应当充分利用好这个机遇，更好地借助社会力量发展自己，同时也为社会发展提供有力的学术和人才支撑。优秀人才是世界上最稀缺的资源，中国的大学能够聚集最优秀的人的原因有二：一是中国的快速发展提出了很多具有重大意义的学术问题，也提供了良好的学术发展条件；二是可以营造出学者需要的学术环境。在政府、社会公众和大学这三个高等教育主要利益相关群体中，社会公众作为高等教育的利益主体对高等教育的主要诉求是得到更加公平和多元化的教育，政府作为举办者，大学作为承担者，都在努力满足社会公众日益增长的优质高等教育需求。

回顾大学的发展历史，其职能经历了多次变革，从传授知识、培养绅士，到发现新知识、发明新技术，再到运用技术、服务社会。改革开放前，中国的大学主要以教学为主，少数教师从事学术研究。当时的大学形成并保持了优良的教学传统和文化，培养出一大批优秀的学术专业人才。改革开放后，中国大学经历了从教学型向研究型大学的转变，接踵而至的是教育多元化、校办企业兴起、科研成果评价量化以及各种大学排名机制。大学的主要职能是保存、传播和创造知识，持续了近千年，长久的时间既显示出大学持久的生命力，也积累了太多历史痕迹，使大学变得保守了。若要让大学保持思想的新锐与活力，必须在变化中守正创新，在改革中追求卓越。而大学发展的关键是人，只要能够把人的积极性和创造性调动起来，大学就能办好。营造宽松自由的学术氛围，建立起良好的制度文化自然就成了大学的责任。

大学须在变化中坚守核心使命，纵使大学的职能经历万般演变，但根本使命始终是培养人才。要通过高水准的教学、卓越的学术研究和良好的社会服务，为国家和社会培养适应和引领未来的高素质人才，这是大学对国家和社会最大的贡献，也是学校长远发展的基础。

（二）大学的价值

大学须在变化中坚守自己的基本价值。价值是履行使命的保障，也是现代大学制度的基础。

学校的价值包含三个基本层面：首先，学校的一切工作都要以学生为本。学生是学校为社会提供的产品，学生的培养质量要接受社会的检验，学校应当调动一切资源，努力为学生提供最好的教育服务。其次，教师是学校最重要的资源，大学制度的设计、文化氛围营造的最终目的是使教师们的潜力和创造性充分发挥出来。我们的制度体系应当使每位教师都了解自己未来的发展目标与路径，应当使每位教师都能积极进取、追求卓越、以身作则、为人师表。最后，大学必须坚持学术独立，形成兼容并包、宽容失败的氛围。要相信教师，并在制度上要求教师坚持真理、严谨治学、坚守诚信、代表社会良知，坚决反对急功近利、学术不端、狭隘偏激、哗众取宠等违背基本学术道德的行为。

（三）社会对大学的期望

今天的社会对大学充满期待，政府、企业、社会公众等都对大学提出了不同的要求。他们或期望大学发现新知识，发明新技术，推进科技成果转化，促进经济转型和产业升级，为国家和地方的福祉和发展作更多的贡献；或期望大学为公众提供更好、更广泛的优质教育，培养有责任感的社会公民和素质良好的劳动者，期望大学维护弱者权益，促进社会公平正义；或期望大学保持传统，坚持学术独立，追求真理，培养社会精英，代表社会良知，评议和影响社会舆论，引领未来社会发展方向。

二、大学的建设与发展

大学中最重要也最复杂的问题，莫过于人才培养了。我国在过去十年每年都做教育改革，教育部也有很多教改的项目和措施，但教育并没有实质性的改善。中国大学的培养模式仍很传统，重知识传授，强调专业体系；我们的授课方式也仍很传统，课堂讲授多，教师与学生互动少，教学计划僵化，大多实行学年学分制，学生可选择的余地很小。这些问题看似简单，也都明白必须改变，但就是难以撼动，因为教学改革需要举全校之力，需要各个部门的密切配合，需要整体的、综合性的改革措施。过去的改革之所以成效不很明显，根源就在于就事论事、急于求成，只见树木不见森林，只看到浮出表面的问题，没有去研究问题产生的原因。

（一）大学评价问题

在大学发展过程中，科研成果量化评价以及大学排名等因素，导致原有的教学传统和教学文化被忽视、被侵蚀。学术上的急功近利、好大喜功等不良倾向，在一定程度上阻碍了良好学术文化和氛围的形成。随后的大学合并、大规模扩招、科研规模扩大、新校区建设等一系列机遇，使大学一直把主要精力放在外延拓展，而教育体系、评价体系、认识体系、大学制度等内涵建设相对滞后。

实事求是地讲，过去几十年中，我们的教育模式变化并不大，仍然沿用着传统的、以知识传授为主的教育模式，学生的好奇心和创新潜力并没有被充分激发出来。中国大学的这种状况受到了社会公众的质疑和批评，也制约了国家人力资源水准的进一步提升。推动教学改革、提高人才培养质量是学校最重要也是最困难的任务。本科教育改革最核心的问题，是建立激发教师教学热情的体制机制。杰出大学的魅力就在于宽松的氛围和合理的制度文化，使各类人才的内在潜能被充分释放出来。

（二）大学的发展机遇

中国大学现行的教育是比较经典的专业教育，这主要是从苏联的教育模式继承来的。我们的培养方案是以院系为基础、以学科为中心、以培养专门人才为目标的，这就导致更加注重知识体系的系统性和完整性，师生互动相对缺乏，教学和学习氛围较为沉闷。

近代以来，世界局势风云变幻，经历了无数政治、社会和科学技术的变革，有一批大学没有在困难的形势和挫折中沉沦，而是一次次重新崛起，始终保持着青春活力，引领着世界高等教育的发展方向。中国大学的发展很快，进步不小，但总体看，仍然是延续一种比较粗放的模式：考虑近期发展比较多，长远战略布局少；对学术研究关注多，人才培养的进展少；基础设施建设的投入多，体制机制建设的成效少。很显然，这种粗放发展模式是难以为继的，要加快大学体制机制的建设，并且向内涵建设模式转变。

国家现代化、社会经济快速发展和“双一流”建设，为中国大学的发展提供了难得的机遇。中国立志经过几十年奋斗，实现国家现代化，成为社会主义强国，这对中国的高等教育完善、科学技术发展和文化传承提出了更高的要求。面对未来的挑战，我们的学科布局和构架必须进行深刻变革。科学和技术的进步为各个学科的发展提供了前所未有的强大工具，各学科都将面临深刻变革。未来的学术前沿将更多地出现在跨学科领域。未来的大学不仅要聚焦核心使命，培养引领未来的人才，创造更多影响国家发展和人类进步的新思想和前沿科技，还要为国家和地方的社会经济发展服务，提供更有力的人才和学术支撑。

因此中国大学必须联合起来，共同拥抱机遇，积极变革，迎接挑战。只有面向未来、守正创新、勇于变革，才能建立可以持续完善的大学体系，才能够实现学校的改革发展。

（三）探求合适的教育模式

实现国家现代化，教育必须现代化。大学必须要回应社会公众“上好学”的诉求，回应为国家经济社会发展提供学术和人才支撑的要求。所有这些都对高等教育布局、管理模式、办学理念、教育模式提出了新的挑战。青年一代的创新能力是国家未来的希望，也是各国政府和大学最为关注的问题，创新能力当然是与大学教育有关的，但更重要的是整体的环境和文化。

面对快速变化的世界和未来挑战，我们不能因循守旧，不思进取，也不能胸无大志、鼠目寸光，围绕枝节问题绕圈子，而是要解放思想，登高望远，站到未来看今天的问题。对中国高等教育，我们是有充分自信的，这种自信源于中华文化的包容性，能够学习和借鉴一切有利于中国教育发展进步的思想和理念，这既包括西方理性文化的优点和长处，也应当包括中国传统文化和教育思想。这种自信同时来源于反思精神，我们有很好的文化传统，要继承和弘扬，但也要深刻反思、摒弃糟粕，使我们的文化更有力量、更适应未来。

因此要实现改革目标，真正提高人才培养质量，还需要认真总结我们自己的经验，制定出真正符合中国实际的教育方案，走出一条自己的教育改革发展之路。借鉴经验的同时要根据实际情况建设适合国情的高等教育“生态系统”，通过政策引导和制度保障，在经历“混乱”到“有序”的过程之后，必然会自然生发出健康的教育生态，在特定的历史文化背景下产生和发展出合适的教育模式。

1. 加强通识教育。我们应当把通识教育和专业教育紧密结合，通过向学生提供启迪心智的通识教育，树立起正确的价值观和人生观。要加强学生的艺术修养、人文情怀和跨文化思维，提高口头和书面的交流沟通能力，使他们成为有修养的人，为未来的发展做好充分准备。学校应该致力于为学生提供更加丰富多彩、更加个性化的培养方案，提供更多与教师一起探索创造的生动经历，使学生能够真正受益于综合大学独一无二的创造性氛围，在探索、创造和挑战中，保持好奇、进取和激情。

2. 培养创新精神。中国在变化，世界在变化，学生也在变化。今天的世界已不同于以往，技术创新在经济发展中越来越起到主导作用，科学技术快速进步，信息的传递加快，这都使人才竞争、产业分工越来越全球化。这就对大学教育提出了新的要求和挑战。我们的教育必须给予学生更加广阔和生动的体验，使他们能够认识和发现自己，懂做人、懂社会、懂中国、懂世界，增长知识，锻炼能力，增强自信；使他们更具独立、进取和开拓的精神，始终保持对新事物的好奇、激情和探究。我们的教育应当更加面向未来，使他们能够担当重任，成为引领未来的人。因此，我们不能再停留过去，应该审视过去，深刻反思，面向未来，勇于创新。

3. 树立正确价值观。价值观是人们判断是非的基础，是人类文明的结晶，既有历史的沉淀和传承，也有理性的思考和对未来的憧憬。“自由、平等、公正、法治”是人类对美好社会的共同向往，也是中国社会建设的基本内涵。我们正处于社会主义的初级阶段，还有很多不合理、不公正的现象，学校应当帮助年轻一代树立起正确的世界观、人生观和价值观，要让学生深入实际，了解社会存在的问题，帮助社会中的弱者，使学生树立起社会责任感和使命感，共同建设美好社会。当然，价值观教育的重要内容之一是建立社会道德的基本底线，这些底线应当是神圣的，不可触犯的，建立底线既需要教育界的努力，更需要全社会的共同努力。

（四）本科教育的建设与发展

本科教育是大学最重要的基础，也是牵涉面最广、最重要和最困难的一项工作。本科教育改革涉及学校的方方面面，是非常复杂和困难的，我们不应当停留在一些概念和模式的争论、炒作上，而是应当更加关注本科教育的真正目的和内涵，找到阻碍实现目标的主要问题，集全校之力加以解决。教育发展的关键之一是改革本科专业教育体系，应当从以下几个方面来推进本科专业教育体系建设。

第一，要打破以院系为基础、以学科为中心的沉闷教育氛围，破除学科之间的藩篱，给予学生更多选择的空间，使学生真正体验到不同学科的丰富内涵和魅力。除个别专业外，理应实现学生在学部内自由地转专业；各专业要明确毕业的最低专业课程学分要求，鼓励学生跨专业选修第二专业；完善教育管理信息系统，实现学生跨学院、跨学部选课和学习；鼓励设置更多的跨学科教育项目；鼓励不同学科的教师联合为低年级开设前沿和跨学科的课程。

第二，改变以教师为中心的教授方式，加强师生互动和以发现与探究为中心的学习。要改革学生评价体系，不仅评价专业课成绩，更要重视学生的个性发展；要把著名教授为本科生上课作为院系和教师考核的重要指标，鼓励教师积极参与本科人才培养，展现研究型大学的丰富性、多元性、规模性和广阔性；要特别关注新生一年级的教育，开设更多能够激励学生的好奇心和创造激情的研讨课，积极改变高年级学生学习热情衰退的现象；鼓励更多学生参与教师的学术研究，特别鼓励学生跨学科地参与学术研究，真正地把本科生的专业教育变成一个探索、发现和创造的过程，使他们能够保持朝气蓬勃、富于想象、热情洋溢的学习状态。

第三，要充分利用现代信息技术条件，推进教学和学习方式的转变。鼓励教师开展“翻转课堂”，让学生更加自主地学习课程的基本知识，而将课堂教学的重点放在研讨和探究问题上。要鼓励跨区域、跨国度教学，让不同文化背景的学生一起学习和研究。要鼓励师生之间、学生之间的网上交流讨论，形成更加活跃的网上学习环境。要开展创新创业教育，加强学生的创新意识和企业家精神认同培养，使学生认识到创业是艰难的进程，要对失败做好充分准备，将失败作为经验而不是挫折，鼓励和支持学生参加创业实践活动。

（五）研究生教育的建设与发展

研究生教育是一个关键环节，因为研究生教育是国家学术人才培养的基础，也是一所学校学术队伍和学术研究状况的综合体现。研究生的培养质量是代表学校学术状态的综合指标。在每个学科领域中，大家都会想到几个公认的顶尖机构，其最显著的特点就是聚集了世界最优秀的学者和学生。

提高研究生培养质量是综合改革的重点之一，院系的学科调整、队伍建设、资源配置等都要与之相配合。尽管培养研究生一定要使其参与教师的科研项目，但我们不能忘记，参与科研的目的是培养学生，而不是作为完成科研项目的劳力。忘记人才培养的根本使命，是违背研究生教育基本理念的，也是不允许的。因此，教师应当精心制定研究生培养计划，鼓励学生对重要的基础性问题开展研究，加强学术研究过程的指导。与此同时，要建立合理的研究生培养成本分担机制，充分利用资源配置手段，调整结构、规模控制、提高质量，这是研究生教育改革的重要课题，也是学校改革发展的一项基础性工作。研究生教育改革应当从以下几个方面着手：

第一，建立双向选择机制。学生入学时不应直接为他们指定导师，而是要让他们经过一段时间了解，熟悉各位导师的研究领域之后，再确定指导教师，这样能够使学生真正选择自己感兴趣的领域和合适的导师，对学生未来的发展是很重要的。

第二，建立合理的、可以持续改善的研究生助研津贴政策体系，保障研究生基本生活，让大家能够安心学习、专心做学术，同时，提高研究生助研津贴也有助于进一步增强导师责任意识，激励大家争取国家科研项目，并且更加精心地挑选和指导学生。助研资助体系改革也是调整结构、控制规模的有效方式。

第三，根据院系的教学情况，设立助教岗位，把研究生的资源配置与院系本科教学联系起来，既有利于调动院系的教学积极性，同时，教学训练也是研究生培养的重要内容，是未来成为学者的基本要求。学院和院系要组织好助教的培训，教学工作要作为博士生培养的必修内容。

第四，改革导师遴选制度。青年教师指导博士生既有利于教师的成长，也有利于提高研究生的培养质量，因此应该把博士生导师资格审核前置，放在教师聘任过程中，同时要开放博士生导师的职称限制，使青年教师在指导研究生过程中，更好更快地成长。

第五，学术型人才的成长除了好的条件和导师的精心指导之外，学术方向的选择也是很重要的。我们要改革教师的评价体系，鼓励教师根据学科发展趋势和国家需求，开拓新学科，特别要鼓励跨学科领域研究，解决科学重大问题和国家重大问题。同时随着国家博士生培养规模的增大，我们应当对未来的就业市场做出一定的预判，特别要对学术性岗位的需求情况心中有数。只有这样，才能有针对性地调整研究生布局，实现研究生教育的可持续发展。

（六）妥善处理教学与科研的关系

教育是大学的基础，但在很多研究型大学中，人们迷失在众多的大学职能和诱惑中，忘记了根本，也削弱了大学的根基。

一所大学最重要、最宝贵的资产就是学者。调动起学者们的创造力，大学就会办活；唤醒学者们内心的价值和精神追求，大学就会风清气正；激发起学者们的主人翁责任感，大学的发展就有了根基。

现代大学的一个重要使命就是要创造新的知识成果，教师最看重的也是自身的学术发展。如果大学不能提供好的学术发展条件，优秀的学者就会散失，大家也就会离心离德，非但科研做不好，教学也很难改进。在大学这样一个复杂体系中，如何抓住主要矛盾，四两拨千斤，调动大家的积极性，共同达成学校的使命任务，是大学管理者需要认真思考的事情。科研是以教师兴趣为基础的，而教学涉及“教”与“学”两个方面，既要调动教师的积极性、学生的主动性，还要两方相互配合、相得益彰。学术研究和人才培养都是人类探索和创造性的互动，只有在没有任何思想束缚的情况下，才能充分发挥创造潜力。

教学与科研并非是对立不可调和的一对矛盾，甚至根本就不是对立的。从教师的精力和时间看，两者会有冲突，但从更广的角度看，这两者更多的是相辅相成，互相促进。我们应当既坚持学术的独立性，充分发挥师生的积极性和创造性，也要继承和弘扬中国传统文化中讲情怀、重实际、守纪律、爱他人的好传统，使师生树立高远的理想和情怀，为家、为国、为人类、为学术发展做出更大的贡献。

正如习近平总书记在全国高校思想政治工作会议上的讲话指出，对学术研究，特别是理论前沿问题，需要鼓励自由畅想、大胆假设、认真求证，勇于提出独到见解、创新观点。高校应该有研究未知、探索新知的氛围，有鼓励争鸣、学术创新的空气。因此我们的大学要实现从学习到超越、从跟踪到引领的转变，就应营造宽松自由、严谨求实的学术氛围，把学生的创造潜力充分发挥出来。

使命和价值上的彷徨，教学与学术文化上的偏颇，管理架构和流程上的紊乱，都会影响大学的凝聚力和战斗力，使人们困惑不安、束缚手脚。只有营造良好的学术氛围和制度文化，才能使学校中各个机构、各类人员的积极性和创造性被充分调动起来，共同为达成学校的使命而奋斗。改革大学内部的体制机制，建立现代大学制度是一项系统工程，迫在眉睫，它须在大学使命和价值观的指导下，明确学校的愿景，确定阶段性的战略重点目标，制定配套的综合改革计划。为提高执行力，我们还需要认真梳理管理架构和流程，明确责任、权力和资源配置方案，充分调动基层单位的主动性和创造性，使学校的有限资源得到更加有效的利用。

三、伟大的大学

伟大大学与一般大学的差别有两个：一个是能否聚集最优秀的

教师和学生，另一个是能否让师生的创造力充分释放出来。

创建世界一流大学有两个方面要特别关注：一是学生是否受到最好的教育，二是学者是否能够得到很好的发展。如果这两点都做得很好，优秀的学生和教师都会云集而至，反之就会离心离德。大学的教育和学术研究都是创造性劳动。创造性劳动是一种自我激励性质的活动，只有在没有束缚的情况下，人的创造性才能最大限度地发挥出来，因此，伟大的大学应当努力营造宽松自由的学术氛围，使学者能够安心学术、精心教学；让学生在创造中成长，在错误和失败中变得更加坚强。

对一所大学而言，学科的整体布局很重要。可以说，学科布局定义了一所大学。世界的变化越来越快，大学的教育模式和学术研究也必须随之而改变，只有这样才能保持处于学科发展的最前沿。学校要宏观地把握学科发展的方向，补齐短板，同时要使现有的特色学科充分发挥潜力。既要有前瞻性，也要考虑学校的学科基础和国家的重大需要。要创建世界一流大学，必须在一些主流的前沿领域布局，应该将眼光放得更长远一些，大胆跳出原来的格局。基础条件和环境的改善调动了教师和学生的热情，很多领域的进步为后续发展奠定了基础。

习近平总书记指出："只有培养出一流人才的高校，才能够成为世界一流大学"，因此大学教育一定要着眼于未来，着眼于国家发展、民族振兴和人类进步对人才的需求。创建中国特色的世界一流大学，不仅要立足中国，解决中国问题，还应当面向世界，以中国的视角观察和研究世界，建立中国的学术体系。这不仅需要中国学术界的共同努力，还要聚集全世界优秀的学术力量和资源来研究中国、研究世界。

除此之外，要成为一所伟大的大学，必须要守正。守正就是要坚持核心价值，坚持核心使命，使大学真正成为人类文明的灯塔，成为弘扬社会主义核心价值观的重要阵地。大学所面临的挑战，不仅包括科学技术快速发展而产生的人文精神缺失，还有功利主义造成的公信力危机，因此坚守道德和价值底线，坚守正道，弘扬社会主义核心价值观就显得尤为重要。

现在大学排名层出不穷，不仅有国内大学排名，还有世界大学排名。社会评价大学，对大学进行排名并非坏事，可以在一定程度上帮助大学了解自身的优势和不足，不能因为大学排名存在问题和不足就全盘否定它。但这并不是衡量学校的唯一标杆，要真正了解学校的内在发展情况，还需要做更深入的考察。实际上真正优秀的大学都有充分的自信，不会特别关注排名，他们会根据自己的特点和实际情况明确目标，坚持自己的特色，独树一帜。要办好大学，必须排除任何外界的干扰，摒弃浮躁，才能把握自身的发展方向，成为一所真正伟大的学校。

纵观今天中国大学的教育，一方面整体水平不高，教学目标迷失，教学内容陈旧；另一方面，各学校教学水平差距很大，有些学校的基本办学条件和课程质量都难以保证。更现实的情况是，家庭较好、能够接受较好基础教育的孩子有更大的机会进入好大学、拥有好的未来，而家庭条件较差的孩子则机会较小。从知识传授角度看，教师水准参差不齐，有些老师教学方法落后，不鼓励学生发展兴趣，不注重能力培养；从学生角度看，应试教育使学生迷失方向，缺乏学习和创造的激情。所以中国的大学教育仍然需要促进思想的新锐与活力，培养能够引领未来的人，产生促进国家发展和人类进步的新思想、前沿科学和未来技术，通过不断革新、不断进取，发展成为伟大的学校。

大学主体与大学精神*

徐显明**

在大学里讲教育，让我想起两个故事。

第一个故事发生在 1996 年。我访问哈佛大学法学院，与哈佛大学法学院院长交流时，我问他们：为什么格林斯潘、比尔·盖茨这两个让哈佛大学法学院感到自豪的学生，到最后都没有取得学位？这个院长是"水门事件"的独立检察官，是典型的法律职业人。他思考了半天以后给了我一句话："并不是所有的人都需要大学。"这个回答发人深省。什么是大学？我理解，大学就是把那些原本比较聪明，但还不是绝顶聪明的人，变得更加聪明的地方。这句话大家可以认真思考，并不是所有的人都需要大学，真正绝顶聪明的人，大学对他来说是多余的。他这句话解释了格林斯潘和比尔·盖茨为什么不能从哈佛大学法学院毕业的原因。因为他们绝顶聪明。只有那些一般聪明、比较聪明的人才需要大学。大学就是把这些一般聪明、比较聪明的人变得更加聪明，而最后变成智慧人的殿堂。

第二个故事发生在 2002 年我第二次访问耶鲁大学的时候。这一次是应耶鲁之邀去做中国人权发展状况讲座。他们说，你应该看

---

* 2018 年 9 月 29 日上午，徐显明教授以"关于中国的法治道路"为题，在北京大学百周年纪念讲堂开讲。这次活动是"北京高校理论名家讲堂"(北京市委高教工委举办)的第十一场讲座。本文由中国政法大学法律史专业博士生闫强乐根据现场速记，并参考录音和笔记整理而成，经本人审阅。本文选录了其中与大学理念及建设相关的部分，题目为另加。

** 徐显明，教授，全国人大监察和司法委员会副主任委员、中国法理学研究会会长、教育部高等学校法学类专业教学指导委员会主任委员。曾任中国政法大学校长、山东大学校长、中央政法委副秘书长、第十一届和第十二届全国人大常委、法律委员会副主任委员、最高人民检察院副检察长等。

一下耶鲁大学法学院的两幅浮雕。在耶鲁大学法学院正门那一幅的内容是：老师在讲课，慷慨陈词，手舞足蹈，而下面所有的学生都在睡觉。在大学里面，学生睡觉是天然的权利。因为如果老师讲的内容无法唤醒学生，学生睡觉是对老师的默声评价。另一幅浮雕在耶鲁大学法学院的后门，这个浮雕正好相反：学生们分成了两排，一看就知道，争论得已经不可开交，甚至相互指责的手势都有，这个时间老师在睡觉。

大家思考一下这两组浮雕。我的理解是，大学的主体在任何时候都是学生，没有学生就没有大学。如果不把学生作为主体，而只把老师作为主体，实行一种主客体式的教育，学生的积极性就调动不起来。所以老师无论如何卖力，如果不以学生为本，教育的本质就扭曲了。我在中国政法大学做校长的时候就明确提出来：要以学生为主体，要以学生为本位。中国高等教育需要解决的重要问题，就是恢复学生的主体地位。要把学生当生物，而不是把学生当矿物。大学是一个生态系统，学生应像生物般生长，而非像矿物般被冶炼。当把学生的积极性都调动起来之后，老师可能是多余的，老师可以在那儿睡觉。对耶鲁的这两幅浮雕各有各的解释。同学们将来有机会到耶鲁去的话，一定要去欣赏一下这两幅浮雕，然后你会获得你的理解。维特根斯坦说："凡有理解，就有不同。"

什么是优秀大学？从 1909 年到 1933 年在哈佛大学做了 24 年校长的雅培·劳伦斯说过一句话："哈佛大学之所以备受尊重，不在于哈佛大学有多少座高楼，而在于哈佛大学有一代又一代备受人尊重的大师。"清华大学的老校长梅贻琦把这句话总结为："大学者，非大楼之谓也，乃大师之谓也。"这个概括非常精确，我认为比哈佛校长说得更有雅气。

大学之"大"，在于大德、大爱，在于大学问，在于有大师，在于大楼，在于大业。"大德"，意味着一所大学有担当民族责任的德性。集"大德""大爱""大学问"于一身的，才可称为"大师"。大学之"大"，也包含有"大楼"的意思，大学应有良好的办学条件。大学之

“大”还应当包括“大业”，也就是大事业。一所大学要肩负起科教兴国、强国富民、振兴民族的大业。

大学之第一大：必须有大师，没有大师难以称得上大学。大学的高度是由大师来代表的，有时候一个人就代表一个学科，他的高度就是这个学科的高度，就是这个学院的高度，也是这个学校的高度，所以大师在任何时候都是大学之首大。

第二位的是“大楼”。在当今，大学和大楼是矛盾的吗？不是的。大学必须有“大楼”，这个“大楼”在我的心目当中，它不是建筑物，我指的是这所大学的办学条件。当今中国办学条件最好的两所大学就是北大、清华，拥有中国最丰富的教育资源。要从办学条件的角度来看待“大楼”，包括它的实验室、实验条件、设备和维持老师尊严的待遇等，有了“大楼”才能引来大师。

排在第三位的是什么？大学里边一定要有“大树”。北京大学有 120 年的历史了，在燕园这个校园里可见到 120 年的树。原北京大学的老校园、京师大学堂的旧地，在五四大街的北侧，现在还保留着几栋建筑，包括新文化运动的纪念馆，那就是当初北大图书馆楼，也就是北大的法学学科所在地。我原来工作过的中国政法大学就是从那儿起源的。1952 年院系调整的时候，北大、清华、燕京、辅仁，这四所大学的法学、政治学、社会学汇集成北京政法学院。这儿讲的“大树”不是指的植物，是讲这所大学的历史和传统。优秀的大学一定有好的传统，名校一定有她辉煌的历史和美妙的故事。这些传统和历史最终汇成大学独特的价值。因此大学里面一定要有大树。

大学还需要什么？还需要“大道”。这个“道”不是指的我们每天行走的道路。这个“道”指的是道理，指的是道统。大学是做“大学问”的地方。她追求的是“大道”，而非以逐利谋生为目的的职业训练所。学生有一技甚至有多技之长但无灵魂，就是大学教育的失败。学有学统，道有道统，法有法统。大学里边就是要探讨、传承学统、道统，因此大学里必须有“大道”。

大学还需要什么？大学里特有的一种“大”，叫“大学之爱”，这个爱和其他的爱有区别吗？有！这个“大爱”指的是以真理为信仰对象而升华的爱。教师对学生的爱，学生对老师的爱，因除去了世俗私利而成为“大爱”。父母子女之爱尚有自私的因素，教师致力于传播真理而则学生爱是超越了回报要求而独具神圣性。所有的教育都基于爱，没有爱就没有教育。我们每个人都会有这样的经历，哪个老师对你爱过，对你偏爱过，你这一生都记得。但是大学的爱和中小学的爱区别在哪里？大学里面老师要爱学生，学生也要爱老师，除了这两种爱，大学应该更爱真理，这就是哈佛的校训，也就是大家都知道的亚里士多德的名言：“吾爱吾师，吾更爱真理。”对真理的爱超过一切，让大学变得神圣。大学是探讨真理的地方，大学是把真理作为灵魂和生命的地方。真正的大学，为了真理不惜牺牲自己。这就是大学独特之大爱。以上是大学之“大”。

大学还有个“学”字。这个“学”代表什么？大学之“学”，即“学府”“学科”“学人”“学问”“学业”。大学是学者的共同体，是为“学府”。大学里面要有“学科”，所以分成了一个一个的院系。大学里面必须有“学人”。老师是“学人”，我们同学也都是“学人”，所以你们是学术共同体。只有大学才有学术共同体。大学里面要有“学问”，真正的学问就是思想，大学问就是大思想。教师的活动是“学术”，学生的活动称为“学业”，共同维护学统，都是追求“学问”的“学人”。合之则成大学之“学”。代表着这个地方是学问之地。

一个“大”一个“学”，组合起来，就构成了“大学”。大家都知道，它是收藏思想的地方，它是收藏良心的地方，它是收藏知识的地方，它是创新的地方，它也是“大学”的英文 university 所表达的无所不包的地方。那么，我们在理念上如何升华“大学”？

大学是自由者的乐园。1929 年，陈寅恪在所作的王国维纪念碑铭中，首先提出以“独立之精神，自由之思想”为追求的学术精神与价值取向。他向中国两千年“学”“仕”不分的传统提出了挑战，堪称体悟现代大学精神的知识分子先驱。“自由”不是排斥权威，而是要挑战资本的权威、管理的权威、宗教的权威，确立知识的权威。有思考能力的人是社会文明进步的阶梯。有独立精神和自由的思想，方有发现和创新。

大学是新民的摇篮。《大学》有言："大学之道，在明明德，在亲民，在止于至善。""大学"，即大人之学，是做大学问的地方；"亲"，同"新"，大学的使命在于"使民新"，使人仁爱敦睦，向善明理。培养人始终是大学的第一要务，是其区别于其他社会组织的根本所在。当年梁启超办《新民丛报》，"新民"也是意在"去愚"，变换民智，以图民族富强。

大学是社会的灯塔。大学不限于传播知识，她还是传递价值观的地方，应占据社会的精神高地，成为普罗大众心灵中仰望的净土。大学是社会的灯塔，当社会陷入黑暗时由她发出光明。点亮灯塔的是思想，没有思想的大学，就是没有光明的大学，也是被笼罩在黑暗和名利中的大学。

大学是创新的活水。大学是一批值得尊重而又有经验、年龄稍长的人和一批充满激情而又渴望知识的青年人激荡思想的地方。鲁迅先生在《我观北大》中说：北大是常为新的。其实这是对所有大学的期望。为什么大学是常新的？她每年都有新的学生，每年都有新的教师。如果她每天再有新的知识、新的见解、新的思想产生，大学就真正成为社会精神财富的源头活水。这样，不但大学是常新的，一个国家、一个民族也将是常新的。

大学是真理的福地。哈佛的校训是："与柏拉图为友，与亚里士多德为友，更要与真理为友。"对此，我们心生景仰之余也不免慨叹其深意：圣贤如柏拉图、亚里士多德者，其地位也高不过真理！倘若没有"吾爱吾师，吾犹爱真理"的境界和勇气，苏格拉底之后就不会有柏拉图，柏拉图之后也不会有亚里士多德。耶鲁大学的校训是"光明和真理"，是否意味着光明在于真理、真理即光明呢？哈佛校长索马斯在出席耶鲁建校三百周年庆典时说，哈佛与耶鲁实乃互相鞭策、共同进取的战友，他们共享信奉真理、宽容和思想力量的价值观，并为之奋斗不息。

大学是文化的酵母。一个人一生中需要三个“母亲”来塑造他的品格：自然人格是母亲给的，民族品格是祖国给的，文化品格则是母校给的。大学既传递知识，也滋养文化。不同的大学必然有不同的文化，其区别在于不同的传统、所秉持理念的差异以及洋溢于外的校风。一个人进了大学，就像进了一个发酵池，他会受到大学的熏陶。母校的文化味道，必将与他终生相伴。大学除了培养人才、科学研究、服务社会三大功能外，其实还有文化传承、交流、融合和创新的功能。

大学是知识的源泉。知识是大学生活的中心。大学对知识有五种处理方式：传播、运用、收藏、创新、交换。大学不是公司，她是非营利性的，因此可以专心于知识和真理；大学不是政府，无需随一时的政治需要或俯或仰，因此可立足长远，心无旁骛地追求真理。斯坦福大学校长约翰·汉尼斯在出席中外大学校长论坛的演讲中说，在历史上，大学是社会进步和经济发展的强大动力。今天的大学，在这方面又被赋予了更多的期望，特别是在知识创新方面。由于产业界对长远的基础研究缺乏兴趣，大学的作用再次凸现。只有扎根于基础研究的肥沃土壤，才会有应用研究的百花齐放。不断为社会提供新知识，国家富强、民族复兴的大业才会完成。

大学是道德的高地。大学有两堵墙。一堵是有形的墙，墙外是世俗的，墙内是高雅的。大学内的人，要成为一个道德的共同体，尊崇高尚、创新文明、排斥庸俗、拒绝功利、反对特权。另一堵墙是无形的，是心灵上的。大学教师走出校园，应有一种道德担当，自觉做公民的表率、社会的楷模，人之师表，不落庸俗。只有共同追求高尚，才能组成道德的共同体。办大学，首要的是办受人尊重的大学，办有德性的大学。

大学是良心的堡垒。有大学保存社会的良知，才有五四运动这样造泽后世的壮举。大学应关心政治进步、法治昌明、经济发展、文化繁荣、社会公正这五个方面，而这是大学的良心所系。大学是收藏社会良心的地方，当社会无德时，大学还有德。当社会因为物欲横流、吏治腐败而使人们心灵堕落的时候，大学还应以其独立、自由、公正的品格予以阻绝。企业会因唯利是图、不顾公益而无德，政府会因丧权辱国而无德。如果一个社会连大学都堕落了，社会的良心也就沦丧殆尽了。关注人类人性，追求自由平等，维护公平正义，乃大学良心之防波堤。

大学是知识的共同体、学术的共同体、思想的共同体、文化的共同体、道德的共同体。这就是一般大学的本质所在。当然，在中国，大学还承担政治使命。她要培养社会主义事业的建设者和接班人，而不培养旁观者和批评者。这是中国大学又一本质属性。

上面，我先对何谓"大学"，简单地跟大家交流这几点。在座的每一位都是中国最幸运的人。因为你们置身于中国最好的大学。

前几天我在吉林大学法学学科七十周年庆典上讲过两句话，一句话叫作："所有天使在上帝面前都是凡人。"你们来北大之前都认为自己是最好的，当所有的最好的集中在一起的时候，其实每一个人都是凡人。

第二句话："在母校面前，所有的学子都是孩子。"在这里，我讲一个季羡林到山东大学的故事。京师大学堂是 1898 年清政府建立的第一所官办学堂。光绪皇帝御批的京外的第一所大学是 1901 年山东大学堂。光绪帝还御批山东大学堂的办学章程为国家范本。章程中的两句话，被确定为所有官办学堂共同宗旨：公家设立学堂，是为天下储人才，非为诸生谋进取；诸生来堂肄业，是为国家图富强，非为一己利身家。这个章程现藏于台北"故宫博物院"。山东大学堂实行预科和本科同办的体制。季羡林 1926 年在山东大学做学生，他在校留下了很多的故事。他不愿意读书，天天到大明湖去玩青蛙，但是他发现大明湖的青蛙为什么不叫，这个发现已证明他是一个善于思考的人。当时山东大学的校长是清末的状元叫王寿彭，他也是一位著名的书法家，他发现了这个聪明的孩子。所以校长直接找他谈，告诉他，如果这个学期期末能考第一的话，我给你写一幅字。季羡林就回去告诉他的叔父，季羡林是过继给他的叔父的，他叔父在济南开当铺。他的志愿当时就是将来要打一手好的算盘，把他叔父这个当铺继承下来。他叔父一听王寿彭要赠字，就对季羡林说：王那幅字的价值，比我们整个当铺的价值都大，你好好学。到年终，季羡林就考了第一名，校长不食言，写了一幅字给他。然后校长又告诉他，如果你明年还考第一名，我不光给你写字，我还给你作一幅画。季老第二年又考了第一名，王寿彭又给他写了字作了画。再后来季老就带着这两件作品到清华来，再后来留学回国，到我们北大来。他曾在出席山东大学创办的《文史哲》杂志 50 周年的纪念会上深情回忆：山东大学是改变我命运的地方，是我学术人生的起点。当山东大学 90 年校庆的时候，季老回母校参加校庆，坐在主席台上。他是年龄最长的人。山东大学请他致辞，他上台的第一句话就是："我敬爱的母校的各位老师。"第二句话是："我亲爱的在台下就座的学弟学妹。"台下一片掌声。

大家从这儿要获得启发，无论你将来地位多高，无论你将来年岁多长，无论你多富有，当你回到母校的时候，这儿就是你的母亲。所有回母校的学子，大家拥有一个共同的母亲，在这个母亲面前，所有的学子都是同辈人，所以他称大家为学弟学妹。从这个故事里我总结了刚才这句话，"在母校面前，所有的学子都是孩子"。你们要珍惜这个伟大的母亲。

大学使命与大学治理

韩　震*

“教育是民族振兴和社会进步的基石。”中国共产党十八大、十九大报告都把教育放在改善民生和加强社会建设之首，提出要“努力办好人民满意的教育”，这充分体现了党中央对教育事业的高度重视，对优先发展教育的坚定决心。显然，当社会进入总体小康阶段，在温饱问题解决之后，教育对民生的重要性就更加凸显出来。我们的小康不仅是物质生活的改善，还要伴随文化生活、精神生活的提升。物质贫乏即一般说的“贫穷”，其不是社会主义，知识贫乏也不是社会主义，没有基本的知识素养、较高的文化素质、崇高的价值追求，也不是社会主义。改善所有这些都需要优先发展教育。高等教育的发展，首先就是提高质量，提高质量就要在完善学校治理上下功夫。十八届三中全会决议提出，全面深化改革的总目标是完善和发展中国特色社会主义制度，推进国家治理体系和治理能力的现代化。其中也提到了，要“深入推进管办评分离”，扩大“学校办学自主权，完善学校内部治理结构”的理念。扩大自主权是与完善学校内部治理结构相呼应的，扩大自主权需要学校有完善的内部治理结构，而内部治理得到了优化才能用好自主权。

一、大学的使命和任务

众所周知，大学的使命就是培养人类社会发展和文明进步所需要的各类人才。大学是知识和文化传承创新的基地。就如哲学家

* 韩震，北京师范大学天行研究院院长、哲学学院教授，曾先后任北京师范大学副校长、北京外国语大学校长、北京外国语大学党委书记。

怀特海所言,"大学培养了我们这个文明世界的知识分子先锋……这些知识分子始终是理想的源泉,这些理想引导人们勇敢地去面对时代的困扰。"[①]一个民族的兴衰是与其知识、理想和价值观密切相关的,而知识、理想和价值观视野的地平线往往是由其高等学校的质量和水平分不开的。正像德国前总理施密特所指出的,没有一流的大学就不可能有国家的繁荣发展,因为如果"大学停留在二流或三流的水平","就无法取得绝对一流的研究成果"[②]。没有一流的研究成果和理念思想,当然不可能成就一流的国家繁荣富强。

大学承担着传递知识和创造新知识的功能,但其创造新知的作用不仅更受重视,而且越来越被重视。大学是面向改造世界的实践活动的,是面向未来的。"大学向发生、在发生、正发生的事情开放。"[③]这就是说,大学不仅仅是通过传递知识培养延续社会的一般人才,而是通过创新知识来培养社会的引领人才,培养塑造未来社会的领袖人才。实际上,人类不乏丰富的想象力和创造力,但是在大学之外,这些想象力和创造力往往得不到系统的积累和发挥。大学通过一定的制度和方法,激发并且高效地利用人们的想象力和创造力,不断地拓展我们的知识面。一流大学区别于其他大学的地方,就在于不仅能够更有效地激发人们的想象力和创造力,而且能够更有效地将这种力量转化为对社会发展有用的思想、知识和建议。

大学作为创新知识和更新思想的共同体,需要不断有年轻人的加入。在大学内部,培养人才与知识创新是相辅相成的。这就是说,如果没有知识的创新就难以培养社会精英和创新型人才,同样地,没有人才的培养过程,也不可能进行持续的有活力的知识创新。

---

① 〔英〕怀特海:《教育的目的》,徐汝舟译,北京:生活·新知·读书三联书店 2002 年版,第 141 页。

② 〔德〕赫尔穆特·施密特:《全球化与道德重建》,柴方国译,北京:社会科学文献出版社 2001 年版,第 56 页。

③ 〔法〕阿尔贝·雅卡尔等:《没有权威和惩罚的教育》,张伦译,北京:中国人民大学出版社 2005 年版,第 79 页。

就此，怀特海曾经指出其中的道理："大学确实传授知识，但它以充满想象力的方式传授知识。""青年人富于想象力，如果通过训练来加强这种想象力，那么这种富于想象力便很可能保持终生。人类的悲剧在于，那些富有想象力的人缺少经验，而那些有经验的人则想象力贫乏。愚人没有知识却凭想象办事，书呆子缺乏想象力但凭知识行事。大学的任务就是将想象力和经验融为一体。"①怀特海的话有些冗长，其实质无非是把老年人的经验、方法和青年人的创新冲动与想象力结合在一起，才能构成大学的创新性品格。

大学如果想要创新知识，就必须以自由和追求真理的精神进行探索。知识是一种思想的构建，只有不断地解构以往的思想产品，突破既定的规范，才能保持积极开拓的心态，才能不断探索新的知识疆界。大学体现的是思想自由的气质，彰显的是追求真理的品格，是不惧任何权威的批判精神。大学应该培养"大写的人"，即"自由之精神，独立之人格"。这种自由人格并不是天马行空的独行侠，而是对他人有尊重和同情心，对社会富有责任感，对时代负有使命感的人。一个不尊重别人自由的人，他是真正自由的吗？一个认为自己垄断真理的人，是真正追求真理的人吗？这些需要被探讨论证的问题给学校的内部治理增加了复杂性。我们必须考虑：用什么样的制度，才能使大学有正常的秩序，并促进学者之间的竞争与合作，激励学者们的自由探索精神？怎样的大学治理，才能使大学保持自由探索的活力？怎样的大学治理，才能彰显大学的品格？

大学必须完善自身的治理，才能更好地发挥自己的社会功能。正如麻省理工学院校长查尔斯·维斯特所指出的，"我们对社会进步和福利做出的贡献最终取决于我们是否富于想象、明智而勇敢地驾驭自身进程的能力。"②

---

① 〔英〕怀特海：《教育的目的》，徐汝舟译，北京：生活·新知·读书三联书店 2002 年版，第 136、138 页。

② 〔美〕查尔斯·维斯特：《一流大学卓越校长》，蓝劲松译，北京：北京大学出版社 2008 年版，第 13 页。

二、大学治理的主体

大学的根本任务就是培养人才。由于受不同的学科和具体任务的驱使,大学实质上又是一种由拥有多重目标的不同人群组成的复杂组织系统。在这个复杂的系统中,我们可以把学校组成人员统称为师生员工,师生员工都是大学不可或缺的力量,都是学校内部治理的主体。不过,从宏观结构而言,按照从业者和服务对象来看,可分为学生和教职员工两大部分。西方大学最初就是教师和学生的共同体,学生也是大学治理的主体力量,大学中任何涉及学生利益的政策和措施出台都应该征求学生的意见。这个征求意见的过程是按照一定的协商机制。

除了学生之外,学校的人力资源,即教职员工由教师、教学辅助系统职工(如图书馆、资料室、教务、后勤等等)、管理职能部门人员构成。在大学的治理结构中,教师处于关键的中心位置。当然,大学既然是为了培养人才而设立的,那么教师本身就不是大学的目的,而是为了学生的学习服务而设立的直接性岗位。但教师的存在又是如此重要,不仅师生之间的接触和关系更加直接,而且教师的水准和视野往往决定了人才培养的水准和学生未来发展的可能性。大学老师的水准就决定了大学的水准,大学老师的水平就决定了大学的教学水平。为此,大学往往都非常重视卓越教师的引进和培养,教师的话语权在学校内部治理中的权重是非常明显的。如果不把教师的话语权放在核心地位上,学校的发展就会出方向性问题。

为了学生能够正常学习、教师正常教学,学校还有其他岗位职责,这就是管理部门、教辅和后勤支持系统。如果说教师是为了学生的学习而教的话,那么学校其他部门都是为了学生的学和教师的教而服务的。没有这些服务和支持系统,学生既不能很好地学,教师也不能很好地教。如果说学校不重视教师的关键地位是会出方向性问题的话,那么不重视其他群体的话语权,学校的内部治理也是不全面、不平衡的。尽管大家的最终目标是一致的,但是由于岗位的不同，就必定会引出利益和看法的差异。在教职员工之中，不仅教师与教辅和后勤系统有利益的合作与竞争，而且教师和管理职能部门人员也存在利益和观点的不同。譬如，有人通过数据调查得出结论："学术人和行政人关于大学的许多问题在认识上差异甚巨，存在明显的价值鸿沟和文化分裂。"①当然，大学也存在大量的"双肩挑"人员，既从事教学科研又担任管理工作的人员，他们可以构成学术人和行政人之间沟通的桥梁，但也可能因这部分人从两方面追求自己的利益，从而引起双方的猜疑和不满。近来，社会上对大学行政化的诟病，往往是对这部分人通过行政化手段攫取学术资源和荣誉产生不满。这里的情况也是非常复杂的，应该说懂教学科研的教职人员担任一定的学校管理工作，对学校的管理的价值取向是有重要的规范作用的：即大学的管理是为了教学科研服务的，管理本身不能成为目的，执行管理的人的利益更不能成为目的。我个人还是主张学校的主要领导应该是懂教育懂学术的教育家，而不应该是纯粹的行政官员。教学科研人员走向管理岗位，其优势是懂得教学科研的规律。再加上往往教学科研取得了一定成绩的人，才能够获得了大家的认可，因此的确有许多优秀的教师成为处长、副校长乃至校长。但问题是，一旦担任了领导职务，其主要精力是用来治理还是继续自己的学术工作，这就值得研究了。既然承担管理职责，那么就应该把主要的精力放在行政管理工作上，而不能利用行政资源去做自己的学术"业务"。我认为，学校的业务管理部门的主要领导，应该由熟悉教学科研业务和规律的学者来担任，但与学术离得较远的职能部门，就应该由不从事学术研究的专职工作人员来担任。学校还是需要一些纯粹的专职行政人员，如果都是专业学术人员兼职，一是有些工作的性质，如后勤、资产、基建等等，不是专业学术人员的专长；二是因为他们不可能把全部精力放在管理工作上，容易耽误整体工作进程。

---

① 刘小强、沈文明：《两种人：大学群体文化的分裂与跨越——大学行政人和学术人文化差异的实证研究》，《中国高教研究》2013 年第 11 期，第 33-34 页。

大学治理主要应该依靠教师，教师是大学治理主体中的主体。但是，怎么样才能更好地发挥这个主体的作用，还是需要仔细研究的。有过大学工作经验的都知道，作为社会最有知识的群体，教师内部的意见最难达成共识。实际上，教师队伍是一个认识与观点差异的集合体。首先，大学中有理工科与所谓文科“两种文化”的存在。在大学中，二者之间尽管相互影响、相互吸收对方的营养，但是文化的鸿沟似乎从来没有填平过。即使在文科内部，日益发展的经济、管理、金融等社会科学学科与传统的文史哲人文学科之间的价值冲突也越来越明显。人文学科不同的院系之间也存在利益的竞争，这种竞争在同一学科内部的不同人员之间也一直难以弥合。人文学科研究的特点造成的所谓个人主义文化，即“文人相轻”的现象，经常使一个简单的管理活动演变成为复杂而长期的博弈和沟通过程。在资源有限的情况下，不同的利益群体和个人，都会因资源的分配而产生争论或冲突。由此看来，大学是一个不同学科知识生产和传播的联合体。在这个联合体之中，历史越长就往往积累越多的“声誉”，并且不断有人使之成为特别美丽却又非常脆弱的花瓶，以便让人不容易挪动。这样一来，大学的结构就越来越复杂，而结构越是复杂就越是难以整合。大学本来可以共享资源，提高办学效率，但是部门利益冲突使这种共享难以实现。大学本来因多学科的优势，可以通过交叉融合而增强创造力，但是利益封闭往往难以实现协同。大学需要不断地改革治理，才能防止不同学科、不同群体、不同方面的自我封闭与画地为牢，促进各个学科、群体多方面的交汇与合作，使这个联合体能够协同育人、联合攻关。

三、大学的治理结构

基于我多年大学任职的经历，深知大学不同群体之间的利益交集与博弈的复杂性，必须靠制度来制约不同团队的特殊利益，实现各种立场的相互校正。知识分子是研究知识、发现新知识的人群，他们对自己的研究和事业非常非常执着，这反而养成一种特殊的自尊心，这种自尊心把握不好就很容易滑向唯我独尊的状态。作为一个学者，我个人还是非常理解甚至尊重学者的这种心态的，因为这是支撑他们研究事业的动力之一。你否定他研究的问题的价值，你轻看他研究的成果或结论，那就是否定他的生命价值。但是，当这些异常“执着”的人们碰在一起时，如何才能实现有效的合作和基本的治理呢？目前，有一个经常说的词是“分类管理”，可是分类到什么程度才能满足个性化的特殊需要呢？我们总不能为每个人搞一套评价标准吧。如果真的那样，实际上就没有评价了。为了完善大学的治理，我们就必须通过顶层设计，构建可以自我调节和优化治理结构和机制的大学系统。大学去行政化是对的，但去行政化不是“去管理”，而是完善管理，实现善治。

在中国，大学的治理结构必须遵循《中华人民共和国宪法》和其他法律，如《中华人民共和国教育法》《中华人民共和国高等教育法》《中华人民共和国教师法》《中华人民共和国学位条例》等等，这些法规都是大学治理的上位法。

根据法律规定，中国高等学校实行党委领导下的校长负责制。[①]在这里，党委领导是根本，是理念性、价值性和方向性的；校长负责是具体层面的，是操作性、过程性、工作性的。党委领导下的校长负责制，是中国特色社会主义民主制度在大学治理中的具体实现形式。有些人，一说民主就说欧美如何如何好，一说到大学的党委领导下的校长负责制却又摇头否定。既然民主是权力的相互制约，那么为什么我们的集体领导的权力制约制度就不行呢？既然西方大学有董事会负责选拔和监督校长，为什么我们就不能由党委会领导

---

① 《中华人民共和国高等教育法》第四章第三十九条规定：“国家举办的高等学校实行中国共产党高等学校基层委员会领导下的校长负责制。中国共产党高等学校基层委员会按照中国共产党章程和有关规定，统一领导学校工作，支持校长独立负责地行使职权，其领导职责主要是：执行中国共产党的路线、方针、政策，坚持社会主义办学方向，领导学校的思想政治工作和德育工作，讨论决定学校内部组织机构的设置和内部组织机构负责人的人选，讨论决定学校改革、发展和基本管理制度等重大事项，保证以培养人才为中心的各项任务的完成。”

和监督校长的工作呢？想个人说了算，这本身就是问题，就是不民主，就是封建主义思想作祟。毋庸讳言，在具体工作中，有些学校的党委书记和校长确实出现过不和谐和矛盾，但这些问题不是制度的问题，而是具体人的问题。一方面，欧美学校的领导层也会发生人事矛盾，另一方面，大多数中国大学的工作是好的，是有成效的。完善党委领导下的校长负责制，我认为还要理清以下几个问题。首先，党委领导下的校长负责制，不能理解成为书记领导下的校长负责制。党委领导是集体领导，不是书记领导。在这个意义上，书记和全体党委委员也是在党委领导之下工作，校长在党委的领导下，书记也在党委的领导之下，书记只是主持党委的工作，是领导班子的班长。其次，党委领导下的校长负责制并不否认校长的工作职责。党委领导决定大事、方向性的事情，校长负责落实党委决定了的事情。如何实现党委决定了的工作，用什么样的策略、方法，通过什么途径，这就是校长独立发挥领导作用的领域了。最后，党委领导下的校长负责制，无论是党委的决策还是校长的工作，都还需要走从群众中来到群众中去的群众路线。党委领导下的校长负责制，不是书记领导还是校长领导的问题，也不是书记说了算还是校长说了算的问题，而是如何实现大学的民主治理的问题。党委领导下的校长负责制是中国特色社会主义民主制度在大学的具体体现。这是我们的优势，而不是我们的问题。

教职工代表大会及工会的成员由教师、职工按照一定的比例选举产生。每年召开一次会议，听取并审议学校校长的年度工作报告、学校的财务预决算报告，讨论并咨询其他学校工作和有关教职员工利益的事项。我个人认为，大学的学术性问题和事务不宜在这种场合讨论，因为学术是追求卓越的，不能把非学术的力量带入学术的讨论。学术的突破性发展往往是通过个别人的卓越眼光而实现的，在这里实行民主往往得到的是平庸的结果。学术探索的本质是自由，而不是民主。最有创建的新知识的突破不是靠众人投票获得的，而往往是少数人的独创性的产物。教职工代表大会的组成人员则更具有各种岗位和职务的广泛性，这里应该讨论学校的总体性发展和教职员工的职业发展和福利保障。当然，为了保证学校教职工代表大会的教育特性，必须保证教师代表占主导地位。① 实际上，中国某些大学的教职工代表大会制度已经越来越成熟，不仅有关教职员工切身利益的规章制度或惩罚奖励条例都经过代表大会的讨论通过，而且许多高校还开展领导就某些热点问题接受代表质询的活动。教职员工民主参与的机会和机制越来越完善。在这方面，中国的高校似乎走在了欧美高校的前边。

要充分发挥团组织、学生会和研究生会在学生自我管理、自我服务中的组织作用。在学生组织自我管理、自我服务方面，欧美大学有比较好的传统和经验，这方面值得我们学习和借鉴。大学必须树立以学生为本的理念。学校的服务对象是学生，因为有学生才有学校，才安排教职。从逻辑上讲，不是因为有教师才有学生，而是因为有学生才需要教师。怀特海曾经指出："教育是训练对于生活的探险；研究则是智力的探险。大学应该成为青年和老年人共同参与的探险活动的家园。"②斯坦福大学校长约翰·亨尼斯曾经说过：在斯坦福，教授一般把研究生看作是自己的同僚，而不是打工的学生。教授非常注意学生们的创造性，也希望激发他们的创造力，并为自己的研究出力。实际上，中国大学的许多教授也是这样对待学生的，学生的创造力和精力是自己研究团队的宝贵财富。对大学来说，涉及学生利益的许多规定应该与学生会和研究生会商议，取得他们的理解和支持。当然，这并不是说所有的安排都由学生来决定。一般说来，学生希望学校为其提供尽可能好的教学、服务和其他支持，而学校在考虑为学生提供尽可能好的服务和支持的同时必须量力而行，即对学生的支持不能妨碍学校未来的可持续发展。学

---

① 教育部《学校教职工代表大会规定》第三章第十一条明确规定："教职工代表大会代表以教师为主体，教师代表不得低于代表总数的 60%，并应当根据学校的实际，保证一定比例的青年教师和女教师代表。"

② 〔英〕怀特海：《教育的目的》，徐汝舟译，北京：生活·新知·读书三联书店 2002 年版，第 146 页。

生毕业就离开了,学校还要继续存在和发展,不仅要考虑自身的卓越与竞争性,而且要为教职员工包括离退休人员的生计考虑。

学术委员会及院系教授委员会应该在学术问题上发挥主导作用。在学术权力方面去行政化,不是校长退出学术委员会就万事大吉了。校长退出学术委员会未必就实现学术民主了,在现实中把学术委员会交给某些学者担任,实际上已经出现了更加专断甚或偏执的情况。从“屁股指挥脑袋”的逻辑看,校长大多数情况还是从全校的大局出发看问题,而有些教授往往只是从自己的学科发展去看问题,甚者有些学者是从自己或自己的团队的利益去看问题。有些学校的学术委员会长期为某个人把持,他自己变成“学霸”,不仅只考虑自己的团队利益,而且还大肆排斥异己,这显然不利于学术的进步,抑制了各学科的健康发展。这样的教训是非常多的。为了避免出现这种情况,就必须在设计学术委员会的构成时,规定严格的轮换制、任期制,并规定好讨论问题的规程等等。可以设计学校主管领导担任学术委员会主席,但只有主持会议的权力,没有投票权;可以设计学术委员会全体委员选举学术委员会主席,任期一年,不得连任;可以设计学术委员会的任期不得超过一任或两任。如此等等,都是为了防止出现学术权力被垄断。

中国的大学在民主管理方面有很多的实践,在这方面我们要有足够的自信。中国大学民主治理的实践,也构成中国特色社会主义民主的重要组成部分。实际上,欧美的民主形式已经固化为周期性的差额投票选举,而实质的民主决策却乏善可陈。欧美公民的确可以投票选总统,但在很大情况下他们的教职员工在选举校长方面发挥的作用并不太大,另外在新学科的建立、新教师的遴选、新研究团队的建立方面,普通教职员工也同样不太有发言权。2013 年夏天我在访问欧洲一所百年名校时,该校的常务副校长亲口告诉我,“不能把评聘教授的权力给普通教师,那样的话会使教师队伍逐渐平庸化。我们是组织一个精英团队提出候选人,由校长在其中挑选。”由此看来,中国大学校长对教授的遴选权要远远小于欧美的许多同行。我这样说,并不意味着中国的大学治理已经足够民主了,我只是说我们在大学的民主治理方面并不比欧美落后,我们只是与他们有不同的探索路径。

另外,大学的行政化不仅在中国,在欧洲或许更有甚者,欧洲许多国家大学教授就是公务员身份。许多国家的大学也是由政府部门管理的。例如,施密特就指出,德国"大多数高校基本上都是由外行,即各州文化部的事事皆管、精打细算的财政预算人员来管理的;所有教授在有生之年都是官员,自他们受聘之后便再也无人考察和评价他们的能力"。大学教授作为国家公务员,无论工作绩效如何,都可以高枕无忧地享受待遇。为此,施密特建议:"我们应当让各高校进行全面的效率竞争。也就是说,应当解除官僚制的束缚。"①可见,去行政化不只是中国大学的目标,也是国际上的一个共同趋势。

大学去行政化,不是打碎学术组织机构,不是抛开管理职能部门,不是裁撤维持大学正常运行的必要的行政机构和人员。而是,行政机构和行政人员必须是为教学科研的学术目的服务,才能够获得自己存在的正当性。行政机构和行政人员不能把自己部门的价值当成是头等价值,在大学最头等的价值就是学生的"学"和教师的"教",所有部门都必须服务于学生的"学"和教师的"教",才能体现价值。另外,学校行政部门的人员,包括书记、校长在内,都不是管理教师和学生的官员,而是服务于学生和教师的职员。大学的治理应该是一个扁平化的网络结构:在其中,党委把握政治方向、发展战略和工作大局,校长和行政部门负责学校的整体发展和日常运行,教授通过学术委员会的工作引导治学,教职员工通过教职工代表大会、学生通过学生会和研究生会参与民主管理。

四、大学治理与学术组织

大学学生的"学"和教师的"教",首先是在一定的院系组织中展

---

① 〔德〕赫尔穆特·施密特:《全球化与道德重建》,柴方国译,北京:社会科学文献出版社 2001 年版,第 57、58 页。

开的。当然，学生应该是整个大学的学生，应该可以从全校的学习资源获得学习方面的支持，包括不同院系和不同学科的课程资源。这就要打破院系之间的壁垒，使各种资源得以共享。这就需要构建符合现代治理理念的学术组织及其之间的合作关系：既要给院系充分的自主权，使治理主体和重点下移；又要使各院系之间有全校一盘棋的观念和政策，这样才能形成软硬件资源的共享机制。

学术组织的设定首先是数量和大小的问题。一般说来，在学校规模确定的情况下，一个学校内部设立的学术机构越多，学术机构的规模也就相应地越小。欧美许多大学往往是校院系或校部院三级管理，按照这种管理模式的院或部一般都在个位数，即不超过10个，院或部下面又有许多以学科为单位的系。这种设置的优点之一是比较容易整合，学校容易下放权力。在这种情况下，许多院或部的负责人其地位不亚于，甚至高于副校长。二是有利于实现教学科研资源节约、共享的目的，避免重复设置。三是有利于实现学科交叉，有利于不同学科之间的交融和创新思维的培养。众所周知，创新往往来自学科边缘，与其他学科的交叉地带，在这个地带容易进行学科间理念和方法的创造性迁移。

我们的大学是在原来校系二级管理体系基础上发展的，在改系为院的过程中往往是把原来的系升格为院，所以会出现有的在一级学科基础上建院，有的在二级甚至三级学科的基础上建院的情况，甚至有的教研室也因种种原因趁机独立升格成为学院建制。因此，我们的大学，无论规模大小，动辄就有二、三十个院，学校被碎片化了。这种设置的优点就是，因规模小，内部治理比较简单，即使管理出现问题，影响也比较小；另外，这种设置比较符合中国普遍“各人自扫门前雪”的心态，可以避免许多矛盾。但是，这种碎片化的设置已经成为阻碍中国大学学术创新的严重问题：一是学科自我封闭，缺乏多学科的互动与合作，这不仅影响了教师的创造力，同时也影响到学生的思维与视野；二是因追求麻雀虽小五脏俱全，重复建设学科的现象极其严重，造成人力物力的浪费；三是由于机构臃肿且碎片化，很难实现管理重心和权力的下移。正是基于这种问题，许多学校正在探索大学学部制，力图整合学科资源，实现学科交叉和资源共享。国家也出台许多政策，鼓励不同机构之间的合作，以便实现协同创新。

学术组织的设定还涉及学校内部纯粹科研机构的设置问题。就我个人的看法，既然大学的根本任务是培养人才，那么大学的科研活动就是培养人才的一部分，所以应该将科研机构绑定在一定的院系设置之内。科研机构一旦独立设置，往往就与教学活动相分离，这既不利于教师的全面发展，也不利于把学生培养成为创新型人才的目标。如果科研机构与教学单位是一体的，那么人员就可以在这两方流动，一方面可以把科研成果直接转化为教学内容，另一方面也可以使教师都有从事科研的实践机会。当教师有科研课题且科研思维活跃时就到科研机构进行研究，当课题做完了且处于创造力的酝酿期时就可以到教学岗位工作。教学相长，教师也会从学生那里得到灵感和启发。问题是，现在的管理体制使科研院所与教学院系之间存在壁垒，人力资源很难得到共享。

所有的问题都说明，大学治理需要进行结构性的改革。但是，要改变一种长期形成的传统是非常困难的，尤其在大学更加困难。大学理性的科学思维往往都是对外而言的，当改革到大学本身时就会失效，许多理性话语事实上在为偏狭的小团体利益辩护，打的旗号和利用的话语却是最崇高的公共利益。大学面对的问题是未来的、全新的，但是我们的脚却站在过去的传统中难以自拔。大学在改革方面，正像马克思批评的，可以说是“理论的巨人，行动的矮子”。

北京外国语大学早就提出培养复语型、复合型人才的教育理念，但是学术组织却是严重割裂的，往往基于单一的语种进行设置。机构臃肿、重复建设、效率低下的问题非常严重。面对困难，我们就会想到曾经担任过耶鲁大学教务长的剑桥大学校长阿里森・理查德(Alison Richard)说过的话：“选择做某一件事并不一定容易。选择不做某一件事也很难。然而,如果不作任何选择,那将是学校的灾难。"[1]我曾经在北京外国语大学中层干部会议上讲过,我是一个"有理想的现实主义者",我们必须进行必要的改革,但是我们会选择恰当的时机进行预期能够成功的改革。

大学学术组织的民主治理已经在探索之中,有院系教代会,有学术委员会,有教授委员会。我只想指出,即使学术委员会或教授委员会,其主任也应该有轮换,在院系最好是年度轮换,否则容易形成学术上的"霸权话语"。我们应该警惕行政化,我们也同样要防止出现个人或小团体的学术霸权。如果大家都奔着完善治理的目标去考虑,我想我们不难找出符合中国特色的治理道路来。当然,无论如何进行民主治理,都需要有人落实繁杂的行政事务。院系仍然需要有人担任党政领导。从多年的工作经验出发,我认为,院系的党政主要领导应该由学者担任,特别是院长、系主任,即使不是这个学科最好的学者,也应该在这个学科中有相当重要的地位和影响力。院长、系主任的学术视野和境界,涉及院系教学科研工作的视野和境界问题。党总支书记最好也由具有较强政治判断力和一定理论水平的学者担任,因为这样他才能与教师、学生有共同语言,能够在党员群众中树立威信,并且容易发现党的方针政策与学科教学科研工作的结合点,能够找到在本学科落实我党方针政策的行之有效的方法,能够把思想工作落实到具体的实际中去。

总之,中国高等教育的现代化需要我们进行治理方式和治理结构的改革,在改革过程中我们既要立足中国现实又要借鉴国际经验,既要注意顶层的合理设计,也要摸着石头过河稳妥地推进。中国高校内部不乏改革的思想或提议,缺少的是改革的意志和行动力。如果要形成改革的意志和行动力,就要在高校师生员工中凝聚改革的共识,这在以独立思想为宗旨的高校是最为困难的事情,但是也是改革成功的关键。

---

① 转引自周作宇:《剑桥大学"第一夫人"的改革之路》,《科学时报》2007 年 7 月 31 日。

现代大学治理要重视以人为本的制度激励

张　杰*

大学作为特殊的社会组织和学术共同体，以学术创新为价值导向，是一个高智商、多元化、长时序的复杂组织系统。大学为人类文明中一个非常独特的社会组织，之所以历时近千年，并一直保持持久、旺盛生的命力，除了因为大学是知识的创造者和传承者，更重要的原因是大学代表着人类思想、精神和道德制高点，是整个社会良心、公平和正义的最后堡垒。大学通过创造、传播和保存学术成就、文化概念和人类文明来影响社会。在这个意义上，大学的人文精神和学术追求，决定着国家和社会的未来。

一、大学建设与社会发展

（一）大学的根本特征：创新

大学是创新人才最密集、创新活力最旺盛、创新创意最丰富的人才聚集地。在创新驱动社会转型发展时期，大学理应义不容辞承担起历史责任，支撑和推动创新实践。然而，大学能否真正做到向社会源源不断地输出创新动力，取决于其是否具有高水准的学术导向、关注需求的自觉、鼓励创新的机制和持续创新的能力，取决于其能否培养创新性人才。

参考美国经济社会发展与历程，其经济社会发展模式大致可以分成两个阶段：第一个阶段，从 1865 年南北战争结束到第二次世界大战结束，美国的发展走要素驱动发展模式。历史上，很多国家，包

---

* 张杰，中国科学院院士，中国科学院副院长，2006 年至 2017 年任上海交通大学校长，是我国 985 大学中任职最长的大学校长之一。

括中国的发展都用过此类模式。第二个阶段,从第二次世界大战结束到现在。在这个阶段,美国经济社会发展走出了一条非常独特的轨迹,出现了五级跨越发展,分别是20世纪60年代航天技术、70年代电子技术、80年代软件技术、90年代互联网技术以及现在正在出现的云计算、大数据等新技术驱动的发展。这是五次主要以创新为驱动力的跨越式发展模式,而世界上其他国家却没有走出这样的轨迹。例如,日本的发展主要以制造业为驱动要素,随着产业转移,从90年代中期开始进入饱和区(见图1)。

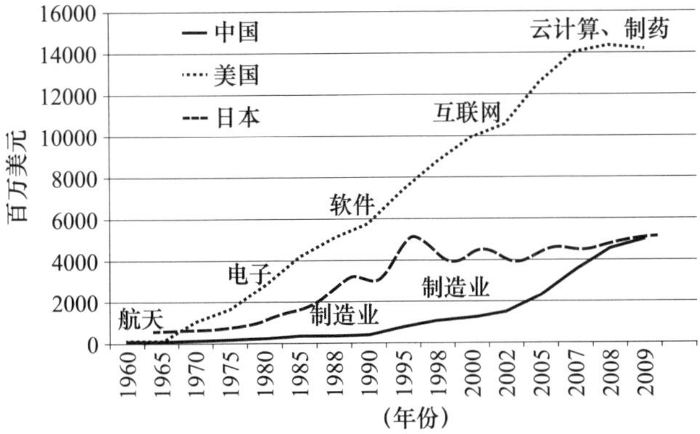

图1　1961—2009年中国、美国、日本GDP变化曲线

仔细研究美国历史上五次跨越式发展驱动,可以发现,每次都与大学对经济社会发展模式的创新密切相关。国家经济社会发展转型的关键,归根结底,是发展模式能否转变成以创新为驱动力的创新发展模式。所以,创新驱动对于世界各国的发展都很重要,对开始进入发展模式转型阶段的中国则显得尤为重要。

在中国,如果单纯地把大学的职能定位成"为社会培养有技能人才",很难满足中国经济社会发展对大学的多元化要求。大学,特别是研究型大学,最根本的定位是成为社会经济发展的创新引擎与智力源泉,这应成为大学的根本使命和责任。大学必须形成持续激发师生创新活力的环境和文化,通过系统化的制度设计,保障创新所必需的独立思考、学术自由和自律氛围。因此,大学治理当紧紧围绕创新展开。基于制度激励的大学治理成为中国建设世界一流大学的道路选择，以人为本的制度激励则成为大学治理的中心环节。

（二）研究型大学的三大制度激励体系：人才、科技、思想文化体系

制度激励是一种内生动力机制，通过规则、制度、文化实现对组织成员的方向引导、动机激发与行为强化，持续调动人的主动性、积极性和创造性。制度激励强调以人为本的制度设计，突出其法规权威和激励功能，一方面应高度重视制度自身的草根基础、吐故纳新、自我完善和新陈代谢；另一方面从根本上持续激发大学师生员工这一创新主体开展创新活动的内生动力，实现制度功能的边际效应最大化。因此，制度激励是一个动态过程，是制度创新的内在驱动，是大学综合改革的根本动力机制。

研究型大学所营造的激励创新体系，主要表现为三个方面：一是创新人才成长体系，二是科学技术创新体系，三是思想文化创新体系。卓越的创新人才成长体系、科技创新体系和文化传承创新体系建设，是大学与社会相互作用的重要体现，同时对于大学自身的发展尤为关键。中国大学要真正实现“三大创新体系”的建设，需要结合当前大学发展阶段特征和中国国情，努力实现大学在管理理念、管理模式、激励机制等方面的科学转变。

二、创新人才成长体系

目前，中国高等教育存在着创新不足、大学的三大功能发挥不平衡以及对大学生个性发展关注不够等问题。要解决这些问题，需要回归到大学的根本上去。大学的根本使命是培养人才，大学的灵魂是学术追求，大学的本质就在于把一群极具创新思维的教师和一群极具创新潜力的学生聚集在一起，让他们互相激发创造力，产生智慧和创新成果。其中，大学的创新人才成长体系可分成两个部分：教师成长和学生成长，两个部分相辅相成，缺一不可。

在这个创新人才成长体系中,学生的创新潜力在教师的引导下得到充分的开发,教师的创新能力在与学生的互动中得到充分的展示与发展。

(一)教师成长体系

高水平师资队伍是建设世界一流大学的关键。对于我国建设世界一流大学的目标来说,最具挑战性的问题是如何在规模化引进世界一流师资的同时,实现本土师资队伍的转型升级。在过去十几年时间里,上海交通大学积极着手建立层次清晰、覆盖全面的"人才金字塔"体系,为此采取了一系列措施:开通高层次人才引进"绿色通道",构建吸纳人才的快速响应机制,形成随时发现、随时跟踪、随时引进的揽才模式;构建符合世界一流大学建设目标和发展需求的体系化制度,使得引进人才与本土人才逐步实现了"并轨发展";建立与世界一流大学可对接的职称和薪酬体系;广泛募集社会资源,设立青年教师培养专项基金,努力培养、提升现有青年教师学术水平;重视文化软环境建设,营造尊重人才、尊重个性、尊重创新的文化氛围,激发各类人才的事业成就感、文化认同感和情感归属感。

高水平师资队伍的成长离不开各种资助项目的支持,目前,若把我国现有对各种人才的资助项目(如上海浦江学者、教育部长江学者等),与对科研的资助项目(如自然科学基金委青年基金、杰出青年基金等)根据项目重要性和难易程度作为划分不同层次人才标志,那国家现有的资助项目即是一人才成长阶梯。但这个成长阶梯的二级之间差距巨大,跨越难度大,为帮助师资队伍成长,上海交大设计了一套人才成长体系——在国家人才成长阶梯每两级间再加一级,形成上海交大人才成长阶梯的基本概念。

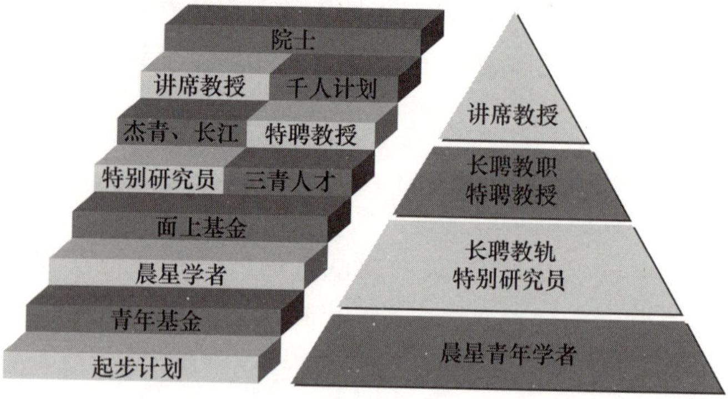

图 2　人才成长阶梯与人才金字塔

2007 年，学校开始实施“人才成长阶梯计划”(见图 2)。作为学校师资队伍双轨制中一轨，此轨最开始为引进海外高层次人才而设立，但校内原有教师也可以进入这个轨道。例如，人才成长阶梯上的讲席教授、特聘教授、特别研究员，对应国家两个阶梯之间的台阶。事实上，国家的“千人计划”对应的就是学校长聘学术荣誉体系中的讲席教授(相当于海外一流大学的 full professor with tenure)，“青年千人”“优青”“青年拔尖人才”(统称为“三青”)对应的是学校人才成长阶梯中的特别研究员(相当于海外一流大学的 tenure-track assistant professor)，而在青年基金和面上基金之间，学校用捐赠来的基金设立了“SMC-晨星学者”奖励计划，专门支持学校现有青年教师的创新研究追求。通过这种途径，学校教师可以在跃上国家更高台阶之前获得学校额外支持。

在 2010 年，学校启动了针对原有教师“四位一体”的综合改革。此项改革由各院系分别推进，主要聚焦于以下四个方面，分别是发展定位、分类发展、分类考核、薪酬体系改革。拟在 2018 年实现双轨并轨，初步建成世界一流的师资队伍。从 2014 年起，学校选出几个基础较好的院系做试点，开始试行新的人事制度，向 Tenure-track 体制过渡。2015 年，在试点的基础上，全校开始推进学术荣誉体系，启动长聘教职评聘，师资队伍发展的两条轨道开始并轨。在双轨制并轨过渡期，为了在新的体系里营造引进教师与原有教师相互尊重、相互学习的环境，学校首先让新体系中职称晋升与国际学术标准接轨；其次，新体系教师薪酬也是国际标准，但是比原有教师体系多出来的教职津贴部分主要通过企业家捐资、冠名筹得，不动用学校可用于原有教师薪酬部分资源，以保证学校资源使用的整体公平性。

（二）学生成长体系

在我国目前阶段，大学要想实现科学发展，关键在于发展模式的转型，而其成功的第一要素就是创新型人才的充分供给。创新型人才培养是大学最根本的使命。

在总结办学经验的基础上，学校逐渐确立了知识探究、能力建设和人格养成“三位一体”的育人理念。其中，“知识探究”是基础，“能力建设”是核心，“人格养成”是根本。新的育人理念强调“以学生为中心”，以激励学生自我成才。此中一个最核心的变化是，过去大学以教师为中心，把学生视作孩子而非成年人，这种灌输式的教育影响了学生的自我成才。现在的体系要求转变理念，真正以学生为中心，将学生作为完整全人来要求，激励其自主性，激发创新潜能。

为了培养创新型领袖人才，学校采用全新的培养理念和课程体系，在全世界寻找最优秀的师资，主持制定了详细的培养计划和方案。学校提出“课内与课外相结合、教学与科研相结合、人文与科技相结合”的新型人才培养体系，积极构建质量保障体系，注重过程管理的改革。一是根据经济社会发展需要，不断调整培养模式；二是改革创新招生方式；三是深化完善导师选聘程序；四是建立全过程质量保障体系；五是统一学术标准；六是加大国际交流的力度；七是完善交叉学科培养机制；八是加强课程体系建设。

为此，学校成立了基础学科拔尖人才培养特区——致远学院，通过锻炼学生理性的思辨能力、系统解决问题的能力、知识整合和学术交流的能力，培养具有强烈社会责任感、热爱科学、追求真理、人格独立的拔尖创新人才。学校还成立了国际合作办学特区——

交大一密西根联合学院、交大一巴黎高科卓越工程师学院，推出“海外游学计划”，通过为学生提供全方位与不同国家社会的交流机会，培养学生的国际化视野。对接社会未来发展的人才需求，学校实施卓越法学人才培养、卓越医师、卓越农林人才培养等人才培养系列计划，培养在科技创新、经济发展、社会进步和文化传承等领域引领未来发展的创新型领袖人才。由于在创新人才培养上的积极探索和超前布局，学校顺利成为教育部实施“卓越工程师培养计划”和“基础学科拔尖学生培养试验计划”的首批高校之一。

三、科学技术创新体系

(一) 废止对论文发表的现金奖励，摈弃功利化导向

从 2006 年开始，学校着手重塑大学灵魂，其中最为根本是回归学术追求的本位，激励由好奇心驱动和由使命驱动的科学研究。因此，学校取消了对发表论文的现金奖励，尽可能去除对科学研究的功利化倾向，改变科研导向，把科学研究的“论文导向”转变为“问题”导向。一方面，面向世界科学发展的前沿，提出一些最根本的科学问题；另一方面，面向国家重大战略需求和国民经济发展需求，提出需要大学解决的工程技术、人文与社会科学问题。对于不同学科的不同发展阶段，学校提出不同发展思路并给予相应的政策支持。针对国家重大战略需求，从 2009 年开始，学校有计划性地组建大团队、建立大基地，以增强自身承担大项目的能力；另一方面，强调探索的重要性，强化科学精神追求。

(二) 改变评价形式，营造宽松的学术氛围

考核是评价高校教职工德才表现和工作实绩，并作为其晋升、聘任、奖惩、培训、辞退以及调整工资待遇的依据。考核评价结果直接影响到员工的积极性。在分类考核原则上，学校制定了针对院系和教师个人的两大类考核制度，根据不同学科制定不同的考核评价标准，探索建立不同类型的考核评价模式，建立科学有效的评价激励机制。将量化的年度考核改变为注重卓越学术追求的价值观评

定和五年一轮的发展趋势国际评估，建立起宽松、宽厚、鼓励创新的学术环境。

从 2007 年开始，学校启动了对院系六年一个周期的学科发展的中长期国际评估，这是大学考核体系的一个的转变，背后目的仍然是摒弃科学研究的功利化倾向。国际评估分为书面评估和现场评估两个阶段，考核不以论文为中心，而是以学术追求与品味为导向。国际评估的目的定位于学术价值导向，旨在通过全面、完整的考核标准衡量学院的发展水平和状态，通过指标权重的设定引导学院的发展重点，帮助院系顺利实现师资分类改革中设定的各项发展目标。对个人的考核标准，则主要根据岗位类型和层次，制定与之匹配、有侧重、有特点的考核指标，通过定性与定量相结合、刚性和柔性相结合、信度和效度较高的考核方式，保证各类型师资队伍的质量符合学校要求。

(三) 规划未来学科建设

关于学科建设，学校学术委员会在制定面向 2020 年的未来学科建设发展规划时，提出要对当时的学科发展质量作一次全面审视。当时学校共有 68 个在建的一级学科，而在这 68 个一级学科里面，真正名列前茅的只有不到三分之一，明显不符合未来学校学科建设的定位。实际上，一所大学也不可能将 68 个一级学科都建设成一流的学科。所以，建设一流学科必须先做减法。学校的学术委员会对所有在建的一级学科进行了全面分析，根据未来学科发展规划，对那些非基础性学科或者是老旧的学科进行大幅度削减。在过去的 6 年时间里，学校已经成功地调整了 15 个一级学科，将有限的力量凝聚到其他相近在建学科上去。凡是在建的学科，包括文科，一定要在世界上有其独特的位置，尤其是数理化、文史哲这些关乎综合性大学根本的基础性学科，一定要不惜一切代价来建设。

(四) 创新与自然科学基金

近年来，学校一直把自然科学基金的申请量当作学校和各院系创新活力指标来看待。作为传统工科强校，学校过去并没有足够重视自然科学基金。但基于自然科学基金专门支持创新的特点，自2007年起，学校把自然科学基金申报作为学校创新活力的体现，即横向项目代表着学校今天的科研实力，而自然科学基金则代表学校明天的创新实力。

这些年来，自然科学基金委的总经费增长迅速，远高于国家GDP的增长速度。截止到2016年年底，学校的自然科学基金申请总量和总经费数已经连续八年在全国高校中排名第一，学校由自然科学基金委获得的经费增长速度是国内高校中少数能跟上甚至超越自然科学基金委总经费增长速度的高校，展示了学校创新活力的充分激发。在以好奇心驱动的创新活力被充分激发以后，学校将注意力逐步转移到使命驱动的团队核心创新能力上来。在这方面，重大项目的申请成为一个重要指标。学校的重大项目数和“973计划”项目数，这些年也有了大幅度的增长，已经跃居全国高校的前三名。

虽然从2006年起，学校就取消了对发表论文的现金奖励，但学校论文数量依然保持高速增长并且高质量文章越来越多。由此可见，发表论文数量其实与获得的现金奖励并不具有长期的相关性。截至2016年，学校的论文总量与卓越论文总量双双跃居全国第一。在科技成果上，自1999年以来学校共获得的国家奖项有34项，位居全国高校的前两名；1999年以来，学校的科技进步奖总数是全国高校第一；2016年度教育部自然科学奖与科技成果奖总数均跃居全国高校第一。学校科研经费的增长很快，已经从2007年的6.85亿元增长到了2016年的27.11亿元。上述进步都体现了学校创新活力被很好地激发以及团队创新实力大幅度地提升。

（五）人文社科类发展

在学校学科建设中，表现最突出的是文科和社会科学的快速发展，因为高水平文科的发展是像上海交通大学这样的以理工见长的高校真正转型为高水平综合性大学的标志，而且人文社会学科的高水平发展对学校的人才培养也会有根本性影响。

对于文科发展，学校主要关注社科类重点和重大项目、教育部重大项目的取得情况，以及科研经费的增长，在这些方面，学校发展迅速，学校的文科科研经费总量突破 1.3 亿元，成为全国为数不多的文科科研经费大体量的高校之一。在 QS 排名系统中，学校现在排在全球前一百位的文科学科有 6 个。另外，根据汤森路透的学科体系，学校全球排名前 1%的学科数在 2006 年有 6 个，而到了 2016 年则增长为 16 个。

四、思想文化创新体系：天地交而万物通

(一) 大学文化之魂：激情与梦想

富于历史文化特色的校园环境、文化传统、育人氛围是大学文化的重要组成部分。在这一点上，学校追求的是全体师生作为学校一员的尊严感、自豪感和成就感。根本上，教师幸福感来自职业尊严，同学幸福感来自作为学校一员的自豪，管理人员幸福感则来自于作为学校员工的成就感。2006 年，"激情"与"梦想"被引入交通大学文化内涵中，师生不但秉承以"感恩"和"责任"为校训的精神内核，更把"激情"与"梦想"也作为对学校认同感的体现。这是学校文化层面上最大的变化：鼓励师生追求科学、追求真理、追求梦想。

2007 年，学校提出，未来发展的规划就是要与每位师生自身发展的愿景紧密联系在一起，这是学校制定"交大 2020"发展规划的初衷。一般而言，制定发展规划就是根据自身的学科基础和实际情况，按照学科的发展规律去做预测。但是，中国的快速发展是一个典型的非线性发展体系，仅依靠预测很难作长远规划。因此，在 2007 年制定 2010 年至 2020 年的发展规划时，第一步考虑的是 2020 年中国经济社会发展状况，以及与 2020 年我国状况相符的中国顶级大学应具备的学科发展指标。下一步，是研究如何从今天的现状过渡到 2020 年的理想状态。在研究这个问题时，要把全世界资源都当作学校可用的发展资源，然后再在规划中研究如何争取这些资源。所以，和一般学科发展规划的思路不一样，学校发展规划的目标是形成建设世界一流大学的共同愿景，而这不能与师生自身的发

展相脱离，因此，要与全校的师生充分沟通。事实上，学校发展规划形成的过程中，经历了“四上四下”的沟通，使得规划的制定得到了全校全体师生的参与。

（二）大学体制文化：学术为本

制度层面的建设包括管理理念和体制机制建设，大学管理的根本就是为学术发展服务，制度建设就是建立起以大学章程为导向的学术机制。由于现代大学管理历史较短，中国大学的管理多数依靠经验。从2007年开始，学校开始引入“规范管理”的理念，从规章制度、大学章程等现代大学管理制度开始做起，逐步把学校的运行规范起来。经过两年时间的调整，在2009年启动了“目标管理”，2012年启动了“绩效管理”等举措。从“经验管理”过渡到“科学管理”阶段，并且在更长时间里，逐渐过渡到“文化管理”阶段，是一个科学管理理念逐步被全体师生接受的过程。随着“目标管理”的实施，学校各方面工作的执行力明显加强。2009年刚开始启动“目标管理”时，目标完成率仅为56%，到2016年，已经达到了92%以上。

“学术追求”是大学的灵魂，大学管理除了党务体系和行政体系外，还有一个学术体系。学术管理与行政管理协调，其实是governance和management的结合，二者有所区别，学校中大量原则上的事情，要从学术的、治理的角度来制定。因此，在2008年，学校以各学科民主推举为基础，重新组建了学术委员会，以充分发挥学术管理和学术决策在学科建设、专业发展、学术评价中的作用。

（三）大学精神内涵

大学是国家的思想文化高地。大学文化是追求真理、求实创新的文化。其中，居于核心地位的是大学精神，它是大学在长期办学实践中形成的办学理念和大学师生共同的价值追求。上海交通大学的“交”“通”二字出自2500年前中国最早的哲学著作《易经》，原文是“天地交而万物通，上下交而其志同”，以“交通”为名，以“大学”为道。上海交通大学的办学历程，本身就是一部救亡图存、与国家民族同兴衰共命运的历史。交大兴办于晚清民族危亡之际，创校之初即提出“求实学、务实业”，并逐渐形成了“修一等品行、求一等学问、创一等事业、成一等人才”的办学宗旨和“起点高、基础厚、要求严、重实践、求创新”的办学传统，秉承“思源致远”的办学文化以及“爱国荣校”的爱国精神、“求真务实”的科学精神、“与日俱进”的拼搏精神和“敢为人先”的创新精神。

学校现有校训“饮水思源，爱国荣校”，其精神内核是感恩和责任，以及近年来提倡的超越自我、勇创一流的激情和梦想，都是交通大学文化的重要组成部分，其关键是把“交”“通”两个字的文化基因进行全新诠释。

近年来，在“以人为本”的制度激励下，上海交通大学正在实现大学治理的“三大转变”，即在发展模式上实现由行政主导向学术主导的转变，在管理模式上实现由“校办院”向“院办校”的转变，在激励方式上实现由学校主导发展向师生自我实现的转变，从根本上不断激发大学的内生动力和创新活力。当下，中国正处于伟大复兴的关键时刻，大学有责任为这一伟业做出贡献。学校不断深入推进以制度激励为主线的综合改革实践，初步探索出了一条既符合中国国情和学校实际，又满足世界一流大学建设要求的中国特色大学治理之路。我们坚信，在党中央、国务院全面深化改革精神的引导下，中国大学坚持依法治校，实施综合改革，不断发展与完善以制度激励为主的大学治理，在不久的将来，建成世界一流大学的目标必定能够实现。

在科学决策中提升大学治理水平

杨　忠　陈　喆*

当前，国家和社会对高水平大学的期待和要求日益提高，扎根中国大地建设世界一流大学是中国高水平大学是重要使命。如何在特定的时期和一定的办学条件下做好学校的改革和发展工作，这类高校决策问题需要我们认真地思考和研究。

一、科学决策是高水平大学的紧迫需求

（一）社会转型期要求高校具备科学的决策能力

当前中国正经历着经济社会的重大转型，高等学校的发展理念、高校的功能、高校内部的体制机制等各个方面也随之产生转变。中国社会转型中“市场”因素的进一步凸显，不断影响着高校人才培养的多样性、科学研究的创新性和社会服务的深刻性。社会转型中政府职能的转变，促进了高校自主办学、民主管理的深化，促进了社会力量参与高校公共治理、评估评价的深入；社会转型中信息、科技、经济等各领域的变化步伐不断加快，使得高校应对和解决各种问题的时间愈发有限，决策时间和决策成本都成为影响决策的重要因素。同时，随着人类对社会和自然干预范围的扩大、程度的加深，现代社会进入了“风险社会”的发展阶段，每个国家、每个人，都可能会受到不可预测的风险的影响。决策和行为成为风险的主要来源，安全与风险需要持续不断地调适。面对这样的社会发展阶段，高校也应当树立风险意识，提高决策能力和治理能力，增强健康发展的

---

* 杨忠，南京大学党委常务副书记，管理学博士，南京大学商学院工商管理系教授、博士生导师。陈喆，南京大学校长办公室副主任，文学硕士，助理研究员。

内生动力。

(二)“多元化巨型大学”的发展趋势对大学的决策提出更大的挑战

美国当代教育家克拉克·克尔在《大学之用》一书中提出了“多元化巨型大学”的概念①。这一概念总结了二战后美国高等教育的一种发展和变化形态。“多元化巨型大学”的特点一是大学由若干个社群组成,二是大学有多个目标,三是大学有若干个权力中心,四是大学有多个服务对象,五是大学是一种松散的组织结构。美国高等教育在二战后由于政府导向、社会压力、教育民主化发展以及大学治理体制变革等各方面原因,导致了“多元化巨型大学”的形成。当前,我国高校在转型时期也呈现出“多元化巨型大学”的特征,大学的功能、目标、服务对象更加多元化,要在大学复杂的运作中实现高效的管理,使不同的权力中心达成相对统一,让不同社群进行文化融合,从而促进教师、学生、学科、科研等各方面的发展与进步,是高校决策面临的巨大的挑战。

(三)高校教师主体意识的增强对完善高校决策体制提出新的要求

大学是自由、民主的捍卫者,大学教师是自由、民主的引领者。教师参与决策的程度是衡量民主政治发展的尺度之一。中国改革开放以来,随着经济体制和政治体制改革的不断深入,经济发展水平迅速提升,民主政治不断发展,人们参政议政的意识和主动性不

---

① 克尔:《大学之用》,北京大学出版社 2008 年版,第 10 页“巨型大学是一个不一致的机构。它并不是一个群体,而是若干个群体——本科生群体与研究生群体;人文学者群体,社会科学家群体,科学家群体,各专业学院群体;所有非学术人员群体;行政管理者群体。”第 25 页,“作为一个机构,它并非内在地始终如一,但它却始终如一地富有成效。它因变革而四分五裂,但有稳定的自由。虽然它没有一个属于自身的单一灵魂,但它的成员献身于真理。”第 77 页,“我用这个词的意思是现代大学是一种‘多元的’机构——在若干意义上的多元:有若干目标而不是一个目标,有若干权力中心而不是一个权力中心,服务于若干客户群而不是一群客户。它不崇敬单一上帝,它不构成单一的、统一的共同体,它没有分别界定的一些客户群。它标志着许多真、善、美的视野,以及达到这些视野的道路;它标志着权力斗争;它标志着服务于许多市场和关注许多公众。”

断增强。大学是学术共同体,从维护知情权到捍卫监督权,从参与决策咨询到进入决策程序,教师作为利益相关者,对于加入高校决策产生了更高的需求。虽然教师参与高校决策的权利已经在理论上得到认可,但是在现实中,教师在高校重大事务的决策上仍处于弱势地位,如何增进教师对高校决策的参与成为大学内部治理改革必须回应的重要课题。

二、目前我国高校决策存在的问题

(一)行政决策与学术决策边界模糊

高校决策系统最大的特征是存在学术权力与行政权力两种基本的权力形式。这两种权力在价值观、性质、实现方式等方面存在着差异。由于中国长期存在着教育行政化的倾向,导致在高校内部存在行政权力与学术权力不平衡问题,存在行政决策与学术决策边界模糊问题。学校的学术委员会、教学委员会、学位委员会等体现学术权力的机构,往往被定性为学校在学术上的"咨询参谋机构",在被邀请的情况下参与学校管理、决策的咨询工作,对人才培养、科学研究、学科建设、队伍建设等方面提出意见,或者是履行学校决策前的一定程序,并不拥有最终的决策权力。同时,学术委员会的组成人员中存在较多的行政管理人员,他们虽然拥有一定的学术背景和学术身份,但是此时他们是因为某一层级的行政身份进入学术性质的机构的,因此,实际上学术权力被挤压,行政决策与学术决策边界变得模糊。

(二)决策权力过于集中于学校层面

高校内部管理层级可以分为学校、学院和系科三级。目前,高校普遍存在决策权力过于集中在学校层面的现象,院系对教学、科研等学术活动的决策权力较小,影响了院系发挥参与大学治理的积极性,也不利于形成民主监督、权力制衡的机制。决策权力的过于集中也导致学校领导和行政部门忙于具体、琐碎、繁重的行政管理事务,难以集中精力考虑涉及大学长远发展的重大问题;与此同时,院系层面的决策程序和决策组织则较为松散和无序，这反过来也制约了院系更规范、更有效地行使决策权力。

(三) 决策方法不够完善合理

高水平大学注重决策程序的合法化，注重决策的集体性，注重在理论的指导下处理决策问题，但是仍然存在相对依赖经验，决策咨询系统非常态化，决策反馈机制不健全等问题，特别是对现代科学决策的具体方法和技术重视不够。例如，随着科学技术快速发展和各种信息手段日臻完善，我们可以充分利用各种现代化的手段进行调查，运用媒体、网络、问卷等一些间接手段获取材料，运用经济学、法学、政治学、社会学、统计学等学科的理论和方法分析问题、做出决策。但现实中，高校决策常常对“干与不干”这样的定性决策比较重视，而对具体该“如何干”这样的定量分析方法却不够重视，并且在决策过程中，创新思维能力和战略决策能力不高。近年来，与汹涌的师生意见表达热潮相对应，高校的决策回应依然滞缓，例如决策过程中没有政务公开和决策公示，政策出台后没有决策回应，决策失误没有责任追究，政策执行越轨没有监督和纠偏。

(四) 决策执行力不足

目前高校普遍存在决策执行力不足的现象，这也直接影响了大学决策的成效。对一个决策结果的评价，从决策者个人的角度看，重要的是决策形成的过程，而从学校的角度看，更为重要的是结果而非过程，过程应该服从于结果的需要。决策制定中强调的是平等与民主，决策执行中强调的是等级与服从，但在高校的管理中存在将这两种价值取向混淆的倾向，导致决策执行力不足。另外，在决策执行过程中往往将执行归结为中层和基层的任务，而忽视高层的执行责任，这也是决策执行力不足的重要原因。

(五) 决策主体能力相对有限

科学决策虽然需要尽可能采用先进的技术和方法，但科学决策仍然主要依靠决策者的主体素质。随着高校决策内容的日益广泛和决策环境的日益复杂，决策者把握信息和处理问题的能力也日益显得有限。同时，高水平大学从事的是高深问题的研究，其中的学生社群、学者社群、管理者社群等，都有较高的专业能力和水平，也有较强的民主意识和思想，面对这样的决策对象，个体决策者的能力相对而言一定是非常有限的。

三、从体现中国特色和完善治理的高度做好高校决策

习近平总书记强调："办好中国的世界一流大学，必须有中国特色。没有特色，跟在他人后面亦步亦趋，依样画葫芦，是不可能办成功的。"[①]我们必须站在"办好中国的世界一流大学必须有中国特色"的高度，从完善学校内部治理结构的角度，来考察我国高校的决策问题，以战略思维来深化决策体系改革，构建重大问题决策的支撑体系。

（一）注重高校决策的不同性质，统筹行政决策和党委决策

一般而言，政治是国家意志的表达，而行政则是国家意志的执行。我国高校要办出中国特色，最根本的就是要坚持正确的政治方向，做好党委决策。在高校做好党委决策，最根本的就是要坚持党的领导，既坚持党对高校工作的领导不动摇，又不断加强和改善党对高校工作的领导，不断提高党领导高校工作的能力和水平，具体而言就是坚持党委领导下的校长负责制。党委领导下的校长负责制是我国基本国情和高等教育办学宗旨所决定的，体现了坚持党的领导和遵循教育规律的协调统一，是我们建设现代大学制度的基本前提。关于党委的职权，《高等教育法》规定，中国共产党高等学校基层委员会按照中国共产党章程和有关规定，统一领导学校工作，支持校长独立负责地行使职权。关于校长的职权，《高等教育法》指出，高等学校的校长全面负责本学校的教学、科学研究和其他行政管理工作。因此，做好高校决策，首先就是按照《高等教育法》的有关原则规定，正确协调好党委领导和校长的关系，处理好集体领导和分工负责的关系，把握好党委书记和校长的角色定位，健全党政

---

① 习近平：《青年要自觉践行社会主义核心价值观——在北京大学师生座谈会上的讲话》，《人民日报》2014 年 5 月 5 日。

议事规则和决策程序，依法落实党委职责和校长职权，使这一制度的优越性充分彰显出来。在这里，最为关键的是要贯彻民主集中制。民主集中制是民主基础上的集中和集中指导下的民主相结合的制度。学校领导干部特别是主要负责同志要在坚持和健全民主集中制上起表率作用，关键是"一把手"要带头发扬民主作风，坚持集体领导，严格按程序办事、按规则办事、按集体意志办事，在充分发扬民主的基础上实行正确的集中。此外，还要注重优化决策机构来发扬民主集中制的制度优势。决策机构是民主决策机制的载体，决策原则需要依托这个载体才能体现，决策程序需要依托这个载体才能运作。当前，要在提高党代表大会的权威、发挥全委会的决策作用、完善决策机构成员的产生方式等方面用功着力，把握好民主基础上的集中和集中指导下的民主之间的关系。

（二）注重高校决策的不同类型，区分行政决策和学术决策

高校决策之所以不同于政府和企业，其根本原因就是高校本质上是一个学术组织，是一个追求真理、创新知识的地方。它鲜明地呈现出行政权力和学术权力同存并重的特点。因此，在高校做好科学决策的关键就是要区分决策类型，实现行政权力和学术权力各就其位、各司其职，行政决策和学术决策相互配合、相互协调。

首先，对行政决策，要提高其规范性。高校行政决策要完善重大行政决策听取意见制度。高校及其部门要建立健全师生参与重大行政决策的规则和程序，完善行政决策信息和智力支持系统，增强行政决策透明度和公众参与度。围绕学校中长期发展规划的问题、事关发展全局的重大问题、改革发展中的热点难点问题，设立重点研究课题，从全局视野和专业视角开展可行性研究，提高决策的前瞻性、预见性。要建立重大行政决策的合法性审查和风险评估制度。高校及其部门做出重大行政决策前要交由学校法制机构或者组织有关专家进行合法性审查，未经合法性审查或者经审查不合法的，不得做出决策，同时要在建立、完善落实重大项目、重大决策风险评估机制上取得实质性进展，要建立重大行政决策实施情况后反

馈评价制度。做出的重大行政决策实施后，要通过抽样检查、跟踪调查、评估等方式，及时发现并纠正决策存在的问题，减少决策失误造成的损失。此外，还应建立行政决策责任追究制度。

其次，对学术决策，要尊重其独立性。高等学校学术委员会在学术建设和学术发展中具有重要的作用，也是高校内部治理结构的重要主体。要确立学术委员会在学校内部最高学术机构的地位，落实学术委员会职权，促进学术权力与行政权力的相对分离、相互配合，为在高校内部实现教授治学，形成鼓励教师专注学术、发展学术，构建以学术为中心的评价机制，提供制度保障。当前，高校要依据《高等学校学术委员会规程》，尽快对现有学术委员会的组成、职责等进行调整，从实践上明确学术委员会具有审议（决策）、评定、咨询及学术纠纷裁定处理等四类职权，从制度上保证学术委员会具有对学校学术事务的统筹权。在充分发挥学术委员会作用的同时，还要坚持保障普通教师主体地位，落实教师的知情权、参与权、监督权，充分发挥教师在高校民主决策中的积极作用。

最后，要做好行政决策和学术决策的协同性。在高校治理中要清晰界定哪些属于学术权力，哪些属于行政权力，然后制订明确完备的制度和流程，保证两者各自权力的有效实施，并处理好两者之间的协调与监督关系。但同时，行政决策和学术决策不是泾渭分明、截然不同的，许多层面上都是相互融合、你中有我的。因此，要加强二者的协同决策，一方面避免行政对学术的无端、甚至野蛮的干预；同时，也要避免个别学者利用其在学术界的众多追随者及影响力，反过来影响干预行政决策。总之，要做到综合平衡、具体分析、科学决策。

（三）注重高校决策的不同层次，注重顶层设计和基层创新

根据有关研究，大学和学院属于典型"有组织的无政府"模式①。

① 〔美〕克拉克·科尔，玛丽安·盖德：《大学校长的多重生活》，桂林：广西师范大学出版社 2008 年版，第 109 页，"这个模式是科恩和马奇在《领导与模糊》一书中提出来的，该书是为卡内基高等教育审议会撰写的研究报告。他们把高等教育治理称为'有组织的无政府状态'。"

因此，做好这种组织的决策，就是要发挥不同决策主体的作用，也就是说要在学校统一领导的基础上，实现决策重心下移，强调院系层级的决策作用。实践证明，坚持学校顶层设计与基层创新的辩证统一，是高校决策方法论上的创新。高校顶层实际就是要深入研究学校改革发展的办学目标和战略规划，明确提出改革发展的总体方案、路线图、时间表，坚持做到全局和局部相配套、治本和治标相结合、渐进和突破相促进。同时，顶层设计不是无源之水，更不能闭门造车，而是要同院系实践和师生诉求紧密相连，主要是实现办学权力的下放和决策权力的下移。对高校而言，教学科研是学校的中心工作，基层学术组织是大学的基本组成单位。美国著名高等教育专家伯顿·克拉克认为："那些用全面综合的形式阐述目的或概括高等教育特点的人，是典型地、重复地从错误的端点出发的人。他们从系统的顶端开始，而高等教育中最佳的端点是基层。"①反观当前，我国大部分高校都实行了学院制，但权力分配还是集中于学校层次。对此，大学应注重院系的主体性，减少管理环节和信息流动中的障碍，实现管理层次和管理幅度的优化，由直接行政管理转变为目标管理。

总体上而言，学校要将大量学术活动下放到院系，大学的基层管理应以学术为主导，增加创新的活力，减少行政的官僚色彩和权力寻租现象。要对学校内部院系一级的管理制度、模式进行重大调整，开展改革试点。可以在院系一级设立"教授会"，作为院系重大问题的决策机构。院系党组织负责执行党的路线、方针、政策，领导院系的思想政治工作和德育工作。以院长或系主任为首的行政体系，负责院系的正常运转，执行学校的指示和"教授会"的决策，既要执行行政决策，也要执行学术决策。可以淡化院长、系主任的行政级别，实行"教授会"推举、校长批准制。在教师招聘、教师晋升以及预算制定等工作中，都要充分尊重教授、院系的意见。

---

① 〔美〕伯顿·克拉克：《高等教育系统——学术组织的跨国研究》，杭州：杭州大学出版社1994年版，第25页。

（四）注重高校决策的不同方法，区分程序化决策与非程序化决策

决策是一个提出问题、分析问题、解决问题的过程。科学而严密的程序是正确决策的重要前提，正是程序决定了法治与人治之间的基本区别。决策程序化，顾名思义，就是必须按照一定的程序进行决策，一般包括三个方面的内容。一是程序的正当性原则。所有行为都要于法有据、程序正当，不仅要按照法定权限办事，还要按照法定程序办事。二是对象的非特定性。并非针对某些人、某些决策，而是任何人、任何决策都不能例外，把程序化决策作为刚性约束，不搞例外。三是程序的运用带有强制性。决策方案的形成，应由专业的、独立的，并且有着强烈意愿的人组成决策小组，在决策者的指导下拟定出具有创造性、能够解决决策问题的方案，而非决策者自己或者下属行政部门直接提出方案。凡重大决策都必须经过科学论证和民主程序，广泛听取各方面的意见，保证决策的正确性和科学性。对涉及高校发展全局的重大问题，应当遵循科学、民主和合法的原则，遵循师生参与、专家咨询、风险评估、合法性审查和集体决定相结合的行政决策机制。值得重视的是，高校决策资源众多，拥有多学科的天然优势，一定要统筹使用决策的“软”方法和“硬”方法。前者是指依靠大量专家的知识、经验、智慧，运用管理学、行政学、社会学、心理学的理论，着重定性分析；后者是指借助于运筹学、系统分析和计算机的知识，注重定量分析。

非程序化决策是针对那些不常发生的或例外的非结构化问题而进行的决策。随着高等教育外部环境的变化以及科学技术的突飞猛进，高校行政决策面临的不确定性增大，因而非程序化行政决策的数量和重要性也都在逐步提高。在此，必须明确，“非程序化决策”并不等同于“拍脑袋”决策，不是长官意志或政绩冲动。“摸着石头过河”是一种典型的非程序化决策模式。在改革开放、市场经济和全球化背景下，中国特色大学制度到底应该怎么构建，没有现成模式可以照抄照搬，只能是“摸着石头过河”。“摸着石头过河”就是

摸索中国特色下的教育规律，从教育实践中获得真知，它与高校改革发展的顶层设计和总体规划不矛盾，用现代科学的语境理解，它其实是一种科学的方法论，也是加快建设中国特色现代大学制度的科学方法。高校在决策时，应该将程序化决策与非程序化决策这两种方法综合起来，结合实际探索出一套科学而适用的决策方法、程序和体制。

（五）提高决策主体的决策制定和实施能力

大学决策者长期在教学科研领域工作，没有受过作为决策者的专业训练，决策中往往表现出自己并没意识到的缺陷或者非理性。作为一个决策者，要注意避免决策中的非理性因素影响，要避免过于自信，要交替进行证伪验证和证实验证，要注意沉没成本心理、损失规避心理、比例偏见、后视偏见、共识偏见等对决策的影响，要规避不一致的决策、小团体意识、集体决策中的盲从和集体决策中偏好折中方案等问题对决策的影响，优化判断问题、评价方案和选择方案等整个决策过程，从而提高决策的质量和决策的成效。决策制定后，决策制定者要着重提升决策执行中的控制和管理能力。在一系列推进改革发展的具体思路、政策和措施出台后，关键就在于落实，必须雷厉风行、不折不扣一抓到底、抓出成效，决策者要尽好执行的义务，要加强对决策的评估、反馈和反思，及时做好纠偏工作。总之，高校的最高决策团队要遵循教育规律，倡导教育家、教育管理家办学，树立现代决策理念，掌握和运用现代决策方法，提高科学决策、民主决策、依法决策的水平；同时，要遴选好人员，注重推荐思想品德好、公道正派、有事业心和责任感、有宽广视野和大局观念、有较高学术水平和群众威望、有较强议事能力的教职工参加到各类决策组织中去。

构建高校学术权力与行政权力的和谐共生体系

张淑林　万　明　裴　旭*

改革开放以来，我国高等教育取得了巨大的进步，创造了举世瞩目的成就。但随着经济社会的不断发展，高等院校的管理体制问题也逐渐凸显，阻碍了我国高等教育的内涵式发展进程。另外，现代大学制度已成为我国高校重要的制度建设目标，它是推动国家高等教育深层改革的重要保障，是建设国际高水平大学和世界一流学科的根本保证。

当前，现代大学已成为一个多目标、多任务的大型组织，若要使内部治理更加有效，须在高校内部构建科学、完善、高效的行政体系，即在高校权力架构中须正确地处理好学术权力与行政权力的和谐共生问题。高校学术权力和行政权力的融合是时代对我国大学治理体制改革的呼唤，且已成为国家高等教育发展的重要趋势。然而，囿于学术和行政权力边界的模糊，两种权力之间的矛盾也逐渐产生。因此，如何处理学术管理和行政管理、学术权力和行政权力的关系已成为现代大学制度建设中亟待解决的核心问题。

一、现代高校学术权力与行政权力的来源

作为大学权力的两个主要内容，学术权力与行政权力在运行方式、价值取向、基本含义和根本性质等方面存在诸多差异。但从管

---

* 张淑林，中国学位与研究生教育学会副会长，原中国科学技术大学副校长，教授。万明，中国科学技术大学公共事务学院，副研究员。裴旭，《研究生教育研究》编辑部，主任。

理学角度来探究上述两种权力的来源，即可发现它们共同产生于“职位权力”和“个人权力”。其中，职位权力包含法定权力、强制权力和奖赏权力，而个人权力包含专家性权力和参照性权力。

一般而言，大学各类权力皆须依据国家法律法规和大学规章制度构建并施行。但是，学术权力的获得却更多依赖于个人权力。学术权力的根本目标即维持学术活动秩序、推动学术正常发展和有效处理学术事务。而这需要具有一定学术背景（甚至拥有学术权威地位）的学者才能有效地行使，因为只有此类人员才真正理解学术活动的开展原则和发展规律，行使权力时更易被管理者接受并执行。而行政权力却更多地依赖职位权力，其主要目的为维护学校的正常工作与生活秩序、营造更好的学术氛围和提供更有效的管理与服务，因此需要通过法定权力、强制权力和奖赏权力来保障其实施效果。

二、国外高校权力结构模式

（一）欧陆高校权力结构模式

欧陆模式是以学术权力为主导的复合型权力结构模式。欧洲大陆国家学术组织的基本结构为教授与国家官僚机构相结合的结构。实施该模式的典型代表为德国、法国和意大利等欧洲大陆国家的大学。欧陆高校素有“国家大学”之称，政府是高校的主要投资者，对高校进行监督，甚至直接介入高校的某些内部事务。例如，在德国和法国，高校的管理结构、学科设置、资源分配以及教师聘用等常受到国家官僚机构的严格控制。[①] 这种管理体制导致欧陆国家高校内部的行政权力被弱化。

学术权力是欧陆高校权力结构的基础与主导力量。高校内部各级决策机构的负责人和成员多由教授担任，校长由教授选举产生。高校内部资源的分配和使用一般由教授掌握，在德国高校，教

① 谢安邦、阎光才：《高校的权力结构与权力结构的调整》，载《高等教育研究》1998年第2期。

授甚至拥有一定的人事权，自由度大。在法国和意大利高校也有同类现象。因此，欧陆高校权力模式的典型特征是：在高校外部的官僚机构干涉下，高校内部的行政权力相对弱化，而学术权力占据无可争辩的主导地位。

（二）美国高校权力结构模式

美国高校一般实行的是以行政权力为主导的制衡式权力结构模式，这与美国的国家治理体制与理念相一致。由于美国是高度分权的国家，提倡权力的制约与平衡，致使美国高校实行教授会与院校董事会及院校行政管理当局相结合的权力结构模式。

美国高校施行严格的层级管理制度，内部的行政权力较强。美国高校董事会是校内事务的最高权力决策机构，不仅代表学校处理对外事务，而且决定学校的大政方针、校长人选、资产财政等事宜，但一般不直接参与学校日常事务或学术事务的管理，董事会成员除校长外均由政府官员、企业董事或经理、教育家、社会名流等校外非学术人士担任。校长作为大学最高行政负责人，在政策制定、校务处理等方面自由行使职权。董事会有权任命和罢免校长、校长在董事会决策范畴内履行权力，董事会权力可有效制衡校长权力。

美国大学的教授主要是通过评议会参与学校管理，评议会拥有制定与学术相关的规章制度和管理学术事务的权力，在一定程度上体现了“教授治校”的特色。“系”是美国大学最基本的单位，它拥有聘用教师、设置课程、颁发学位、开展学术活动的决定权。美国大学在校和系之间设置学院，学院院长大多为任命产生而非选举产生，具有行政官员的地位，拥有独立于教授团体的权力。美国大学内部权力结构呈现出明显的等级性，大学主要按科层体系的方式运作，校、院、系三级领导都有各自的权力重点和范围。

虽然美国高校内部的行政权力较强，但行政权力实施的目标导向都是为高校创造更加有利学术创新活动的氛围。同时，“教授治校”理念的融入，也增加了学术权力在高校权力结构中的比重。

（三）两种权力和谐共生是基本趋势

通过对国外高校权力结构模式的研究，可发现学术权力和行政权力的二元制是国外大学权力结构的共性，而二者的和谐共生则是其未来发展的基本趋势。在不同的历史文化和社会国情等因素的综合影响下，各大学对权力结构模式的选择与扬弃，无法用孰优孰劣作价值评判，只能以是否适合且有效来大体衡量。

以学术权力为主的模式，崇尚学者治校，有利于弘扬大学学术自由传统，但不利于加强大学与社会之间的联系沟通，故曾有人视欧洲某些国家大学为抵抗社会变革的堡垒；另外，学术权力的过分突出，必然相对削弱行政权力，不利于提升办学效率和服务质量。以行政权力为主的模式，情形则恰恰相反，其有利于提高办学效率，却较易影响学者的积极性，因为严格的等级管理会过多地束缚学术人员的自由，在缺乏良好的对话与协商机制时，它可能会恶化行政人员和学术人员之间的关系，甚至将束缚学科和学术的创新。至于行政权力和学术权力均衡模式，理论上可视为理想的权力结构，但操作起来却实为不易，因为均衡意味着协商，而协商过程总难免有对抗和妥协，这就会影响高校决策的效率和变革的进程。绝对理想的高校权力结构模式并不存在，但从国外大学的总体实践来看，其都希望两种权力充分融合，共存共生，并借助协商、制约、平衡机制以达到既发挥两种权力的优势、又避免其弊端的治理目标，致力于形成学术权力与行政权力和谐共生的局面。

三、中国高校权力结构的现状及问题

（一）中国高校权力结构的现状

行政权力在我国大学内部处于主导地位。国内高校实行的是“党委领导下的校长负责制”，这既是我国高等教育的社会主义性质和坚持党对高校领导的本质要求，也是国家高等教育事业发展的基本经验总结，对推动我国高等教育发展有着不可替代的地位和作用。“党委领导”主要表现为决定学校的发展方向、对学校的改革与发展等重大决议执行情况进行监督；“校长负责”主要是以校长为首的行政系统负责执行党委的决策，把党委的决策转化为具体的行政措施。如此,党委和校长所行使的行政权力在高校内部管理事务中便处于主导地位。另外,我国高校一般采用“校—院—系”三级科层制组织结构,并常借助行政手段进行高校内部管理,这也致使行政权力在我国高校中长期占据主导地位。与欧美高校相比,这种主导地位更为明显,其管理效率也相对优于欧美高校。

但是,行政权力过于强大或泛化,势必压缩学术权力的运行空间,进而影响高校教师的追求学术创新的积极性。高校在各个层次中都以行政权力为中心,行政权力触及、覆盖到高校教育管理的各个层面,教授的学术权力就不能得到应有的重视。此种行政权力与学术权力失衡的局面既导致了行政架构过于繁密、臃肿、相近部门职能重叠、人浮于事、过多占用教学资源、行政人员同教研人员的矛盾日渐增多的现象;也加剧或怂恿了行政权力的扩张,使其逐渐渗透于教学、科研的诸多环节之中,学术权力日益弱化。教研人员在高校管理中的决策作用不能充分发挥,阻碍了良好学术氛围的形成,不利于高校学术自由精神的延续与学术创新水平的提升。

（二）一些亟需厘清的问题

1. 行政权力的边界问题

高校作为学术组织,学术权力应在高校学术事务中发挥决定性作用。但我国高校行政与学术权力的界限较为模糊,时常交织重叠,两种权力常同时参与高校内部学术事务的决策与管理,甚至发生行政权力代替学术权力施行大学治理的非正常现象。但若因此而试图将行政权力从高校中完全剔除则走向了另一个极端。高等教育的发展需要高校行政权力保驾护航。首先,高校行政权力是在大学发展需求中自然产生的。现代大学具有较强的社会性,从远离社会世俗到与社会需求紧密贴合,大学角色与功能的转换势必会和社会其他机构产生各种联系,高校只有按照国家及社会其他机构的通行管理架构建立相应行政机构,才能完成与政府及社会组织在资金、信息、技术及人才培养等方面的联系和协调。其次,高校行政权力可将内部各个组织与部门紧密联结起来,有利于管理效率的提升和各种政策措施的贯彻施行。最后,如果缺乏行政权力的支撑,高校的运行将可能沦为无序状态。高校行政权力可以有效维护教育秩序,提高办学效益,保障各项学术活动有序进行,促进教育事业发展。因此,只有将行政权力限定在确保高校学术活动有序开展的范围内,其存在才具有合理性。

既然高校的行政权力不能完全去除,那么就必须对其行使范围进行科学界定。高校“行政权力”主要在以下方面履行:其一,制定与执行重大决策。制定与落实有关学术或高校其他重大事务的决策是行政权力的行使目标,具体而言即为:党委负责高校的办学方向与组织、思想、作风等方面的建设,讨论决定学校改革和发展以及教学、科研、行政管理等工作中的重大问题。在党委领导下,校长全面主持学校的行政工作并依法行使管理学校的权力,其工作职责的核心为贯彻执行党委决议,组织实施学校的重大决策,借助具体的行政举措落实党委决议,并对全校教学、科研和其他行政管理工作独立负责。其二,提供行政管理与支撑服务。行政部门既是管理机构也是服务组织,现代大学治理的核心思路即为高校管理者须逐渐向服务者的角色转换,为学术活动的开展和学术创新氛围的营造提供人力、财力、物力等全方位支撑,保证大学学术活动的顺利进行。其三,监督和制衡学术权力。通过制定合理的规章制度、程序规则防止其他权力使用不当现象的发生,如对教学质量进行监督测评、制定淘汰机制,保障学位授予质量,在执行过程中发现学术决策问题,通过反馈机制改进学术决策等。

2. 学术权力的边界问题

学术权力既具有权力的特征又带有学术的特性,专指学术组织和学术人员独有的一种资格或资质,只有在其凭借专门知识对学术活动中的各项事务进行判断、评价和决定时才能表现出来。高校作为学术组织,学术权力理应成为主导权力。从学术权力的定义中可以看出,它不同于一般权力,其行使需符合特殊要求,即必须由学术人员凭借专门的高深知识做出有关学术事务的评价或判断,因为

“他们最清楚高深学问的内容，因此他们最有资格决定应该开设哪些科目，以及如何讲授，此外老师还应该决定谁最有资格学习高深学问，谁已经掌握了知识并应该获得学位，更显而易见的是教师比其他人更清楚谁最有资格成为教授。”①

现代高等教育理论普遍认同学术权力在高校权力系统中的核心地位，这主要因为：学术权力具有行政权力所没有的学术价值，只有学术权力才能真正保证学术评价标准的科学性和公正性②；学术权力更利于保障学术自由，推进知识创新并体现教授治学。高校通过为国家经济发展和社会运行提供人才资源、科学服务和技术支持，而学术权力的实施是大学履行服务职能的根本保证。如果高校学术权力的地位无法得到确认及保证，其在社会中“安身立命”的资本就难以获得，更失去了为国家奉献智慧与知识的资格。

高校的学术权力主要体现在与学术有关的活动中。高校的学术活动包含教学活动和科研活动。教学活动具体包括专业设置、课程设置、教学实施、质量评价、论文评定、学位授予等一系列活动，科研活动包括科学研究项目的立项、审批、实施、结题、评价等一系列过程。上述学术活动既包含对高深学问的探索，也包含常规性、程序性、涉及职务或机构管理的一般事务，学术权力主要体现在对高深知识进行加工和探索的学术事务中，主要功能为制定学术规范并负责学术评价。

3. 行使学术权力需处理的各种关系

第一，个人学术权力与集体学术权力的关系。个人的学术权力是科研人员自身拥有的权力，体现于在教学与科研活动中，“高等教育体制没有它似乎就无法有效地发挥作用。因为它渗透在研究中所必需的个人创新自由和个人教学自由的条件之中，而且对学生个

---

① 〔美〕约翰·S. 布鲁贝克：《高等教育哲学》，王承绪等译，杭州：浙江教育出版社2002年版，第31-46页。

② 黄国铭：《高校学术权力与行政权力配置模式探讨》，《扬州大学学报》2008年第4期第16-20页。

别化的言传身教,又是培养高级人才的基本方法,所以没有个人统治,也应该造出一个个人统治权。”①在对学术事务进行判断与决策时,是学术人员集体决定,这就形成集体学术权力。这两种权力形式在高校学术发展中不可或缺,它们在不同层次上保证着高校依照学术组织的基本特性运行。

第二,学术权力与学术自由的关系。学术自由是学者的一项基本权利,主要体现为开展教学和科研活动的权力。“为了保证知识是准确和正确,学者的行动必须只服从真理的标准,而不受任何外界压力,如教会、国家或经济利益的影响。”②“学术自由是大学最重要的价值追求,大学要发展学术就要追求真理,追求真理则要求学者的活动只服从真理标准,不受任何外界压力,大学内在的学术性意味着学术自由具有不证自明的合理性。”③学术自由是学术权力的前提,学术权力为学术自由提供保障。

第三,学术权力与教授权力的关系。教授权力的产生历史悠久,早期的大学是以讲座为基础的大学,教授拥有对讲座的绝对控制权力。“教授对学术知识的‘垄断权’和其专业性的优势决定了教授在大学中的地位及权力。”④学术权力和教授权力都以拥有专业知识为基础,但二者的差别也较为明显,学术权力强调权力的性质,与行政权力相对应;而教授权力强调的是权力主体,突出的是权力在不同利益群体间的分配。

4. 高校行政管理人员的职业化问题

目前,我国高校普遍存在着行政、学术职务“双肩挑”的现象,这种现象有其合理成分:有利于发挥专家教授对学术事务的协调、控

① 〔加拿大〕约翰·范德格拉夫:《学术权力——七国高等教育管理体制比较》,王承绪等译,杭州:浙江教育出版社2001年版,第187页。

② 〔美〕约翰·S.布鲁贝克:《高等教育哲学》,王承绪等译,杭州:浙江教育出版社2002年版,第31-46页。

③ 周光礼:《学术自由与社会干预——大学学术自由的制度分析》,武汉:华中科技大学出版社2003年版,第5页。

④ 张艳、梁戈:《西方大学教授权力的合理性分析及比较》,《比较教育研究》2000年第6期,第26-30页。

制和决策作用，有利于管理组织层次的优化组合，有利于教学、科研、管理的相互渗透。这种模式使教学、科研和管理三者处于同一水平层次，有助于改变传统思想的束缚，实现管理创新，进一步提高管理的效率①，有利于形成能进能出的管理机制。但是，随着我国高等教育的快速发展，其弊端也日益显现："双肩挑"人员极易出现角色内冲突，引起行为和心理上的不适，难以处理好整体与局部利益的关系，不利于他们素质的提升，更为重要的是其不适应当代高校管理的要求。

审视高等教育发达国家的发展历程，可以发现如下规律：高等教育的大众化、国际化以及大学治理的日趋复杂化要求加强高校行政管理人员的职业化建设。随着高等教育由精英教育向大众化过渡，高校规模日益扩大，高校管理的难度也日益加剧，这就要求大批懂得教育规律的专业人员来运营和管理高校，高校的管理者必须由原来的学术人员兼职向专职管理队伍转型，逐渐向专业化、专职化方向发展；在全球化趋势的影响下，不断加快的高等教育国际化进程也要求高校管理队伍建设与时俱进，进一步解放思想，提高自身的专业素质和专业管理水平，以尽快适应国际形势的发展。另外，高校行政管理人员的职业化也是实现我国高校管理体制改革目标的内在要求。

四、学术权力与行政权力融合，营造良好学术生态

在高校，无论学术权力还是行政权力都需要为营造良好的学术生态环境服务。从国内外大学的发展历程来看，良好的学术生态环境需要学术权力和行政权力的深度融合。

（一）构建两种权力协同发展的协调系统

首先，构建学术权力与行政权力相互交融的运行平台，加强二者的交流与协作，促进两种权力理念的相互理解与渗透。高校是创

---

① 黄小华、戴月、孔晓慧：《高校"双肩挑"管理干部问题探讨》，《教育学与高校管理研究》2003年第1期，第2页。

造高深学问、传播先进知识与文化、履行社会责任的重要场所，学术权力是实现高校功能的根本途径，行政权力是实现高校功能的重要保障，两者缺一不可。单纯追求完全的学术自由与平等，或简单倡行效率与效果，既不科学合理，也不切合实际。从理论层面来看，两类权力在长期的正面接触中暗含着联动合作的“隐性承诺”，在屡次碰撞交流中潜存着互惠交流的“心理契约”，这为高校协调两种力量的合作关系、增进两种人群的相互信任提供了情感上的可靠性和行动上的可能性。从现实层面来看，两类权力之间良好关系的培植正是以相互尊重的频繁交往和深度交流的情感融通为前提的。① 为此，高校应根据两类人员工作的特征，搭建互惠合作与情感交流平台，以培训、奖励、扶助等形式有计划地支持行政人员和学术人员利用业余时间相互了解和感悟对方的工作准则、工作习惯和工作范式，以此有效训练双方之间的协商与合作能力，增进彼此感情。通过两种权力文化的良性互动和整合共生，推进自由、平等、效率、约束四大工作信念的相互渗透，打破单一权力的垄断局面，形成新的和谐文化，使行政权力与学术权力得到有效整合，为营造有利于学术探索与创新的氛围服务。

其次，建立“行政权力为经，学术权力为纬”的协调思维和治理体系，发挥良性理念对权力行为的先导作用，提高决策的执行力。从横向上看，高校是一个基于知识与学科逻辑组织起来的学术机构，学术自由和学术自治是其努力方向；从纵向上看，高校又是一个基于官僚和科层逻辑组织起来的行政机构，行政效率和管理绩效是其工作目标。主次有序的运行体系是大学行政权力与学术权力协调发展的基础。为此，高校各主体应发扬同舟共济的协同精神，将“以学术权力为主导，以行政权力为辅助”的良性理念化为高校治理行动的指导和共同遵守的信仰，既分工协作，又各有侧重。学术权力侧重对学术事务的运作，行政权力侧重于对非学术事务的管理。

① 赵普光：《和谐文化视角下的高校学术权力与行政权力整合》，《中国高等教育》2007 年第 22 期，第 32-34 页。

高校应推动学术权力与行政权力既相互独立又相互依存，实现人尽其才、才尽其用，共同参与学校事务决策，维护高校的健康和谐发展，避免管理系统出现功能紊乱的现象。

再次，发挥校长在两种权力系统中的联结与枢纽作用，构建“自上而下”和“自下而上”的权力运行双轨机制，形成以“协商、协同、协作”为基本形式的协调机制。高校行政权力与学术权力矛盾的核心为权力主体层面的冲突。在高校中，只有“校长”这一角色能够成为学术与行政权力主体，而其应致力实现行政效率与学术公平双赢局面的支撑平台。《中华人民共和国高等教育法》规定：“高等学校校长全面负责本学校的教学、科学研究和其他行政管理工作。”显然，校长既是行政事务的主要负责人，又是学术事务的主要管理者，既是行政权力的中心，又是学术权力的核心，既是政治家、教育家、管理专家，又是专家学者，既需维持效率兼顾公平，保障行政管理体系的正常运转，又须维护科学兼顾民主的学术管理体系的有效运行，这种双重角色有利于校长平衡和协调学术权力和行政权力的关系。① 这既是高等教育本身对大学校长的基本要求，又是高校实现各类功能的基本保障。因此，在行政管理上，大学校长应以教育家的思想理念、战略家的高瞻远瞩来谋划全局、处理事务。在维护学校秩序、控制教学质量、优化资源配置和提高办学效益等方面，自上而下地实现以校长为首的行政权力组织的系统化管理、规范化运行和有序化发展。在学术管理上，大学校长应努力克服行政官员思维惯性，以“学术组织中的平等一员”身份参与学术决策与服务，坚持学术自由和学术民主原则，置学术权力于基层，自下而上收集意见建议，营造良好学术风气，保证学术权力与行政权力的双向协调、深度融合。

（二）构建两种权力平衡发展的保障体系

学术力量是大学地位与声望的支撑，它沉淀大学的精华与灵

---

① 袁永红：《我国高等学校学术权力与行政权力研究》，大连理工大学 2005 年硕士学位论文，第 45-46 页。

魂，影响着大学的生存与发展，决定着大学的水平与层次，因此，追求学术自由和学术创新是大学的努力方向和奋斗目标。行政权力与学术权力皆须为学术发展和学术创新环境的营造提供服务。

首先，需要明确两种权力的法理定位，合理框定两种权力的行使范围，科学界定两种权力的作用领域。纵观欧美高校两种权力的运行实践，可发现单一重视学术权力或行政权力都不利于良好学术生态的形成，而加强两种权力的有效制衡，维系两种权力的动态平衡进而实现其和谐运行是目前国际一流高校试图实现的大学治理的重要目标。就我国当下实际而言，加强高校内部权力制衡，不失为解决权力矛盾和实现共赢的良策。因此，须从制度上逐步建立起完善的现代大学制度和治理结构，约束两种权力，合理分配两类资源，明确两类权力在行使时“必须做什么”和“应该怎么做”。最大限度克服“双肩挑”人员在行使权力时引起的不公平竞争问题，不仅可以避免行政权力过分膨胀带来的压制学术自由、影响学术权力行使、造成学术创新动力匮乏等不良现象，也要规避学术权力溢出学术事务范围、学术权力异化、学术腐败等现象的发生。在此基础上，大学逐渐形成人员自觉、依法行使权力的和谐局面或氛围，并依靠完善的规章制度和监管体系避免两种权力失衡对高校发展带来的不良影响。

其次，秉持“学术为本”的原则，不断健全学术组织，大力强化学术委员会功能，有效推进学术权力配套机制建设，减少行政权力的越位现象。高校学术管理与服务领域具有多层面、多方位、多角度的特性，每个学科应做什么、怎么做，只有学科领域内部的同行专家学者才具有发言权。“教授团体确实是大学的关键资源，他们的学术活动保证大学的威望，没有他们的积极工作，院校行政管理人员也就没有什么值得管理的了。”①事实上，国际一流大学都将吸纳资深教授、知名专家、著名学者进入决策机构作为处理学术权力与行

① 〔美〕伯顿·克拉克：《高等教育新论》，王承绪译，杭州：浙江教育出版社 1988 年版，第 65 页。

政权力协同问题的重要途径。《中华人民共和国高等教育法》明确规定："高等学校设立学术委员会，审议学科、专业的设置，教学、科学研究计划方案，评定教学、科学研究成果等有关学术事项。"高校应简政放权，树立"学术为本""学术决策、行政服务"的管理理念，了解、重视学术人员，营建能够使学术人员充分施展才华的良好环境，健全高校学术委员会制度，遵循学术要求和相关章程，明确学术委员会的职责与权限，实施由学术权威负责、平等协商的组织模式，发挥学术组织自我管理、控制与发展的能动性，赋予教授在教学、科研等方面的学术决策地位与权力，努力将学术权力制度化、法治化，确保专家学者参与学术事务决策的权力落到实处，更好地为人才培养和现代大学制度建设服务。

（三）大力推进高校行政管理人员职业化进程

高等学校管理职业化是国际趋势。在高等教育发达的国家，院校管理已经成为一个专业。从 20 世纪 50 年代中期开始，院校管理在北美开始成为一个专门的研究领域。当时人们感到，院校管理长期被一些劝告性的、零零碎碎不成系统的意见占据着，应该借用社会科学的概念、理论和方法对这个领域进行研究，为实践提供有用的、较为准确的方法和技术，院校管理工作应该职业化、专门化。[①]目前，必须大力加强高校行政管理职业化建设，推进我国高等教育事业健康、持续、快速发展。

《中华人民共和国教育法》和《中华人民共和国高等教育法》都明确规定"高等学校的管理人员实行教育职员制"。同时，根据教育部的规定，教育职员不得同时聘任专业技术职务，这一规定将在一定程度上促进高等学校管理人员的职业化建设。高校教育职员制方案是借鉴国外先进经验，根据我国的实际拟订的，目的为建立因事设岗、按岗聘任、能进能出、能上能下的用人机制，建设优化、精干、高效的高等学校管理人员队伍，充分调动管理人员的积极性、创

① 马凤岐：《发达国家高等学校管理的专业化趋势及其启示》，载《高教探索》2000 年第 2 期，第 29 页。

造性，激励管理人员提高管理水平和履行相应职责的能力，提高学校的管理水平，建立公开、公平、竞争、择优、高效的管理制度，为促进我国高等教育整体学术水平和管理水平服务。

针对我国高校行政管理人员队伍的实际情况，可借鉴国内外推进校长专业化方面的做法和经验，以试点高校或院系为起点，逐步实行高校行政管理人员职业资格证书制度和持证上岗制度，加强行政管理人员职业化建设。高校要制定行政管理人员发展规划，建立上岗培训、日常培训、职业培训、专题培训等多层次、多形式的培训体系。对新选聘的管理人员，必须进行管理方面的专门培训，并进行结业考核，实行严格的准入制。要有计划地组织行政管理人员参与国际国内交流、考察并进修深造，鼓励和支持行政管理人员攻读相关专业硕士、博士学位，成为高校管理的专门人才。行政管理人员在职攻读学位和国内外业务进修，要纳入学校师资培训规划，享受学校专任老师培养同等待遇和有关鼓励政策。

高素质的管理人员离不开高质量的教育培训。根据管理人员自身的职业发展方向加强针对性的培训是使其管理技能不断进步的有效途径。在教育培训方面，高校可采取学历教育和岗位培训等综合方式，鼓励管理人员通过攻读高级学位或考取高级岗位资质证书的方式掌握现代管理的理论和方法，掌握科学管理的技能和手段，更新管理观念，不断加强知识更新和经验积累，从而形成合理的知识结构，提高管理能力和水平，有效履行时代赋予高校行政管理人员的使命。

就我国高等教育现状而言，高校学术权力与行政权力如何有机融合、共同促进我国高等教育的良性发展已成为关乎高等教育体制改革能否成功的重要课题。学术与行政权力的和谐共生是现代大学制度的核心，是高校实现科学治理的保障，也是我国高等教育未来的发展趋势。依此理念，在学界和业界的共同努力下，我国高校定能走出一条符合我国高等教育实际、具有中国特色的学术权力和行政权力和谐共生、深度融合之路。

建设世界一流电影教育的思考和实践

侯光明*

从1932年蔡元培先生领导全国的文化大家成立“中国教育电影协会”，到北京电影学院连续多年被《好莱坞报道》评为世界电影院校第三，中国电影教育一直在世界享有盛誉。对于如何促进学校科学发展、建设世界一流的问题，各艺术院校及学界经过实践探索和认真研究提出了一系列见解。北京电影学院在世纪之初即提出了到2020年建设成为世界一流电影学院的战略目标。在新的历史机遇期，我国的电影教育要继续创新，力争能引领世界电影教育发展，为电影强国建设打下坚实基础，为文化自信提供更深沉、更持久的力量。

一、建设世界一流电影教育的背景和形势

（一）建设世界一流电影教育是大势所趋

电影艺术不断发展，已经成为举足轻重的艺术形式，已成为记述和揭示各民族发展历程的文化载体，成为现代人生活的一部分，成为沟通世界不同文明的桥梁和纽带。电影与科技、与文化、与经济、与社会生活双向互动，推动着人类社会的发展。历史证明，电影是具有无限可能的。正如麦克卢汉和托夫勒等著名学者所预见，电影很有可能成为推进人类文明发展的最具革命意义的手段。

电影产业不断升级，已经成为文化产业中最具生命力的组成部分。自2016年之后，票房增长由超高速进入高速，产业整合加快，

* 侯光明，北京电影学院党委书记，教授，曾任北京理工大学副校长。

市场竞争能力增强，产业效率提升。从国际人均 GDP 与票房增长关系的规律来看，预计未来我国电影票房还将保持快速增长 20 年左右。为达成中国电影进一步做大做强、实现电影强国梦的伟大目标和紧迫任务，以及观众对电影精神文化产品日益增长的需求，电影教育应作为核心，作为根本推动力和根本生产力。

电影教育不断探索，已经成为人类教育的重要内容。电影教育在时代的发展中不断成熟进步，并始终保持着其自身的独特性。在中国，电影教育形成了以北京电影学院等若干高校为引领，近千所高校为支撑，中小学电影教育为沃土的格局。北京电影学院是中国电影高等教育的排头兵，被誉为"中国电影人才的摇篮"。68 年来，北京电影学院培育了数万名电影优秀人才，涌现出许多电影大师，为中国电影事业做出了卓越贡献。

事实说明，电影与电影教育共荣共生，相存相依。电影的蓬勃发展催生和助推了电影教育，电影教育的不断进步又反哺着电影艺术和电影产业。如今，电影教育承担着电影人才培养、科学研究、社会服务、文化传承与创新，以及国际人文交流的重要使命。无论是对电影艺术的发展，还是对电影产业的发展，电影教育的重要性都毋庸置疑。

（二）建设世界一流电影教育是几代中国人的梦想

在每个历史时期，我国都高度重视电影教育，把电影教育当作社会教育的重要组成部分。20 世纪 20 年代至新中国成立期间，电影教育开始出现并发展，且逐渐侧重于电影大众的教育。在战乱危机、民族危亡的特殊历史形势下，电影教育主要表现为开展大众教育，主要目的为用电影来实现教化民众、开启民智的社会教育。以蔡元培为首的电影教育先驱们将电影与抵抗外来文化入侵，唤醒民众爱国精神，发展民族实力结合起来，成立中国教育电影协会，开展电影教育活动。

新中国成立后，在"创办中国人自己的电影大学"方针指导下，我国电影教育开始从大众教育向专业教育发展。电影学院作为电影专业人才培养机构在百废待兴中诞生，并逐步发展成以电影创作为中心，学科建制涵盖电影创作基础主干领域，学历结构包含专科、本科、研究生的专业人才培养模式。这一阶段的电影教育逐渐实现电影专业大学独立设置、学制完备，逐渐建立起正规的电影专业学历教育。

进入20世纪后，特别是十八大以来，我国电影教育不断创新，在继续强化电影专业教育的同时，探索电影专业教育与大众教育相结合的模式，建设世界电影强国。以北京电影学院为例，作为专业的电影人才培养院校，着重电影专业人才培养，探索出“三人民”人才培养理念，突出创作实践能力的教研创“三位一体”办学格局，宽广而精深的学科专业设置，以及丰富而立体的电影人才培养层次；同时，积极开展大众电影通识教育，推进经典电影进入中小学课堂，举办中国中小学生电影节，不断提升公众的电影文化水平。

（三）中国电影教育发展的机遇与挑战并存

当前我国电影产业正处于由世界电影大国向电影强国的时代跨越中，电影教育正面临前所未有的大好机遇：电影全产业链发展进程正以前所未有的速度推进，“互联网＋”时代信息传播迅速，“一带一路”战略要求搭建国际人文合作机制。我国的电影教育要把握时代机遇，充分发挥自身优势，发挥电影教育的高端引领作用，创作更多弘扬中国精神、凝聚中国力量、展现中国气派的伟大作品，通过电影教育传播中国的普世价值观，不断朝着人类命运共同体方向迈进。

电影全产业链发展趋势不断深化。我国电影产业目前正在积极进行产业结构调整和全产业链的拓展和建构，以影视内容生产和观众影视娱乐消费为核心，建立从生产到消费的垂直与纵向一体化的经营模式，以影视内容的多元化版权开发来拓展影视娱乐消费领域，使全产业的上中下游形成互相链接相互影响的统一体。电影产业全产业链构建，势必带来电影人才需求的变化，进而对电影教育模式产生影响。全产业链的各要素环节与其他产业要素和环节相融共生,要求更多复合型人才。

"互联网+"时代为电影教育带来新挑战。在"互联网+"时代的今天,传统电影产业链发生了重大变革。简单的电影和互联网相配合已经发展为电影和互联网互相交织,形成了双方发挥生态协同作用的格局。今天的电影艺术与科学技术深度融合的趋势日益明显。随着工业时代4.0的到来,云平台和VR、AR等新技术的诞生,为电影创作及生产提供了全新的方法。在互联网传输技术和计算机数字技术的强力推动下,电影艺术的生产力、表现力和传播力都得到了极大提升。可以说,理解了电影技术才能更好地理解电影艺术,掌握了电影技术才能掌握电影艺术。因此,作为艺术和技术相结合产物的电影,提出了既懂艺术又懂技术的复合型人才培养要求。

我国的"一带一路"倡议提供更广阔的国际交流平台。以电影传承丝路精神、弘扬丝路文化的创作实践,已经迈出了坚实的步伐,而在背后支撑和滋养电影艺术的电影教育也应当有所作为。实际上,在"一带一路"沿线国家中,我国电影教育一直有着强大的影响力和号召力。把电影教育融入"一带一路"总体战略布局,既能达到传播文化、建立认同的目的,更是检验中国电影教育成果,推动中国电影教育发展千载难逢的机遇。

二、中国电影教育的办学特色和实践——以北京电影学院为例

大学的办学特色是指学校在长期办学过程中积淀形成的、本校特有的、优于其他学校的独特优质风貌。作为中国唯一一所电影专业高等学府的北京电影学院(以下简称"北影")逐渐形成了中国电影教育独树一帜的办学特色,它凝聚着一代代北影人的人格气度、艺术追求、创作旨趣和文化传统,凝聚着一代代北影人为之探索甚至倾注毕生心血的教育理念、教育方法和教育技能;它代表了中国电影教育的办学成就,也为学校创建世界一流的电影教育提供了深

厚积淀、历史启示和现实指引。

(一) 宽广而精深的学科专业设置

国际电影电视高等教育协会(CLECT)会员单位有100余家，基本上涵盖了世界上主要的影视院校，其中大部分是独立设置的专业院校，主要是教授拍摄技能，集中在制作环节，专业设置各有特点，但就有关电影学科专业设置的完整性来说，北影是最完整最科学的。北影的专业是根据电影制作流程来设置的，而北影的院(系)又是根据专业来设置的。自1950年建校以来，学科专业设置最早只有文学、导演、表演，随后再增设摄影、录音、美术，之后增加管理、电影理论、影视技术、动画等专业。学科专业分布越来越广泛，专业化程度越来越高，学校学科专业涵盖了电影创作的每一个行当，囊括了电影创作的全部环节，电影学学科综合实力处于中国首位、国际领先的地位。

从国际上看，北影的学科专业设置具有以下两个特点。一是根据电影制作流程来设置，比较完整齐全，不仅有制作类专业，还有史论类、技术类、管理类专业，逐渐形成了创作、制作、经济管理、视听技术、史论评研究等五个良性互动的学科专业群。就目前我们了解到的世界上主要的电影影视院校，学科专业设置都没有我校齐全。二是制作类专业与理论类专业互动。国际上，一般电影学术人才与制作人才是分开培养的。独立设置的专业院校只提供影视制作类课程，而综合型大学主要教授理论，北影却两者兼具。这是北影的独特性，也是决胜未来的强大优势。

目前，学校正在实现以电影制作流程为依据向以电影全产业链为依据的专业设置的转变和从单一学科向单科指向的多学科发展的转变。根据“微笑曲线”(Smiling Curve)理论，学校力图加强产业链前端“创作”和末端“市场”的相关专业建设，构建完备的戏剧与影视学学科体系、较为完备的艺术学门类体系，以及支撑电影学持续发展的多学科体系。近两年，学校新建了数字媒体学院、视听传媒学院和人文社会科学研究院。

（二）丰富而立体的电影人才培养层次

北影形成了本科和研究生教育为主体，涵盖专科、本科、硕士、博士、博士后和继续教育、留学生教育以及行业培训等多层次、多形式的电影专业人才培养体系。学校建有高职学院（培养专科生）、继续教育学院（培养本专科生和非学历生）、国际交流学院（培养留学生）。专科生以学习技能为主，本科生以学习创制作为主，硕士生学习创制作、开展科研并重，博士生（博士后）以科研为主，培训生以提升产业适应能力为主，形成了技能型人才、创作类专业型人才、制作类专业型人才、学术型人才、业内高端人才等五类人才并举的培养格局。

从国际上看，北影具有以下两个特点。一是独立设置。世界上很多有影响的影视教育机构并不是独立的大学。如，美国参加CLECT的组织并具备相当影响的有3所，即加州大学洛杉矶分校、南加州大学和纽约大学，三者实际上并不是独立的大学，而只是大学下设的学院。二是承担专业培训和学历教育的双重任务。而国际上，如美国独立设置的美国电影学院和欧洲国家几乎各国都独立设置的一所电影学院，主要是承担专业培训的任务。三是培养层次多。北影涵盖专科、本科、硕士、博士、博士后和继续教育、留学生教育以及行业培训，为世界影视院校所仅见。

（三）教学、研究、创作互动的办学格局

自1950年建校以来，北影长期是全国唯一一所电影专业高校。自20世纪90年代以来，电影教育日益拓展到全国700多所高校，电影类专业已经进入76%的本科院校，而且电影教育课程已开始在中小学普及。当前，中国电影教育已形成了以北影为核心，以开设电影及相关专业的各类高等院校为中坚，以正在进入基础教育的一般电影教育为基础的多层次格局。现在，综合型大学的电影教育尚处在初级阶段，表现为理论和实践的脱节，但从长远看，随着信息技术的发展，电影数字化进程的推进，电影技术、设备、制作经验水平将日益提高，并且其所依托的学科基础更为宽广雄厚，与北影的差距将缩小。综合型大学在中国电影专业教育格局中将占据越来越重要的位置。电影教育的优胜者将是那些理论和实践兼顾、综合实力较强、富有风格特色的学校。

北影的最大特点是教学、科研、创作的互相结合和良性互动。20世纪80年代学校就实行过教师工作"三三制",即三年教学、三年创作、三年科研,对教学、科研、创作三者需要互动的规律早有认识。当前,学校提出要进一步明确教学研究创作型大学的定位。我校以制作类专业见长,而制作类专业主要是经验技艺传授,所以教学创作型的教师多,研究型的人才少。这是不利之处,也是有利之处。优秀的电影大学,不应只是创作见长,或者只是科研见长,而是教学、科研、创作的良性互动,以教学为主体,以科学研究为基础,以艺术创新为支撑。我校教学创作型教师要对实践成果进行理论化总结,很多教师创作了许多非常优秀的艺术作品,可以把这些成果转化为理论成果。由于目前学校科研相对较弱,所以学校在总体定位上,提出建成世界一流电影学院要实现单一学科向单科指向的多学科的转变:以专业建设为主向以学科建设和专业建设并重的转变、以本科教育为主向本科和研究生教育并重的转变、以教学为主体向教研创三位一体的转变,其指向是完善学科生态,提升原始创新能力,在巩固创作优势的基础上,扩大学校的学科优势,增强发展后劲。

(四)"一专多能"的人才培养模式

世界上的电影教学可分为两大体系,一是专业教育体系,以欧洲、亚洲的学校为主,以莫斯科电影学院为代表,是专才培养。二是通识教育体系,以美国为代表,比如说美国纽约大学影视学院。而北影前学苏联、后学欧美,吸收了国际常见的通识教育和莫斯科电影大学专业教育模式两方面的经验,并注意总结自己的办学经验,既不是美国那种"通才教育",也不是俄罗斯那种"专才教育",而是主修一个专业,兼顾其他,培养"一专多能"的电影艺术复合型人才的模式。

一方面专业细化，把电影制作细分为各个专业，满足不同行当的需求；同时从本科到硕博、从基础到精专，满足不同程度的需求。另一方面充分融合，各院（系）、各专业相互支撑，形成了由公共基础课、专业基础课、专业方向课、毕业联合作业和作品展映观摩等组成的课程体系。并且北影致力于打通专业基础课，在电影专业的范围内实行一定程度的通识教育，学生在学习好本专业的同时，兼修或接受其他各专业的熏陶。

（五）规范有效的"双实践"体系

"双实践"即社会实践与艺术实践相结合的体系。电影教育的特点决定了其必须面向生活、面向社会，这是世界电影院校的共识，各国都在实践方面有自己的特色。如，加利福尼亚大学洛杉矶分校（UCLA）戏剧影视学院的教学非常重视实践教学，课程开设依市场需求设置，很多课程尤其是实践类课程的授课人员，都是来自于创作一线的业内成功人士，很多教学环节和教学设施都融入了好莱坞工业体系，学生在校期间就能接受到电影工业全程实践训练，动手与实战能力很强。北影是中国唯一可以独立完成故事片和动画片创作的学校，在实践方面也有自己的特色。

学校有实习工厂——青年电影制片厂和影视实验中心，配备了系统、先进的学生创作实践仪器设备，有遍布大江南北的校外实践创作基地。学校单设电影制片厂，这在国际上是没有的。青影厂既是学生电影创作实践的组织指导单位，又是教师艺术创新实践的生产单位，能够进行正规的商业电影生产，创作了大量优秀的影片和学生毕业作品。每年学生们的毕业联合作业都能完成多部风格各异的 35 毫米杜比数字立体声故事短片，并可以进入市场，为中国电影市场首创了短故事片类型。近年来，还增加了高清数字长故事片、高清纪录片、高清数字实验片的创作实践和数字动画转换胶片的创作实践。青年电影制片厂支持学生创作，在校学生的作品在各大电影节展崭露头角，年均参加约 90 个电影节，参展参赛与获奖累计约 350 次。

（六）全方位、高水平的国际交流平台

北影是国际影视院校联合会(CILECT)理事单位，与40余个国家和地区，60余所电影院校建立了电影专业教育、学术研究、教师互访与创作等方面的合作交流关系。“北影国际学生影视作品展”已成为在亚洲举办的规模和影响最大的学生电影节，每年都有40多个国家和地区的影视院校参展，30多个国家和地区的学生影人光临影展，得到世界各地影视院校学生和教师的高度评价和热情参与。学校连续主持北京国际电影节天坛奖评奖工作、丝绸之路国际电影节主竞赛评奖工作、金砖国家电影节。响应“一带一路”倡议，北影成功入选“‘一带一路’国家人才培养基地项目”，致力于打造中国电影在“一带一路”沿线的文化名片。

改革开放前，学校主要学习苏联。20世纪50年代，为满足师资需要，学校一方面派遣留学生去民主德国学习电影编剧、电影摄影、电影美术及电影工程，组织专人到苏联考察电影教育；同时聘请苏联专家来校讲学培训师资。20世纪60年代，学院摄影系先后接受了越南、柬埔寨、阿尔及利亚、印度尼西亚派来学习电影摄影的学生，导演系也接受了阿尔及利亚的学生。世界著名的电影技术家、理论家如尤里斯·尹文思、乔治·萨杜尔、锡拉·菲利普、山本萨夫等都曾来学院讲课和访问。改革开放后，北影走出国门，主要吸取西方各国当代影视教育之所长，逐步建立起了有中国特色、具有世界先进水平的电影教育体系，建立起现在的国际交往网络。面向未来，学校致力于实现从开放式办学到国际化办学的转变。学校已制定国际化发展战略，鼓励师生出国学习访学，引进国际电影大师，推进“2+2”“2+3”合作办学、合作科研和合作拍片。

（七）培育电影英才的大学文化

北影是老一辈电影人以创建中国自己的电影大学的志向建立的，是中国唯一一所学科专业设置齐备的电影高等学府，代表着中国电影高等教育的最高水平，承续着中国电影教育的未来，因此，师生普遍有一种国家赋予的自豪感和使命感。

北影有崇尚创新、探求真知的学术环境和宽松和谐的创作氛围。与国外影视院校不同，学校本科生一起住宿、学习、生活，师生之间、学生之间，联系紧密，在相处中可以互相吸收专业营养。坚持每周为学生放映2部国产影片（胶片）、2部外国影片（胶片）的教学观摩活动。本科学生上大学期间，平均每年观看胶片电影160～180部，4年中总计大约观看650～800部电影。如果加上专业课、创作课程及自己学习观看的录像带、DVD、VCD形式电影，数量会更多，这在国内外都是非常少有的。学校创建了大学生电视台、大学生艺术团、青年志愿者协会等社团载体，形成了以“国际学生影视作品展”为代表的创作品牌活动；形成了“学院大讲堂”“学院放映厅”“管理大讲堂”“天堂影院”等组织构成的讲座体系；形成了以“中美电影大师课”为代表的学术文化交流活动体系；开展了“学院大讲堂”“学院放映厅”“校友携片交流”“人文讲堂”“世界电影大师作品回顾展”等各类活动；举办了先力奖、金字奖、动画学院奖、鼎润奖和导演奖等在国内外有重大影响的活动；并且常年举办各国电影周、民族电影周、电影音乐会等系列文化活动，共同构筑了学校艺术观教育的文化盛宴。在北影，有学习电影、讨论电影的氛围，有实践的机会，有校友携片回校放映交流的传统，有较多国际交往的机会，学生可以与世界电影前沿接触，与创作第一线交流。学生有志于学习电影，教师有志于教授电影，北影是学习电影的圣殿。

三、推动电影教育由大向强转变的思路和途径

探索中国特色的电影教育模式是我国从电影大国迈向电影强国的必由之路，也是引领中国文化走出去，乃至占领世界文化高地的必然选择。结合当今时代和产业发展新机遇，电影教育应在“两引双为”的办学指导思想下，引领中国电影文化的前进方向，引领中国电影教育的发展方向；坚持为满足人民群众日益增长的对优秀电影作品的需求做贡献，为提升观众的观影水平和品味做贡献。我国的电影教育以“中国电影学派”为教学指导，以专业教育与通识教育

相结合为办学思路，以电影与科技相结合为发展途径，以本土资源与国际交流相融合为方向的经验，努力为世界电影教育提供借鉴。

（一）推进教学与服务产业发展相结合，打造“中国电影学派”

电影教育要负起助推建设健康有序的中国电影工业体系、创作出艺术性和商业性兼备的优质电影工业产品的历史使命。要创作无愧于时代和人民的电影，实现中国电影的真正繁荣，必须依靠工业体系的完善和类型电影的创作，尤其是符合商业规则、艺术规律、引领电影技术发展的真正的中国文化大片的崛起。为此，中国电影教育提出以“高举新学院派大旗、培养新学院派人才、创作新学院派文化大片、构筑新学院派的理论和评论体系、打造新学院派奖项”五位一体的“新学院派”电影创作体系，助推“新学院派”电影，打造“中国电影学派”，以完成时代赋予电影教育的使命。

（二）推进电影专业教育与普及教育、终身教育的融合，打造完整的电影教育链条

未来的电影教育不仅仅重视专业人才的培养，也要重视电影的普及型教育，并发展电影的终身教育。北京电影学院研发教材，推进经典电影进中小学课堂；举办中国中小学生电影节；安排教师进入中小学，探索中小学电影教育的经验；启动了中学生动画专业大赛，选拔和培养优秀人才；面向市场，通过学校校友会、培训中心等机构，广泛开办行业高端人才培养班，为电影从业人员提供持续的电影专业教育。

（三）推进专业人才培养和复合型人才培养相结合，建立符合电影产业需要的人才培养体系

在巩固传统强势学科专业的基础上，电影学院应建设一流的戏剧与影视学科，扩宽学科专业的设置口径。目前电影产业的管理、创作、技术、科研等方面的人才素质需要进一步提升，电影高等教育要围绕文学、导演、表演等电影学相关学科专业，进一步拓展美术、管理、电影理论、影视技术、动画等专业。同时电影教育应依托艺术学类下的艺术学理论、美术学、设计学、音乐与舞蹈学等学科，奠定

学生的多学科素养和文化功底，使我们的教育体系培养内容能够广泛适应与电影创作相关的每一个行当，涵盖电影创作的全部环节，实现以电影制作流程为依据，向以电影全产业链为依据的专业设置的转变，实现从单一学科向单科指向的多学科发展的转变。

（四）推进国际资源与本土资源的融合，搭建全方位、高水平、有实效的国际交流合作平台

全球化时代的电影教育绝不能是孤立的，既要分享自己的办学经验，也要学习国际同行的经验，实现资源共享，创造既互相竞争、又互相分享的教育氛围。北京电影学院支持一定比例的本科生在学期间出国深造，积极发展留学生教育，推进合作办学、合作科研和合作拍片。鼓励教师出国访学，同时引进国际电影大师。把电影教育融入"一带一路"战略，与相关国家开展更进一步的合作，是中国电影教育必由之路。目前，北影在新加坡已经建立分校，同时正在研究制定世界电影高校评价指标体系，为推进电影高等教育合作交流提供参照。

四、建设世界一流电影教育还需处理好几大关系

（一）处理好世界一流与中国特色的关系

学校在世纪之交提出了建设世界一流电影学院的宏伟蓝图，且提出要坚持世界一流与中国特色有机结合，只有中国特色才能世界一流，没有世界一流，也无所谓中国特色，但是对于"世界一流"和"中国特色"的具体内涵长期以来不甚清晰。经过广泛调研和深入研究，我们对于这些问题的思路逐渐清晰。具体来说，可以分为以下几个方面：

第一，什么是世界一流。我们认为，判断一所大学是否世界一流，关键的标准有四条：一是能不能培养出一流的学生，这是最根本也是最长远的；二是能不能为国家经济社会发展做出不可替代的重大贡献，这是大学最直接的价值体现；三是在国际可比的关键指标上进入世界前列，这是必要但不充分条件；四是要有独特的办学理

念和大学文化，这是前三个方面的基础和大学软实力的要求。建设世界一流需要主动寻找差距，我们梳理了人才培养、师资队伍、学术研究、电影艺术创作、电影情报信息服务以及办学条件、管理水平、国际影响力等八个方面，这八大方面要达到或接近世界一流。

第二，建设世界一流有无可能。我们认为，是能够建设成为世界一流的，而这种世界一流也必然具有中国特色，集中起来，就是我们要探索建立中国特色社会主义电影教育体系，条件已基本具备，并且恰逢其时。原因有四：一是近一个世纪的电影教育探索积累了宝贵经验，二是国内唯一、世界知名的良好基础，三是推进文化大发展大繁荣、建设电影强国的政策导向提供了千载难逢的历史机遇，四是综合国力的提升和中国电影产业的迅猛发展为中国电影教育走向世界提供了强大后盾。

第三，学院的特色是什么，中国特色有哪些内容。建设世界一流不能靠简单复制，这个世界一流一定是具有中国特色、北京电影学院特点的。学院在近 70 年来博采众长为我所用，形成了鲜明的办学特色。在学科专业结构方面，专业细化、基础融合、相互支撑。所谓专业细化，是把电影制作细分为各个专业；所谓基础融合，是指学生在学习好本专业的同时，同时兼修其他专业或接受其他专业的熏陶，将电影各专业知识一定程度上融会贯通。学院重视创作实践的教学传统，具有独特的大学文化，如“向人民学习、为人民服务、做人民的艺术家”的“三人民”育人理念。

第四，怎么建设的问题，即需要在哪些方面努力，这是办学思路的问题。经过研究，学院党委提出了“盖大楼、育大师、著大作、拍大片、养大气”的办学思路、“5＋1”发展战略（学科专业拓展与质量提升战略、强师兴校与机制创新战略、科研提升与产学研一体化战略、加强外联和国际化战略、校园拓展战略、加强党建和文化建设工作战略）。总之，世界一流是中国特色的世界一流，中国特色是具有世界水平的中国特色。建设世界一流的战略目标有望与文化强国战略协同发展、相互促进、同期实现。

（二）处理好学科建设与专业建设的关系

在高等教育办学中，学科与专业建设是两个永恒的话题，一个以促进科学艺术发展为目的，一个以培养社会需要人才为目的，它们之间既有区别又有联系。学科建设是龙头，专业建设是基础，不可偏废。专业建设是学校办学的“主体”工作，直接影响人才培养质量；学科建设是学校办学的“基础”工作，直接决定学校的办学水平和办学特色。

其一，要克服对艺术教育的片面理解，应该与时俱进地大力促进艺术与技术高度融合，努力使电影教育适应电影产业快速发展的需要。注重电影特效、数字技术、动漫制作、电影策划、经营管理等方面的人才培养。当然，在克服“唯艺术论”的同时，也要警惕“唯技术论”，一部电影是否能够打动观众，还是要看故事讲得好不好，人物塑造得成功不成功，情感表达是否到位。

其二，学科专业结构有待优化。建院近70年来，经过几代人的不懈努力，学院已经建立了由电影史论研究、电影艺术创作、电影制作技术、电影制片管理等研究方向和文学、导演、表演、摄影、美术、录音、动画、管理等专业院系构成的完整的学科与专业体系。在取得显著成就的同时，也存在一些不可忽视的问题。如，我们在电影学科日趋成熟、日趋完善的过程中，较多地强调了电影作为一门独立学科的特殊性，而忽略了电影作为一门综合性很强的学科，与其他相关学科不可分割的内在联系。对专业院校的生存和发展而言，独具特色的主干学科是生命，系统扎实的基础学科是土壤，多学科相互交融、相互促动的交叉学科是空气，三者缺一不可。因此，构建以电影学为主体，以艺术学为基础，以交叉学科研究为前沿，科学的、可持续发展的学科与专业结构体系，应该是学校的学院学科专业结构的努力方向。

其三，专业建设有待加强。由于学科单一，我们学院谈到学科建设的时候，一般指的都是专业建设，而谈到专业建设的时候一般都是指专业方向建设。当前，学院在学科专业建设上的主要特点是：专业的综合性降低，分化程度提高；专业方向不断细化，而新专业发展缓慢；学科建设极大地限制了专业和专业方向的拓展空间与发展水平。建设世界一流电影学院必须高度重视专业建设，更要重视学科建设。一所大学的培养质量取决于学科水平，只有学科建设上了层次，学院才能上层次，所以不能不搞学科建设。没有学科建设，就很难凝聚高水平人才，培养人才就容易没有自己的学术特色，课程质量就难以得到质的提高，服务国家电影事业就无法取得实质性的突破，学术水平、艺术创新能力就不易提升，有特色的大学文化也难以形成，在现有的高校社会评价体系中也难以获得好的口碑与声望，建设世界一流电影学院的目标就不能实现。

其四，学科专业建设需要更为明晰的战略规划。当前，艺术学升级为学科门类，为学院进行学科专业拓展提供了重要机遇。艺术学升级后，艺术类高校在政策、资金等方面会得到国家、社会的更多支持，会将有力促进电影学科与其他自然科学、人文科学、社会科学门类之间的相互沟通、交流，促进电影学科创新实践和理论研究的同步发展，促进学生人文素养、科技素养、理论素养尤其是创新能力的提高。学院也依靠政策获得了艺术学理论、戏剧与影视学、美术学三个博士学位一级学科授予权，这对进一步整合资源、加强学科建设，为国家培养高层次电影人才供了更强大的动力和更广阔的空间。更为重要的是，艺术学升格为“学科门类”，是对艺术学科新的认识、新的评价和新的定位，改变了“重理工、轻人文，重人文、轻艺术”的传统认识，极大地提升了艺术自觉、艺术自信。同时，新校区建设也为学科专业建设提供了空间和可能。在机遇与困难之间，在有限资源的情况下，亟待将学科专业现状进行整合分析，做好学科、专业定位，在此基础上制定学科、专业发展规划。因为，学科的规划与建设是学校工作的龙头，是学校发展的主旋律，学科建设的状况从根本上反映和体现了学校的办学水平、办学特色、学术地位和核心竞争力。以科学、务实、创新的精神抓住学科建设，就是抓住了学院发展的根本和核心，就能纲举目张地开创学院工作的新局面。总之,既要在专业建设的平台上有重点地进行学科建设,也要注重把学科建设的成果纳入专业建设之中,形成良性互动的关系。

（三）处理好专业教育与通识教育的关系

当前,中国高等教育的主题是提高人才培养质量。对于高水平大学来说,培养质量主要体现在高端人才培养上。师生员工的普遍共识是电影高端人才需要有比较深厚的人文素养、艺术素养、科学素养,单一的专业教育已难以满足需要,这就需要通识教育加以解决。在协调处理专业教育与通识教育的关系时,应关注并做好以下工作。

完善创新人才选拔机制。本科生招生方面,由于历史的原因,艺术院校生源虽然有艺术专长,但综合素质、知识结构、学习能力较之非艺术类高水平大学的生源有一定的差距。所以,学院要根据各(系)院及专业的情况,更加注重文化课高分学生的选拔,体现选才的差异性、主动性、针对性和科学性。学校还应端正对学生培养目标的认识。在大科学时代和建设学习型社会的背景下,学习不但是学生谋生的手段,也是全面发展的需要。现代社会知识更新、技术进步加快,造就高端人才的培养重点是其可持续发展能力,包括形成合理的知识结构、良好的学习习惯、学习能力和学习方法。而培养可持续发展能力的关键是拥有扎实人文知识积累和健全的人格修养,做到厚基础、宽口径。

建立拔尖创新人才的特殊培养机制。杰出人才需要特殊的成长通道,对于特别优秀的学生,国家进行计划培养,实行导师制、小班化、国际化培养。电影学院对此已经进行了一些探索,如高端动漫人才培养、与企业联合培养等。

建立校内资源整合机制。考虑成立人文教育委员会,开展一些资源整合和指导工作。大力支持基础部建设。加强大学文化建设,推进学校讲座系统化、规范化,以系统的大通识教育为土壤,培养学生的人文素养,提高学生专业学习兴趣。以学生为主体,教师为主导,提高教师业务水平,融通识教育于专业教育之中,最终目的是实现学生的自我教育。

完善课程体系。通识类课程，包括人文、社科、自然科学等，这类课程占全部课程的比重在20％～30％之间，侧重制作的美国加州大学洛杉矶分校的比例为20％，而侧重理论研究的纽约大学则是30％；专业类课程，包括专业基础课和专业课（含创作实践教学和学生课内作业）的开设是为了打通电影学科的各个专业，培养“一专多能”的通用电影创作人才，增强人才的市场适应性。当然，这样无疑会增加这部分课程所占的比重，拿北京电影学院来说，这部分大概占全部课程比重的80％。同时，需要着力加强基础部建设和师资队伍建设，配置优质师资。

建立校际合作机制。可以通过与综合性院校的合作，加强通识教育，提高学生的人文修养。可以通过与其他艺术院校一起开展艺术学科群建设，加强我校艺术教育，提高学生的艺术修养；通过与理工类院校合作，加强自然科学教学，提高学生在信息时代的科技素养。

建立科学的培养体系。探索分类培养的模式，在史论、技术方向上，以培养研究生为主，培养电影理论和数字化技术型、先导型人才；在艺术创作和影视制作类专业方向上，以培养本科生为主，开展艺术专业硕士教育，培养一流艺术人才。

提高教学标准化程度。艺术教学要有章法，像欧美国家教授影视制作一般有一个训练培训教程，基本的技巧要先掌握，讲求基础，讲求技能，讲求标准化。

加大保障力度。大学所培育的不是杰出人才本身，而是产生杰出人才的土壤。培养高端人才，既要创新机制，也要加强保障。要确保系（院）负责人和教师对教学的精力投入。有些系（院）负责人和教师社会兼职多、出差出国多，主要时间、精力和心思没有放在教学管理上，更没有用在人才培养上。要完善学校基本设施建设，确保设备配置尽快到位。兼顾专业教育与通识教育是一个长期的过程，要坚持不懈、持之以恒地大力推进，保证学院的人才培养质量。

(四) 处理好教学、科研和创作之间的关系

在电影学院,教学是核心,科研是基础,创作是关键。三者应该统一起来。学院的定位是“一体两翼”,“一体”是教学,“两翼”是科研和创作。就大学人才培养、科学研究、社会服务、文化传承与创新的四项基本职能来说,人才培养是大学的灵魂和规定性所在,大学不同于研究所,不是创作工作室,也不是企业,大学是培养人才的地方。学院提出了“一个不把主要精力放在教学上的教师不是合格的教师”“一个不为服务教学想办法的干部不是合格的干部”,以及“干部为教师服务,教师为学生服务,全校一切工作为人才培养服务”的理念。电影学院不但要培养人才,还要为电影创作、电影技术、电影政策提供智力成果支持。在社会系统中,政府需要高校提供政策咨询,需要学术成果支撑决策,因其不可能广泛深入地接触到电影本身,而只能进行宏观政策指导。电影企业是营利性机构,它关注电影的产业属性和经济属性,不可能从全局的角度深入研究中国电影面临的问题和未来发展之路。所以作为中国唯一电影专业院校,责任不单单是拘囿电影创作和电影人才培养,还应该在当前中国电影产业蓬勃发展但问题重重的情况下,发挥“智力库”和“智囊团”的作用,真正生产一批高水平研究成果,引领中国电影的未来发展。

创作是电影学院的独特优势,为了进一步发挥这种优势,学院提出“拍大片”的办学思路。“拍大片”的意图是鼓励师生创作。创作是电影的生命,是电影人才培养和师资队伍建设的基础。学院将着力探索鼓励教师创作的制度和机制,出台措施鼓励教职工在做好岗位工作的基础上积极创作,以教学为中心,以创作为载体,打造一支高素质的师资队伍,培养一批中国电影的领军人物。诚然,学校期望教师向综合型方向发展,教学、科研、创作兼善,但一般情况来讲,教师个人可能只擅长一到两个方面,所以学校应探索教学型、科研型、创作型教师分类管理。

(五) 处理好制度管理与文化管理的关系

世界一流电影教育需要一流的管理支撑。总体上说,我国正处

于从传统社会到现代社会的转型时期，从学校管理上说，是从经验管理到科学管理转型，建立现代大学管理制度。艺术院校现代大学管理制度的建立，尤有其特殊的困难和复杂性。艺术院校的管理需要尊重三种规律，即创作规律、教育规律和管理规律。推动学校事业科学发展、建设世界一流艺术教育，必须实现理性思维与感性思维，理性行动与感性行动的统一。随着高校功能的多元化、系统的复杂化、影响因素的多样化，管理在高校发展中的作用越来越重要，所以艺术院校要树立管理即生产力的观点，进一步提高管理水平。

加强制度建设，依法治校。当前，依法治校的核心是建立现代大学制度，要以大学章程制定为契机，重点完善学校内部管理制度，健全符合法制精神和法律规定的学校内部管理体制，形成符合法治理念的校园秩序和文化氛围，做到有制度、有氛围、有执行、有监督、可考核。

坚持严格管理，强化民主管理。高校管理是一个系统工程，需要采用项目管理、系统管理的思想。顶层设计是根本，贯彻执行是核心，改革创新是出路，优化管理是关键。既要重视过程控制，又要加强目标管理，建立完善的质量监控体系。

加强管理队伍建设，建设一支高素质、高水平的管理队伍。学院要求干部具有“艺术家的功底、教育家的风范和政治家的头脑”，在可能的范围内学校应为干部成长创造条件。

进行文化管理。教育事业的最大特点，就是依靠人、培养人、服务人，这就要求教育管理工作的每一个环节都要贯彻以人为本的方针。学校要把培养学生、促进学生全面发展作为学校工作的出发点和最终归宿。我曾把学校比作一个食堂，同学们是来吃饭的，教师是厨师，干部是为同学们端盘子的“服务员”。有的学校把这种精神境界叫“大爱”，电影学院叫“养大气”。“养大气”必须树立这样一个理念，即“干部为教师服务，教师为学生服务，一切工作为人才培养服务”。

有研究称，自电影诞生 120 年以来，欧洲为电影艺术发展做出了突出贡献,美国为电影产业发展做出了突出贡献。而新世纪,中国有可能为电影教育发展做出突出贡献。处于最好历史机遇期和最大挑战期的中国电影教育必须扎根中国、融通中外,立足时代、面向未来,坚定不移地走中国特色世界一流电影教育之路。为世界总结出电影教育办学模式和办学经验,引领电影教育的前进方向,为电影教育事业做出应有贡献。

国外大学管理机制分析

美国密歇根大学的“分权制”*

龚 克**

密歇根大学创建于1817年，是美国一所历史悠久的著名学府，被誉为“公立常春藤”，与伯克利加州大学以及麦迪逊威斯康星大学并称“公立大学典范”。其管理制度值得我们借鉴。“decentralization”(分权)，是大学管理上的一个关键词，它与另一个关键词“shared governance”(共同治理)，共同构成了密歇根大学治理的基本架构，即在“横”的结构上，行政人员与学术人员“共同治理”；在“纵”的结构上，大学与学院“分权”治理。本文试图从对密歇根大学“分权制”观察入手，介绍其实况，分析其利弊，并结合我国情况作进一步的探讨。

一、密歇根大学“分权制”的内容

所谓“权”，主要是与事权相关的财权、人权、物权。密歇根大学的大学治理结构被表述为“以责任为中心”的治理，所谓“责任”，是做事之责。所以考察密歇根大学的治理结构要将“分权”和“分责”结合起来。

---

* 2012年5月，作者参加了由教育部、国家外国专家局组织的高校领导海外培训项目“中国—美国密歇根大学领导研讨班”，抱着学习借鉴的态度在那里进行了为期十天的学习。本文是作者在美国密歇根大学参加高校领导海外培训项目的总结报告。本文采用的数字、图表等均采自密歇根大学提供给研讨班的资料。在本文撰写过程中，李向阳、翟锦程等提出了重要的意见，给予了许多帮助。

** 龚克，教授，曾任天津大学校长(2006—2011)、南开大学校长(2011—2018)。

（一）密歇根大学的“财权”分配

密歇根大学的预算收入主要由通用款项、有限使用款项、指定款项、辅助款项组成。通用款项包括学费、政府拨款、研究间接费、利息，这部分资金完全由学校支配，以维持学校正常运行。有限使用款项由捐赠和研究直接费构成，这部分资金受出资人意愿支配，其中捐赠部分每年仅使用其过去七年平均额的4.5%。指定款项包括在职、继续教育的收入和知识产权使用费，这部分资金是学院按学院规定用途使用的资金。辅助款项由体育场馆、医院、停车等部分收入构成，这部分资金由相关单位自己支配，自负盈亏。

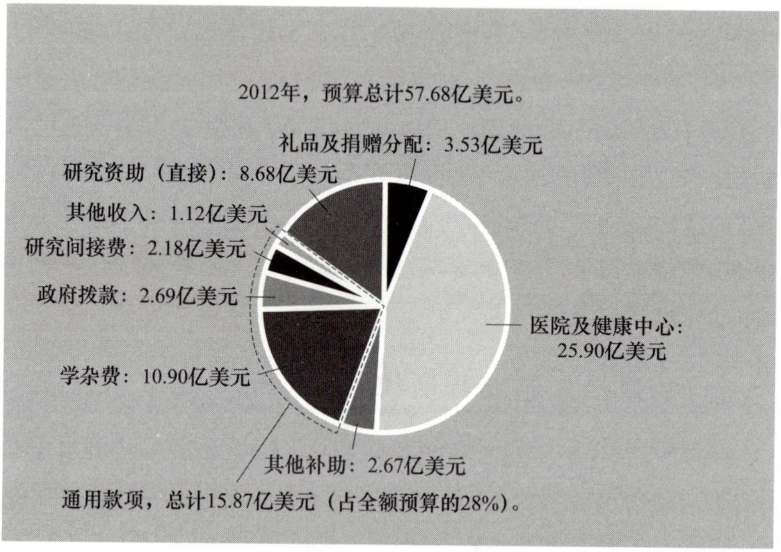

图1　2012年密歇根大学的全额预算(单位：亿美元)

2012年密歇根大学的全额预算共57.68亿美元。其中，“通用款项”为15.87亿美元，占全额预算的28%，该款项真正由学校支配使用(见图1)。“通用款项”由负责教学科研等学术事务并同时担任首席预算官的教务长分配，以确保预算经费服务于学校的教学与研究。分配的对象有学术单位(承担教学的学院)、研究单位、公共单位(图书馆、博物馆等)和行政单位。

在分配中，学校遵循“两个原则”“两种模式”“四个目标”。所谓“两个原则”是指：第一，不分配给自负盈亏的附属单位，包括医疗系统；第二，不干预各单位对资金的安排。“两种模式”是指：第一，对学术和研究单位采用“基于行动的预算”(Activity-Based Budgeting)，其思路是使收支与“行动”的水平一致；第二，对公共和行政单位采用“逐步增长的预算”(Incremental Budgeting)，即在上年度的基数上有所增加，以适应任务的增加。“四项目标”是指：第一，鼓励学术单位明确重点和开展新的“行动”；第二，激励各单位提高资源利用率；第三，为学校实现其优先目标提供机制；第四，为行政单位履行职责提供资源。

如上所述，学校支配使用的“通用款项”通过学费、研究间接费、利息、教务处分配款等，又分配到了各学术单位，用于支付“行动”的成本(包括人员工资)、学生资助(上交学校统一使用的助学金和学院发放的奖学金)、设施的维护和能耗、设施的折旧、教务长税等。

大约66.6%即三分之二的“通用款项”都分配到了各学术单位，即学院。如果从资金的来源来看，“通用款项”的主要来源学费(68.7%)是全部分配给学院的，研究间接费(13.8%)也是全部分配给学院的，两者之和占了82.5%。也就是说，可以由学校分配的只占17.5%，即政府拨款(16.9%)和其他收入(0.6%)。从这个预算模型中，也可以发现，政府拨款的减少就意味着校级“财权”的减少。其实即使是学校支配的经费，有一部分也还是要分配给学院的，比如用于重点项目(Academic Program Appoint)的经费(5.1%)。

为什么学院仅占到66.6%？显然，是因为学院还要上缴“学生资助费”“折旧费”和“教务长税”，估算起来，大约有20%的“通用款项”又从学院返还给了学校，而学校又将其中一部分再分配到学院。

总体来看，密歇根大学“财权”的分配结果是，三分之二的大头在学院。

(二) 密歇根大学的“人权”分配

在学校，最重要的莫过于两类人：教师和学生。如果说学生是

“学”的主体，那么教师则是“教”的主体。在密歇根大学，教师聘用权主要在学院，聘谁不聘谁，聘多少人，都由院长决定，人员的工资也是由学院发放。正因为如此，密歇根大学负责人往往不能准确地说出整个学校的教职员工总数。

密歇根大学的教师聘用流程大致为：建议（系提出需求）、审查（学院根据院/系的战略规划及可用资源对需求审查）、批准（学院的教授执委会审批招聘计划）、招选（系里组成招聘委员会，公开招聘、挑选候选人）、考察（系教授会投票）、批准（系主任向院长推荐获选人，院教授执委会审批人选）。可见，在密歇根大学，教师聘任是由学院决定的。

教师的晋升归谁管呢？也是以学院为主，即“每个学院在学校制定的导则框架内为本学院的教师晋升负责”，而且各学院之间彼此也无须完全一致。密歇根大学教师晋升流程大约是：系主任或院长确定晋升的候选人，院教授执委会为每一位候选人组成审查委员会，向 8～12 位外部评审人（由候选人和审委会提出，至少 5 人与候选人无关，至少 1 人非候选人推荐）发函、完成卷宗（75～90 页，由系、院、教务长逐级审查）、董事会批准。其中，学院教授执委会及其任命的审委会最关键，这也是“教授治理”最为重要的职能。

总而言之，教师的聘用与晋职之“权”，主要在学院。

（三）密歇根大学的“物权”分配

密歇根大学的财权主要在学院，相应地，由学院经费购置的设备管理使用权也在学院。为使设备在全校共享，学校需为学院提供一定的经费支持。由于房屋的建造主要靠捐赠和政府拨款，“为谁造楼”主要由教务长根据学校发展战略做出决定，当然他也会受限于出资人的意愿。几年前，密歇根大学以很不错的价格收购辉瑞制药公司的研发中心，用作科技园。但由于出资的是医疗系统，而使用者主要是理、工学院，所以运行得不够顺利，至今仍有很多房子空着，已使用的房间大多用于与医学有关的交叉项目。

作为学校资源的房屋一旦被分配到学院，其调节权就全在学院。学校要收取房屋折旧费，为的是每年对若干楼宇进行一次较大的维修，日常的维修则全由学院承担。

二、对密歇根大学“分权制”的分析

（一）密歇根大学“分权制”的特点

通过对密歇根大学财权、人权、物权的梳理，可以很清晰地看到，密歇根大学的“分权制”是一个权责结合、重心在院、教授治校的大学治理结构。

1. 权责结合。密歇根大学在校院两级管理中对各自的权利和责任作了明确要求。就学校层面，校级权利与责任主要集中在教学和科研之外的其他领域，大致包括：

（1）研究决策重大问题，规划设计全局事务，建立规章，订立制度，以及其他关涉学校大局的事务。

（2）界定校院两级管理权限，明确校院两级各自职责，确立校院两级决定事项。

（3）建立政策导向与控制机制等宏观调控制度，使学院事务围绕学校既定目标和方向开展。

就学院层面，作为大学学术组织的基层单位，学院的权利和责任主要集中在教学和科研领域，重心偏重于学术发展。具体包括：

（1）协调院系的教学科研等学术活动，汇总院系的教育与研究等计划。

（2）决定课程设置、教师聘任与晋升及有关研究经费预算的使用。

（3）负责管理与学院发展相关的非学术事务。

2. 重心在院。在密歇根大学内部管理体系中，校董事会是最高决策机构，由社会各界推荐选举产生。校董事会负责推选校长。校长并不统揽全校事务，而是把权力下放给学院，这使得学院在办学过程中的自主地位非常明显。在密歇根大学，学院层面负责的有经费预算、课程安排、教师聘任与考核晋升以及招生等重要工作。此外，学院层面还能自主决定发展路径、发展重点，有针对性地开展院系之间的合作与竞争。这些都充分体现了密歇根大学管理重心靠下的治校理念。

3. 教授治理。密歇根大学推崇教授治校，重视教授在学术领域的领导决策地位。除了诸如课程创建，教师聘任与晋升，研究题目选择及文章论文出版，学生录取标准设立等学术事务，均由教授主导外，招生也主要由教授来决定。对录取博士生的数量问题，研究生院没有决定权，而是由各系系主任根据资金数额确定。

总而言之，密歇根大学通过将人、财、物的资源配置，制定了严密的“重心在院”的“校—院”分权模式，通过科学、合理的“分”与“统”，实现了教育教学资源在校—院两级的合理摆布，激发了学院的办学主动性和积极性，发挥了教授在学院治理中的重要作用，提升了学校整体发展的活力和动力。

（二）对密歇根大学“分权制”的认识

密歇根大学在校—院分权上的做法值得我国高校思考和学习，但同时我们也要看到中美国情、制度及文化上的差异，做到全面地认识、正确地扬弃借鉴。

1. 密歇根大学分权制“重心在院”有着四个方面的特有条件

一是有较为充足的资源。密歇根大学“通用款项”预算约为 15.87 亿美元，每个学生平均约 4 万美元，这比南开大学要高出 5 倍以上。因此，即使校级用款仅占 1/3，也是 5 亿多美元。由学校分配给学院的“重点项目支付款”尽管比重很少（仅占 5%），却也有 8 千万美元之多，这还只是一个年度的经费。现在南开大学每年统筹安排的 985/211 经费在扣除队伍建设费用后，大约还不到该校“重点项目支付款”的 1/5，而在资源本来就不足的情况下，往往需要“集中使用”。

二是有可靠的征信系统。在美国，联邦、州、社会充分信任学校，学校也充分信任学院，大家依法守法，各级组织和单位努力践行大学的使命和战略目标。反之，如果各级偏重小团体利益，“上有政策，下有对策”，千方百计钻法律规则的“空子”，则只能导致“集权”。

三是有充分的资源支配自主权。出资人不干涉在法律、规则、合同内的资金支配，这也是该校可以将“财权”下移的重要前提。对比我们，政府对资源管理过细，且政府及社会的问责也全在“校级”，故难以放权。

四是有比较稳定的学科架构。多年来，密歇根大学的学科演变都是以微调方式渐变的，学校控制经费比重虽不大但微调的力度也不小。而我国自 20 世纪 90 年代以来的大规模学科布局调整尚在进行之中，新建学科往往要由学校层面给予特殊支持。

2. 密歇根大学“分权制”的优点主要是调动了学院工作的积极性

“分权制”的优点，一是避免了政策的“一刀切”，较好地照顾了学术领域的特点。在此引导下，学院可以根据自身学科发展目标以及学科特点，在人才引进、晋升、考核等方面，制定符合自身需求和自身发展的规章制度。

二是形成了基层的自我约束机制，提高了资源使用效率。权力下放后，学院拥有了资源自主调配权，相应地，也要担负起有关责任，这有利于促进各教学资源的节约化配置，形成自我约束机制。比如计算机学院的院长告诉我们，该院采用技术手段节省空调、设备、照明耗电，为该校节约了可观的资金。又如，各学院不是向学校“要人”，而是自主选人用人且支付工资，所以对人才要求很高，很严格，力求人力资本投入能产生更大的效益。相比我们，往往在管理层强调效率和节约，而执行层积极性不高，故而难以很好地运作。

三是调动广大教职工的积极性。教授治学、参与决策，使得教师应有的权力得到体现，有利于调动学者及学术组织参与高校管理的积极性。比如学校将研究间接费放在学院，因为间接费是基于研究直接费，自然调动了教师扩大研究收入的积极性。

四是提高对学生的关注度。将学费直接分配到学院，对学生的关注也相应地“下移”到了学院，于是学院将更有动力、更为自觉的提升其服务、培养学生的积极性主动性，使学生得到更好且更直接的服务。

3. 密歇根大学“分权制”同样具有局限性

任何事物都有它存在的条件和利弊。分权制必然也存在其不足，主要是学校这一级在全局层面的调控力度相对不足。据我们私下与密歇根大学工学院、医学院教授交谈了解，该校虽然高度重视学科交叉合作，但由于支持“跨”学科的校级资源投入力度小，所以发展得不够理想，跨学院合作的重大项目也不多。学校调控资源有限，对于新学科的发展支持力度亦不够强，和那些由校级集中支持的学校相比，该校新学科发展得不够快。

总体上看，分权制利大于弊。一方面有利于提高校级层面工作效能，学校可以从一些具体、细碎的行政管理事务中解脱出来，集中精力研究重大问题、规划发展、建章立制等宏观和中观问题。另一方面有利于提高院级层面工作效能，促使学院克服“等、靠、要”的依赖思想，发挥其主动性、创造性，追求更好的发展空间和更高的学术与人才培养声誉。我们曾经问，如果学院乱花钱怎么办？回答是要选好院长，而且学院教师执委会要参与治理。我们又问，如果教授会太保守对新方向兴趣不大怎么办？回答是要选好教授。看来，高校治理最重要的基础是人，是水平高、责任心强、不断进取的教师。

三、对于我国大学权力分配制度的探讨

相比密歇根大学等西方高校，我们感到，众多影响和制约我国高校发展的因素中，缺乏严密、科学、灵活的内部治理结构，是亟需重视和解决的问题。随着中外高校交流合作日益频繁深入，我们完全有可能也确实必须，在坚持中国特色社会主义政治方向的同时，学习借鉴西方一流名校的管理制度和方法，提高我国高校内部治理的质量和水平。

讨论“权力分配”，有横、纵两个方向。所谓横向，是指在同一组织层次上，不同治理主体（如行政机构、学术机构等）之间的权力分配，即多主体“共同治理”问题；所谓纵向，是指不同组织层次之间的权力配置。笔者认为，就我国大学治理结构而言，改善横向权力配

置、实现多元共治、民主办学是首要的。但本文讨论的范围侧重于纵向的权力配置。

通过前面的分析，我们知道，密歇根大学较好地实行了校—院两级分权管理，从而使权力的重心贴近了教学科研的重心。近些年来，我国一些高校已经认识到权力过度集中会使得学校高层难以避免政策规定“一刀切”、缺乏学科针对性等不符合教育科研规律的弊端产生。各高校也尝试将管理的重心逐步放到学院这一层次，下放了一部分原来属于学校的管理权力，探索有效的分权运行和激励考核机制，以构建学校宏观管理、学院自主发展的两级治理模式。

（一）我国高校“管理重心下移”的实施及其效果

1. 事务性权力普遍下放。大多高校采取了“部分下放权力”的做法，将教学、科研、学生思想政治教育等领域的许多具体事务下放给学院，而与之相应的人权和财权则留在学校层级，结果是不能很好地激励学院自主管理的积极性。由于学院办事资源短缺，要发展就只有眼睛向上，不断向学校要钱、要人、要指标，自身改革动力不足、发展活力不强。同时，学校层面由于事无巨细，不仅宏观要管，中观微观也要管，长期下去往往陷于资源分配的困境中，容易顾此失彼、左支右绌，最后焦头烂额，进而贻误学校的发展战略规划、顶层设计和全局思考，阻碍长远发展和办学质量的提升。

2. 人事权力部分下放。也有部分高校进一步扩大放权范围，将有些人事管理权限，特别是涉及学术的人事权下放，更多地交给学院及其学术委员会、教授委员会，实现了事权和人权的院级统筹。这些学校把职称晋升、人才引进、岗位设置、聘任考核方面的一些决定权放在了学院，学院可以结合学科特点和各自实际，自主决定门槛标准、任职条件等有关程序细节的问题。学校层面只划定编制数和岗位类型或是只决定关键岗位的聘任，并根据设定的程序提供服务和保障，对学院依据程序做出的相关决策结果给予确认。这样一来，学院除了在指标上需学校核准外，获得了相当程度的人事工作的自主权。但由于学院受制于学校层面的指标限制，容易出现在职称晋升、引进人才时盲目争取教授指标，而忽视晋升质量等情况。

3. 财权和物权基本不放。在财务支出、固定资产配置等权力方面，各高校基本上不下放，而是由学校统一掌管。这种管理模式导致学院主体意识与调节能力较弱，向学校要钱、要房的利益驱动较为强烈，而且“只花钱不算账”或“只计较小账不算大账”，利益观念强，责任意识弱。

以上情况的形成，是有现实原因的，比如：上级教育行政部门及其他资源提供部门对学校资源使用及工作运行管理过细，且通常将比较重要但又很具体的事务之“第一责任”指向学校主要负责人，上级行政部门中的司局或处级职能部门往往将工作直接“部署”到学校内部职能部门，加之学校的可支配资源与发展需求相比严重不足，“统筹”往往更为有效。然而，权力的层级越高，距教学科研一线越远，决策的针对性越弱，往往层级越高，行政方面发言权越强，学术方面发言权越弱。作为学术组织的学校，其权力的配置宜适应学术运行的规律，而学术的多样性必然对应权力的分散化。

（二）进一步推动学校管理重心适当下移

当前，我国正迈入全面深化改革的新阶段。对高校来说，改革的主题是围绕立德树人根本任务建立现代大学制度。从政府角度，要简政放权，扩大高校办学自主权；从高校角度，要完善内部治理结构，推进内部综合改革，实现校内各种权力要素的规范运作。这就要求我们科学厘清大学集权与分权的利弊，认清现代大学作为以育人为本的现代学术组织的根本使命、发展规律对于治理结构和权力配置的内在要求。从我国高等教育发展的阶段特点与长远需要出发，下决心改变大学管理权限过度集中于校级层面的现象，在保证学校基本面统筹的情况下，学校合理且适度地向学院“分权”，推动学校管理重心适当下移，让学院层面真正实现责任和权力的统一，使办学资源更加合理地配置，增强学院改革发展的动力和压力，进而激发学校的整体活力，推动内涵提升和事业发展。要实现这一目标，可从以下几个方面着力：

1. 完善横向民主治理结构

大学内部治理,某种程度上就是学校各种资源配置的过程。当前,世界各高校都依据本国历史和文化传统,结合自己的校情实际,探索建立了适合本国、本校的大学治理结构,可谓“各有千秋”。总体而言,在这些多样化的个性结构中,一个应有的也确实得到不同程度体现的共性就是“民主管理”。因为,民主治理结构是大学权力实现科学配置的前提。

由于我国高校有着政府办学的历史传统和制度背景,民主管理的氛围和活力相对不足,内部多是“科层式治理”。这种自上而下的制度思维赋予了行政权力过大的范围,加上“重等级”的官本位文化影响,导致了大学内部治理的官僚化,并逐渐形成党政支配学术的权力结构。为解决由此带来的种种问题,我国高校围绕完善民主治理结构、规范权力运行的规则界限等方面问题,做了不少努力,在某些方面也取得了阶段性的成果,但仍然存在许多内外的制约因素,尚未实现真正的“突破”。

要积极把大学权力的科学配置纳入学校民主治理结构改革的考量范畴,从横向上明确各权力主体的职责定位和职能边界,细化有关制度规定,完善具体运行规则,统筹协调党委与行政、学术组织与行政机构的关系,拓宽师生参与民主管理、民主监督的渠道,使横向治理结构更加科学化、民主化、规范化,为纵向权力配置奠定基础。

虽然本文旨在介绍和分析密歇根大学的分权制管理,但笔者并不认为我国各高校要照搬他们的模式,民主治理是前提,符合规律是关键。因此,要进一步认识集权与分权的对立统一性。集与分是权力在不同层级分配的相对程度,没有绝对意义上的分权,也没有绝对意义上的集权。在聚合资源优势、有效贯彻战略目标、增强学校决策效能等统筹调节方面,适度的集权对大学发展是有利的,也是必要的。但在体现大学民主精神、激发学院等基层组织活力、提高发展适应能力、灵活应对多样化挑战、及时处理教学科研一线实际问题的方面，适当分权则可以消弭集权的弊端。只有把适度集权与适当分权结合起来，让学校治理结构中的各个权力要素各归其位、各尽其用，达到动态平衡，才能使大学治理更加民主、管理更加有效。

从我国高等教育发展的现状来看，管理重心下移，适度向学院分权，具有一定的历史阶段性考虑，是当前解决民主治理结构不健全问题、找到大学权力配置平衡点的一个重要的符合实际的选择，也是按照学术规律、针对学科特色、有效配置资源的“规律性”要求。正是从这个意义上，我们讲大学管理的“分权”，绝不是为分权而分权，而是基于理顺学校权力配置方式、优化民主治理结构的目的，最大限度地激发各层级的活力。因此不能盲目地分权、放权，而应综合分析学校实际，依据各自不同情况探索各自的民主治理和权力配置模式，才能将真正激活学院办学活力的权限交给学院，在保证学校层面充分统筹的大前提下，不断激发学院发展的内生动力。校级层面应从事无巨细的微观行政管理中解脱出来，集中精力研究把握学校发展的大局、大势、大事，为学院发展创造良好的环境条件和政策体系。

2. 调整学校、部门、学院三个主体的职能

从适当分权的角度考虑，学校要进一步下放人、财、物的权力给学院，使学院的“虚”权力转变为“实”权力，使学院原有的一些“软”权力转变为“硬”权力。下移至学院的权力应以学术权力为主，包括学科的课程设置权、调整权、科研项目的管理权、教师的聘用权、教学资源的分配权等等。需要注意的是，“重心下移”必须把握好“度”，如果过度下移有可能出现学校整体控制失灵、基层各自为政、资源重复配置等问题。而决策权力如果过于分散也可能衍生效率不高、协同不够、执行力不足等问题，影响学校管理运转的效能。因此，高校需要根据自己的实际状况，来判断管理重心是否下移以及应当如何把握重心下移的尺度。

管理重心下移后，学校应当成为宏观决策与调控监督的主体。

学校工作重点在于把握学校的教育理念、发展定位、战略决策等宏观事务，通过制定和完善制度特别是建立发展导向与控制机制，形成目标管理的刚性约束，使各学院始终不偏离学校整体的既定发展方向，有效防止学校的越位和缺位，以确保学校各项工作规范、有序进行，促进不同主体间利益关系的平衡发展。

学校机关职能部门成为管理运行事务的主体，其基本责任应定位于为学校和学院实现其教育目标、学术追求、社会服务使命，提供高效能的管理与人性化的服务，并且以此作为衡量其绩效的重要标准。

管理重心下移后的学院，则成为拥有教育教学及科学研究方面较多自主管理权责的教学科研主体。要高质量地承担起组织和完成学科培育发展、人才发掘引育、科研协同推进、服务社会对接、学生教育辅导等任务。

建设这“三个主体”，学校这一层要率先转变工作思路，变指挥者为服务者，以服务基层学院作为自身工作的出发点和落脚点。学校要逐渐变微观管理为宏观、中观管理，多了解基层学院的教学、科研实际情况，为统一决策和资源调配提供支撑，并适当抓好重点学科、重点人才、重点平台、重点科研项目等引领性工作。学院更要明确自身作为办学单元的主体地位，变一切都向学校争取资源为主动向外开源、对内挖潜，科学谋划学科发展布局，合理调配自身办学资源，形成学院内部的一整套积极向上的自我激励机制，增添发展活力。

3. 强化保障、监督、考核三种机制

当前之所以存在对我国高校权力运行的种种诟病，很大程度上是因为在社会环境、制度建设、监督体系、考核评价等方面还有不少需要加强的地方。

要完善行权履责的保障机制。外部社会环境不属于高校自身可控范围，却从一定程度上制约着高校办学资源的获取和办学自主权及办学目标的实现，一定意义上也影响着高校内部的治理结构和权力配置模式。从大的层面讲，国家和地方要加大简政放权力度，深化行政审批制度改革，积极推进政府职能转变，创造更加有利于达到“善治”的府际关系，为高校内部治理和权力配置提供示范引导。从具体层面讲，国家教育行政部门和各级各地党委、政府，应严格贯彻执行高等教育法律法规，进一步划清与高校间的责、权、利界限，真正落实和扩大高校在招生、专业设置、教学、科研、定岗定编、职称评定等方面的自主权，并引导建立高校间的良性竞争机制，创造更加有利于高校内部权力科学配置的办学环境。同时，高校要抓住制定大学章程的契机，把学校各层面和各治理要素的责、权、利实现及运行机制写入具有“校内宪法”性质的学校章程，科学界定学校、学院两级管理权限，用制度调节利益，规范权力运行。特别重要的是要进一步健全内部民主管理程序，加大学校民主管理、民主参与的广度和深度，通过加强校务信息公开保障师生和社会的知情权，进而有效地通过学术委员会、教代会和学代会参与民主管理。

要健全有效参与的监督机制。要保证高校的平稳高效运行并防止权力的滥用，就必须搭建对权力的“监督机制”，形成内部和外部不同主体参与的有效监督机制。就内部监督而言，要加强以教师为主的教职工代表大会的职能，完善校、院两级教代会体系，使其真正成为教职工行使民主权利的机构，这也是实现高校监督约束机制的重要途径。与此同时，还要充分发挥好学生会等学生组织在参与校、院民主管理中的积极作用，校长、院长应该每年都像向本级教代会报告工作一样，向学代会作汇报，还要像教代会那样实行学代会提案制，有效发挥学生的监督和评价作用。

要强化科学合理的考核机制。实现“重心下移”后，学校要变过程管理为目标管理，给学院更多发展的空间，兼容各学院依据自身学科发展特点选择的不同发展模式与路径。学院获得了更多的“权”，因此必然要承担更多地“责”。为保证学院发展的方向不偏离学校整体的既定发展战略，有必要建立以目标为导向的学院发展总体状况考核评价机制。学校依据该目标体系，在相对合理的时间跨度内对学院进行考核评价，并向学院及时反馈考核结果，这也有利于学校据此统筹可用办学资源的激励性配置。同时，一个更为关键的因素，是学校要在选人用人和对人的考核评价上有所作为、有所创新，确立一套科学合理的选贤任能机制，选好用好规划学院、学科、学术未来发展的院长，并建立合法合规合情的“问责”制。

对法国、德国、美国一些大学的治理机制分析*

江　波　等**

中国大学在现代治理制度建设和治理能力培养方面取得了长足的进步，但在研讨中国大学治理和制度规则问题时，还是有必要对欧美国家大学治理和制度规则进行更加深入的研究，尤其对某个大学治理规则的具体研究，可以帮助我们对其比较深入地认识和借鉴。

一、大学外部治理环境的变化与大学治理——法国的案例

纵观世界高等教育发展史，各国大学的内部治理都不同程度受到外部政治、经济、社会等环境的影响，大学与外部环境的关系及其内部治理结构、治理方式和内容也是在不断演进之中的。

（一）权力集中的法国教育体制和大学"民主管理"传统

探究法国大学的治理，应与该国中央政府权力相对集中的国家

---

* 本文是合作撰写的成果。第一部分"大学外部治理环境的变化与大学治理——法国的案例"，是由笔者与法国图卢兹大学副校长 Laurent Grosclaude 教授合作；第二部分"德国高校的自治内容、形式和规则——以达姆施塔特工业大学为例"，是笔者与达姆施塔特工业大学校长 Hans Jurgen Promel 教授合作；第三部分"美国大学院系治理和管理的体制机制"，则是与美国辛辛那提大学工学院时东陆教授合作；第四部分"对欧美大学管理规则、程序等问题的一些观察"则主要源自笔者多年的海外工作和学习经历。本文撰写时，华中科技大学教育科学研究院赵炬明教授来访并较全面地对"院校研究"问题谈了自己的看法，这对笔者有进一步的启发，有的观点也引用在文中；同济大学外事办公室的严爱华、李泽君等同志翻译了相关文章。在此一并向以上人员表示由衷感谢。

** 江波，同济大学副校长，博士。

治理体系联系起来。在当今世界许多国家和地区的高等教育管理体制都在发生变化的背景下，法国的教育管理体制一直保持着高度的权力集中。这种集中具体表现在：高等教育政策并不是由各地方决定，而是统一由国家决定，虽然有一些高校为私立性质（如商学院隶属于各地区的工商会），但是高等教育整体上属于国立部门，大学文凭上都加盖由国家统一规定的印章，教师是国家公职人员的基本属性至今未变。法国高等教育体制中的“集权性”是通过法律形式行使的。

在经费管理和学生录取方面也明显地表现出这种集权性。经费方面，国家财政拨款是高等教育机构资金的主要来源，占 70%到 95%，也就是说与法国其他国家公共部门一样，主要依靠纳税收入，很小一部分来自用户的缴费；平均每个大学生年均经费约 10000 欧元，而学生本人每年所缴费用一般不超过 400 欧元。在学生录取制度方面，尽管标榜无需选拔，但是法国每年约 230 万的大学生中，约有 40%的人须在入学时或学习过程中经过严格筛选，表面看筛选是没有人数限额的，实际上淘汰无处不在，例如，要进入“大学校”（Grandes Ecoles，含工程师学校、商学院等）和医科等热门学科学习，在 8 年“本科—硕士—博士”的学习历程中，以及在硕士二年级（M2）和博士入学时都有严格的选拔机制。

同时必须看到，法国大学的内部治理继承了欧洲大学学术文化和自治的历史传统。大学注重“民主管理”，即建立一套完整的使各利益攸关者（教师和研究者、行政人员、学生等）都能参与管理的体系。2013 年前大学最高管理层面建有“管理委员会”（Conseil d'Administration）、“科学委员会”（Conseils Scientifiques，CS）和“学生学习和生活委员会”（Conseils des Etudes et de la Vie Etudiantes，CEVU），各自行使不同的职能。这些机构的设置方式、机构职能等在不同时期可以依法更改变动，总而言之，法国的这种大学自治文化传统和基本原则是通过法律形式得到保障。此外也要看到，对国际范围内存在的其他管理模式，例如管理体制中赋予大学外的人员更为重要的职责，即引入外部参与治理的机制(ex-governance)，法国大学的治理文化似乎还没有准备好予以接纳。

(二) 外部法律规定的变化对大学治理的影响

近十年来，法国高等教育系统进行了深刻的改革，其导火索之一是上海交通大学“世界大学学术排名”的公布。尽管这个排名采用的方法具有争议，但法国大学在这份排名中的位次远落后于英国大学的情况深深触动了法国高等教育界。法国议会、政府和社会有关各界自 2005 年来推动通过了三项相关法律法规，即 2006 年 4 月 18 日“关于研究的法律”和 2007 年 8 月 10 日“关于大学自主权的法律”和 2013 年 7 月 22 日“关于高等教育和研究的法律”。

三项法律的主要情况如下：

1. 根据 2006 年 4 月“关于研究的法律”的规定，同一个地区的高等教育机构可以进行重组，并整合它们的几项权责，以大力提高科研工作效率和质量以及国际知名度为主要目的。据此，自 2007 年起，法国国内陆续成立了 25 个“高等教育研究集团(PRES)”。这些集团联合了本地区的大学、“大学校”和研究机构。根据法律，这些集团是一种互助式的软结构，不影响其成员的独立性和自主性。比如，图卢兹地区的高等教育机构组成的“PRES”，成为新的“图卢兹大学”，要求其所属的所有教研人员在发表学术文章时，都要使用统一的新的“图卢兹大学”的标签。这样具体措施希望达到两个效果：一是增加国际知名度，即让人忽略法国教育系统中的双重性和分离性；二是通过大部分学术论文署名统一的学校，提高国际排名。

2. 根据 2007 年 8 月“关于大学自主权的法律”的规定，一方面国家层面(即高等教育机构隶属的主管政府部门)在设立新文凭、制定入学条件、选择大学课程和设定报名费金额等方面具有决定权；另一方面，大学在人力资源管理以及对已经拨给学校的预算款项的管理方面拥有自主权。就学校的“自主权”来说，这项法律带来了两个变化：一是建立了一套更具有约束性且更有效率的学校管理体制；二是它们对经费预算更加具有自主权。具体来说，根据法律，大学“管理委员会”被定位为具有决策功能的核心机构，委员会成员人数应减少；其他委员会(“科学委员会”“学生学习和生活委员会”)被定位为纯粹的咨询性质的机构。法律强化了管理委员会主席(即校长)的权力，尤其是在招聘教师和研究人员方面。就财政预算方面的自主权看，法律赋予大学管理员工工资的权力，简要地说，就是大学可以自主分配工作岗位，可以给予某个部门优先权。当然，大学在行使这种自主权时，必须承担财政管理的责任，必须考虑薪酬方面的国家法规。

3. 2013 年 7 月“关于高等教育和研究的法律”主要针对大学管理体制，规定了一些更为明确的框架，以规范地区教育机构的重组。有以下两项重要的创新：

(1) 进一步改革大学管理机构，将原有的“科学委员会”(CS)和“学生学习和生活委员会”(CEVU)合并成立“学术委员会”(Conseil Academique)。仅从教育管理上说，这项改革措施是为了让法国教育管理体制更贴近国际规范，其中体现出研究和教育不应分离的理念。与 2006 年规定的 CS 和 CEVU 机构只起咨询作用不同，新的“学术委员会”具有决策权。从一定意义上说，这是为了平衡与“管理委员会”权力的关系。从这样新定义的关系中，我们可以预见“管理委员会”以及在行政执行中起主要作用的校长，与“学术委员会”在法国大学新一轮的治理中，必然要经历新的互相磨合的过程。

(2) 2006 年 4 月“关于研究的法律”启动了以“高等教育研究集团”(PRES)形式进行的地区教育和研究机构的重组。这个重组改革也是 2013 年 7 月“关于高等教育和研究的法律”的核心内容之一。2013 年的法律，要求隶属于政府高等教育和研究管理部门的教学研究机构，即所有的公立大学(含大学和多数“大学校”)都必须执行法律，进行重组(其他少数特殊高等教育机构可以选择)。有三种从简单合并到融为一个实体的重组形式：

第一种是按“协会”(Association)方式进行。这是一种最轻松的联合，相关教育机构签订一份协议以确定他们计划联合的权限，不成立任何新的实体。

第二种称为“大学和教学机构联合体(Communautée des Universités et des Etablissements,COMUE)”。这种模式需要成立一个新实体,或将上述已建立的“高等教育研究集团(PRES)”转成“COMUE”,成员机构将他们的部分权力和财务预算转交给这个实体,其他方面仍保留独立自主性。这种联合体形式目前是大部分高等教育机构所选择的。

第三种就是全面融合成一体。这是指已有的学校不再存在,共同并入一个统一的实体中,该实体只有一位校长、一个管理委员会和一个学术委员会。目前,波尔多、马赛和斯特拉斯堡三个地区的高等教育机构实行这样的改革。

4. 为推动三项法律的实施,法国政府利用其“集权性”,以“国家投资计划”为改革抓手,推动高等教育的改革。“国家投资计划”中有两项已经参与并将继续作用于法国高等教育和研究的改革和建设。两项计划是:

(1) 2008 年发起的“校园计划”(Plan Campus),其目的在于翻新大学基础设施,以促进法国高等教育研究形成若干国际知名的集群。“校园计划”总投入金额约 50 亿欧元,已确定支持的项目是从 40 多份申请中严格挑选出来的。

(2) 2010 年发起的“未来投资计划”(Investissements d'Avenir),通过促进教育机构或者研究实验室的重组,使其成为新品牌,最终要在法国成立 8 个到 10 个“卓越集团”(Pôles d'Excellence,IDEX)。该项目强调以研究为轴心,追求学术卓越,具体支持通过招投标方式,对支持的项目采取多种形式的资助。2010 年起已开展几次招投标,例如“科学器材项目”(EQUIPEX),“实验室项目”(LABEX)和“教学创新项目”(IDEFI)。目前已有 8 个“高等教育研究集团”被选定为“卓越集团”,其中 4 个在巴黎,另外 4 个分别在马赛、斯特拉斯堡、波尔多和图卢兹。根据项目评估,“未来投资计划”为每个集团提供 7 亿到 9 亿的资助,这些“卓越集团”在 2012～2016 年的 4 年考察期内不能直接使用拨款，只能支配相应拨款3.2%的年利息。对顺利通过考察期结束评估的“卓越集团”，则可获得全额拨款。“卓越集团”建设中有一点非常重要，即所得到经费拨款中的大部分要用于支持高水平研究工作，特别是要设立“国际教授职位”，目的在于吸引高层次研究人员。

从以上介绍中可以看到，外部法律规定变化对大学治理的影响是明显的，也能看到法国的这种“集权性”改革的多面性。首先，近十年来法国的教育系统发生了决定性的转折，尤其是在管理体制上。国家干预的主要目的之一是要简化法国教育管理体制和系统，一方面减少管理的参与者，重新定义和平衡大学内部治理的各方权力；另一方面通过教学科研的重组，既可以提高国际知名度，也能够精简高等教育机构，减少公共开支。其次，这些法律法规的执行明显表现出法国教育管理体制的“集权性”。法国政府推动这些立法改革的隐含目的，是将鼓励追求卓越与推动大学加强内部治理紧密结合起来，比如，获得“卓越集团”的标签同时也表明，该集团要即刻履行其进一步加强相关教学研究机构“实质性合并”和全面推进治理改革的承诺。再次，从教育角度看，这些法律法规的实行旨在促进法国高等教育的国际竞争力。但是，法国高等教育系统面对的挑战仍然很多。改革措施或许实际上造成高等教育机构自主权的削弱，改革并没有直接回应法国民众关注的两个有关教育公平的主要问题，即大学的入学选拔和大学注册费金额，这样的改革也许与西方传统大学文化中强调的“自治”与“公平”背道而驰。由于预算经费管理权力的下放和大学员工工资水平上行的要求，造成有些大学运行经费压力加大，而责任也并不在大学本身。最后，法国大学治理的文化传统和基本原则，使得高等教育系统的改革只有在各方当事人高度赞成的情况下才能推进，因而在法国实施改革往往需要更长时间，改革的合法性和可持续性要以时间代价来换取。

二、德国高校的自治内容、形式和规则——以达姆施塔特工业大学为例

相比法国的高等学校，在外部治理环境方面，德国高等学校近年来面临的变化相对较小。在德国，政府高等教育管理部门拥有监督学校遵守法律和其他法规的权力，此外没有直接的手段干涉大学内部事务。在经费管理、组织机构、教授聘任等方面，德国大学已经依法从他们的主要投资方（联邦州政府）那里获得了越来越多的自主权。德国的黑森州的高等学校可以说是走在最前沿。达姆施塔特工业大学的自治现状就是一个很好的案例。

（一）德国高等教育的自治

在德国，大学自治的定义通常包括以下具体内容：学校能相对自由地使用资金，且可将剩余顺延至下一年份；学校负责所有的员工事务，以及学习项目、课程体系、研究、组织结构以及质量管理等；学校设立无政府成员参与的监督机构，以监管学校的行动和决议；学校负责地产、建筑物和基础设施的建设和使用分配。

政府和大学之间签署多年期的“目标协议”，协议中的任务明确与政府资助数额挂钩。在黑森州（在其他多数联邦州也一样），大学和高等教育部共同商议为期 5 年的目标协议。协议中明确大学发展的总体目标（每年招生人数是主要内容之一）。在黑森州，州政府和大学之间的目标协议还会附加一个涉及高等教育预算的 5 年期经费合同，黑森州各大学（包括达姆施塔特工业大学）基本预算的总金额和分配规则由此确定。

达姆施塔特工业大学根据一项单独的法律，即“达姆施塔特工业大学法”（TU Darmstadt Gesetz），享有比大多数的德国大学更大的自主权。近年来，其他州的一些大学也将“达姆施塔特工业大学法”的部分条款增加至它们的法律之中。

（二）自治的权利和责任

达姆施塔特工业大学在经费、人员、学习项目、研究、建筑物方面的自治权利和责任如下：

1. 经费

(1) 大学从黑森州政府获得的专项拨款,即“整体预算”是其基础经费,约占年度预算的60%。只要是在学校的研究、教学和技术转移的总体任务范围内,学校可以自由支配预算。一个财政年度内未使用完的资金可以被完全顺延至后续年份。近年来,与政府签订长期合同的方式帮助大学在州政府年度预算决议中获得了特权地位,即使削减短期预算也无法影响到大学的正常运行。

(2) 政府保留一定数额资金,对一些不同资助渠道的专项资金(约占年度预算的10%)进行管控。为了达成某个年龄段学生比例增加的政策目标,会有一笔额外资金用于招生。黑森州还拥有自行资助的研究项目。另外,大学约30%的年度预算来自于黑森州之外(国家的/欧洲的资助机构和企业)专用于研究项目的资金。

(3) 为保证从专项经费到总体预算的执行符合法律要求,大学必须接受外部有资质的财务审计公司对年度账户进行财务审查。

2. 人员

(1) 通常来说,德国大多数大学聘用教授的程序仍须政府批准。这不仅让聘用过程变得漫长,也把政府部门放到了一个可以控制大学学术发展的地位上。达姆施塔特工业大学却可自行聘用教授,无须通过政府批准。学校自行制定招聘程序,依据较高的学术标准评判应聘教授,迅速做出决策。

(2) 对达姆施塔特工业大学来说,其自治还表现在学校能以雇主身份聘用其他类型员工。对于德国其他大学来说(除了少数例外),即使学校挑选了自己的员工并从预算中支付其薪水,但仍须通过州政府正式聘用,而不是由学校决定。虽然罕有发生,但原则上来说,这些雇员是可以被调用至政府或行政单位其他岗位的。

3. 学习项目

达姆施塔特工业大学无须政府批准就可以自行设立新的学科或者终止已有学科。“资金模式+目标协议”保证了学校将会一直保留有需求的教学项目的运行。大学内部的质量管理体系(包括对学院机构的评估)以及外部机构对项目每五年的办学质量认证,保障了每个学习项目的质量。

4. 研究

(1) 原则上说,德国大学聘任的教授可以完全自由地选择研究主题和研究方法,这种研究自由受到德国宪法保证。而实际上,研究方向的选择,要受到教授的聘任决议、个人的自我提升诉求、学校内部重点研究领域的形成和合作研究项目等多方面因素的影响。在德国大学里,研究工作所聚焦的领域和方向,常常是在学校和学院整体要求以及教授个体之间的相互作用下形成的。在达姆施塔特工业大学,情况亦如此。

(2) 外部资金支持对研究工作是一种重要的激励。获得用于研究的外部项目资金,可以大幅提升学校经费。在达姆施塔特工业大学,外部项目经费已占学校年度预算的30%左右,最大一部分来自于联邦政府(如"德意志联合研究会")或欧盟委员会的研究经费支持。这些外部经费支持的研究项目的获得均需经过严格的同行评审过程。

5. 建筑物

大部分德国大学的建筑物由州政府机构建造和维护,所有权归州政府,大学可以免费使用。达姆施塔特工业大学的情况特殊,它可自行建造新的建筑物,并负责维护。学校每年会收到政府及有关方面的地产和建筑物专项预算,用于维护维修、建设新空间和实验室,研究型用途的新建筑物和科研基础设施的建造另有拨款。此外,达姆施塔特工业大学享有作为业主的大部分权利,如买卖地产和建筑物,无须得到政府批准。

(三) 大学内部的治理和管理

与大多数德国大学一样,达姆施塔特工业大学层面的管理机构有3个:一个管理委员会(成员由大学所有团队选举产生),一个执行委员会以及一个监事会。

1. 管理委员会是一个由被选举者组成的机构,代表学校的所有团队(包括教授、学术性员工、非学术性员工、学生)行使权力。管理委员会有三项基本权利：选举执行委员会的成员，在教授聘任上有发言权，在所有学术事务中有发言权。

2. 执行委员会由校长(president)、校务长(chancellor)和若干副校长(vice presidents)组成，负责与州政府和校内各学院协调统筹目标协议制订、战略规划、财务决策、教授聘任、学习项目的引入和终止等事务。达姆施塔特工业大学的执行委员会拥有很强的决策能力，有向不同人员汇报情况的义务。执行委员会与管理委员会共同讨论重要决议，并做年度活动的报告。此外，执行委员会还须就监事会提出的问题给予答复，并且须向高等教育部进行汇报。

3. 监事会是德国大学中近年出现的机构，是德国大学自主性不断增强的必要元素。该委员会成员由州政府的高等教育主管部门任命。委员会除了对执行委员会进行监督之外，通常也负责甄选竞选校长的候选人。达姆施塔特工业大学的监事会由来自其他大学的富有经验的成员(包括前大学校长)、研究人员(包括诺贝尔奖得主)、企业界人士(包括大型公司的董事会成员)以及民间团体人员(包括一名记者)组成。高等教育主管部门不派代表进入达姆施塔特工业大学监事会，但会受邀参加相关会议。

达姆施塔特工业大学的发展目标和任务要靠各学院落实。校长与各学院商定目标协议。目标协议基于机构评估，同时包括外部同行评议。目标涉及结构发展、学习项目、研究聚焦领域，以及对将来教授职位空缺的填补方案等。基于一套经费核定公式(其中包括绩效指标等)，大学确定学院年度经费预算。根据学院与大学执行委员会签订的目标协议，学院可以相对自主地使用此预算。

三、美国大学院系治理和管理的体制机制

研究欧美现代大学治理问题，不仅要关注其学校一级层面，更要关注其院系管理的基本体制机制。从西方大学的发展历史看，大学管理问题的起源在大学的最基层，即教授—系—学院。欧洲最早

的大学是具有“行会”特征的组织，自我管理是其自身发展的要求，并以此为基础逐渐形成一套制度、机制和规则(包括潜规则)。这可以在牛津、剑桥大学的各学院里清楚地看到。美国大学的内部治理文化深受欧洲特别是英国的大学治理文化的影响。

(一) 美国大学院系管理的思想基础和基本体制

欧美大学所谓“教授治学、治校”理念是西方科学思想发展史的重要部分。美国大学沿袭欧洲特别是英国大学的传统和理念，这种传统和理念与欧洲科学思想的演进密切相关。西方社会历经文艺复兴、现代科学诞生、思想启蒙运动、知识分子运动、洪堡学术独立等思想运动，欧洲大学在此期间也不断发展进步。这也是所谓“教授治学、治校”的发展史。随着现代科学教育系统完整建立，社会对于科学的认识和尊重日益增强。科学(包括人文科学)社会的主体是科学学会和科学家，其根本性质是独立于一切思潮、政府、宗教，这也是科学社会的思想基石。大学教育与科研系统全方位地贯彻这种思想，认为任何有悖于科学传统和精神的行为都必须极力批判，并排斥在校园之外。在这种精神的指导下，每个教授都有权质疑系、学院、学校违背科学的活动和行为，其权力依法得到保护，这也是建立“教授终身制”的重要原因之一。

美国大学内各学院的管理主要有两套体制机制：一是行政，以院长、系主任为核心；二是学术，以学科主任为核心。两者俨然分开，但相互关联、支持。具体说明如下：

首先，“院”“系”是行政机构，具有对行政资源的调控、管理权。但“院”“系”不是学术学科。一个系可以仅有一个学科，比如机械系与机械学科在一起，也可以管理数个学科，比如机械系可以有机械和材料两个学科，甚至更多，如工业工程学科、核工程学科等。作为系编制的工作人员完全是为了支持学科发展而雇用的。美国大学院系管理的体制机制秉承“尊重学术，尊重教授”的原则，行政管理部门的定位是服务性质的。一个院长可以决定罢免副院长、系主任，但不能取缔教授的学术头衔和学术职位。目前，美国大学的“系主任”有两种类型：一种叫“Department Chair”（这种情况目前在美国大学较为普遍），另一种叫“Department Head”。虽然各校情况和系主任职责划分不太一样，总体上说，前者更着重通过组织、召集、协调来主导系里活动，相对比较民主；而后者则有更多的决定权，相对权力较集中。

其次，“学科主任”对“学科”事务（Program）负责，具体负责本学科针对本科生与研究生两个不同层次学生的教学科研工作。如果系主任不是学科主任，则无法直接干预学科事务。学科内部的学术活动，比如教学大纲设置、教学课程编排、教授教学分配、本科生和研究生学位评审与鉴定，都由学科主任负责，行政权力不予干涉。学科主任与本学科的“学科教授”（Program Faculty）和学术委员会共同决定学科内部活动。每个“学科教授”都归属某个学科，这是在大学层面注册记录大学教师的法定学术职位。比如材料学科，“材料学教授”（Professor of Materials Science and Engineering）的头衔具有特定的学术意义。只有具备这个身份的教授，才可以参加学科内的活动和组织，比如学科的论文委员会、博士生资格考试委员会、教学大纲委员会，没有这个身份者则无权参与。每个教授的终身教职均归属该学科。如果学科教授希望在另外一个学科兼职，必须经过申请，由对应学科的教授进行审核并投票认可。审核依据是该教授是否从事与对应学科相关的科研。

（二）院系章程、治理机制和主要任务

美国大学各院、系的治理和管理经过长期积累发展，已经形成了一套能促进自我发展、自我约束、自我提升的体制机制，主要表现为：

其一，各院、系都有自己产生的“章程”（Bylaws）。这些章程面面俱到，十分详细，而且在网上公开。章程包括各级行政领导的职责、聘用年限、权力范围；包括各教授的职责、晋升、奖罚和引进机制等等。章程必须相应地经过院、系教授讨论修改，然后投票通过。任何人，包括教授，学生，行政人员都可以根据这个章程挑战或者质疑院、系在操作上不合理的地方。各院、系以此为依据建立制度性的工作规范。各院、系定期召开全体会议，讨论相关事宜，如果需要表决，则按规则进行投票表决。

其二，各院、系内，与行政和学科相关的还有另一套制度保障系统，这就是各类委员会，分为学术性质和工作性质两类。学术类别的委员会包括教授晋升委员会、教学大纲委员会、博士论文委员会等；工作类别的委员会包括院系设置的工作班子，比如系主任或院长招聘委员会、教授招聘委员会、工业界合作委员会、教育质量评估委员会、教授咨询委员会、教授参议院委员会(Faculty Senate Committee)等。根据院系章程，这些委员会分工不同，成员一般由院长或者系主任推荐、指定，也可以投票选举。

其三，选聘教授、系主任、院长靠制度保障。(1) 大学学校层面最为关注院长的聘用。招聘院长的委员会委员可以由学校推荐、教授投票产生，然后实行全球招聘(需要时也借助猎头公司)。候选人经委员会挑选后应邀来学院向全体教授做报告，回答教授关心的问题，提出自己的发展理念，有的还被要求与学院的师生员工们有一定时间的实质性接触。最后院长招聘委员会把候选人按档次排名，提交主管校长做最后决定。整个过程，每个教授都有权参与，提出意见。(2) 系主任的聘用与院长的聘用流程十分类似。但是因为系主任要负责教学，所以候选人也会面对本科生讲演，甚至由师生共同投票决定最后候选人，然后推荐给院长定夺。院长一般会尊重师生的决定。(3) 教授的聘用，通常是由学科主任、学科教授主导。学校一般把教授名额下放院系，由院系组成招聘委员会，在全国乃至全球招聘。学校人事管理部门以服务为主，辅助办理申请材料，不参与和干涉招聘工作。按招聘程序由委员会最后筛选确定3～5名候选人，邀请面试，一般候选人要做公开学术报告，然后由主要教授分别面试，并写出评语，提交招聘委员会讨论，挑选最佳人选，并提交院系做最后决定。各院系着重考虑对学科发展方向有突出贡献的候选人。选聘工作的核心是在大学基层首先建立一套有效的制度。

其四，院系的新学科建立也由教授主导。比如需要建立生物医学工程学科，就要先设立学科建立委员会，制定方案（教学大纲、经费预算、学生来源等），并向学院提交申请报告，由学科委员会讨论投票决定，然后在全院教授大会上表决通过，再提交大学相关学科委员会审定，最后还要由大学理事会(Board of Trustees)讨论通过。如果是州立大学，则需要向州政府提交申请报告，由州政府按照本州需求、学科分布、企业就业等因素决定是否批准其建立该新学科。学科建立之后，院系首先关心的是生源和学科办学质量认证。如果生源达不到规定名额，无法支撑这个学科，学科就要被取消。

（三）学科的办学质量是对院系领导问责的根本依据

美国大学对院系领导的根本要求是学科质量的提升。为了获得业界的认可，每个学科必须得到学校内部和外部质量保障体系的监督。美国的办学质量保障制度伴随美国大学的发展而不断完善。学科的专业认证是办学质量保障制度的另一个维度。以工程教育的外部认证为例，每个学科只有经过"工程技术认证理事会"(Accreditation Board for Engineering and Technology, ABET)①的认证才能够说具备业界认可的教学实力和学术背景。

大学院系非常重视学科质量认证，认证一般每六年一次，负责认证的同行评议委员会由各学科教授组成，审核内容包括学科举办目标任务、生源、就业方向、教学大纲、教科书编排、作业布置、考试题目等等。为了接受认证审核，院系组织教授认真准备，把所有审核材料打印成册（包括批改过的作业和考试），材料必须包含从上次审判到这次六年间的教学大纲、教科书、参考书。这就要求每位教授在上每一门课时，就有意识准备材料（包括学生评语、预期目的

① "工程技术认证理事会"(Accreditation Board for Engineering and Technology, A-BET)是美国"高等教育认证委员会"(Council for Higher Education Accreditation, CHEA)认可的认证机构，其在工程学科质量认证上的权威性也得到国际认可。详见 http://www.abet.org 网站。

等)，并用规范表格列出，由师生们一一填写备案。学科建设的自评报告论述详细，资料浩瀚，面面俱到，有时达几百页有余，学院甚至雇佣职业人员帮助组织修改。相关认证委员会在经过数日仔细审核之后，给出评语，给予 3～6 年的认证期。对没有通过认证的学科，则会提出建议，待改进后再次审核。

大学院系领导不仅关心学科质量认证，更关心生源和生源质量，同时还格外关心毕业生的就业率。一般州立大学的学生都以在本州就业为主。美国大学的学科，尤其工科与业界挂钩紧密，一般会邀请业界主管成立院或系级别的业界委员会，为学科提供反馈意见，甚至参与教学大纲的制定或修改。比如，宝洁公司需要高分子工程师(尤其在软物质领域的人才)，就会联系大学工学院学科主任，建议开设相关课程。这种模式一方面服务企业，另一方面为学生提供就业机会。但是大学为了保持学术独立性，一般只会在一定的范围内考虑业界需要，不会完全迎合。大学教授有自己独特的教育理念，强调学术独立，不愿受社会和业界的干扰，他们与业界在培养人才、发展学科方面存在一定的分歧，但他们之间的互动交流正是开展教育、支持社会的重要动力。

四、对欧美大学管理规则、程序的一些观察

深入研究欧美大学的发展史及其治理理念、管理制度、规则文化等，对推进中国大学治理现代化，会有很好的启发和帮助。这可以从以下几方面看出：

(一) 中国大学制度从形式上模仿西方

历史地看，中国大学制度在相当程度上模仿了西方大学内部制度和管理的形式，比如，学位制度(学士、硕士、博士)、管理制度(学院、系、研究所、中心)、系统形式(所有大学体系的职称和名词，如：校长、院长、系主任等)。但这只是形式。深入看，西方大学的建设发展“由下而上”的路径特点明显，而中国大学的建设发展路径则具有“由上而下”的特征。这两条不同的发展路径是由中西方不同的

历史条件、政治社会经济文化背景等许多因素决定的。在我国当前推进高等学校章程建设、实现治理能力现代化的背景下，更需要对事物发展规律有清醒的认识，而不是只看到形式。不管什么样的发展路径，提高大学治理能力的根本目的仍然是“尊重知识，尊重人才”和“立德树人，培养人才”。中国大学在现代大学制度建设上已经有了自己的传统和经验，必须认真加以研究[①]。同时，在扩大对外教育交流与合作时，只有深入了解对方，才能更准确地介绍中国自身的现代大学建设经验，才能更有“道路自信”。

（二）欧美大学治理模式各有特色

对欧美各国大学外部关系、内部治理结构、管理制度机制等不能一概而论，各校模式不同，各有特点，取决于其历史传统和现实处境。有的学者认为，欧洲历史上的传统学院规模小、结构简单，容易形成共同价值、共同目标、共同制度、共同行为规范，变成学者学生共同体。[②] 这种共同体是中世纪以来传统大学管理的组织基础，但是现代大学规模扩大和学科分化，使得这种共同体不复存在。校内学术单位越来越多，有众多彼此疏远分离的利益群体，各自为自身利益相互斗争，学校整体利益变得不受重视。在欧美，大学教职工组织逐渐工会化，学生组织也开始变成利益群体，强调维护自身利益，要求对学校问题发表意见，并派代表参加校董事会，传统的师生、校生关系发生了根本改变。这样一来，公共治理结构、民主决策、科学管理、科层制度、管理专业化，再加上被改造过的高校自治和学术自由传统，就共同构成了欧美现代大学管理制度的几个基本要素。

（三）研究欧美大学治理的三个前提

研究欧美大学治理，有三个前提是明确的：一是法律对高校办学自主权有明确界定；二是欧美社会包括大学在内的各类组织有一

---

① 吴志攀，《现代大学制度的“本土资源”与“道路自信”》，张国有主编：《大学理念、规则与大学治理》，北京大学出版社 2013 年版，第 180-186 页。

② 摘引赵炬明在同济大学谈“院校研究”问题时的有关看法。

套逐渐完善的规则体系；三是高校作为公共团体组织必须被问责，目前已经有了一套较健全的问责制度和办学质量保障制度。没有办学自主权，大学就不能因地制宜地自行制定发展规划与管理制度；没有组织运行规则和程序，大学自主管理、自我约束、自我发展便无章可循；没有外部问责制度，则无力推动大学提高办学质量与效益。本文前面已对第一个前提作了较细的讨论，这里对第二、三个前提谈些笔者的看法。

1. 欧洲中世纪的大学里集中了来自各国的求学人员，他们都使用拉丁语进行交流，他们遵循着所在组织特有的学习、生活规则并逐步完善，把它们传扬出去，同时也不断吸收和学习外部社会组织的规则。大学的学习者被要求成为“绅士规则”(Gentlemen's Rules)的捍卫者和倡导者。工业革命后，组织的管理规则和程序细节被越来越规范化，并与西方民主和商业文化密切关联。最典型的例子就是那部近140年前出版的《罗伯特议事规则》，这是对西方规则文化的全面总结、梳理、规范和发展，已经成为西方几乎所有组织遵循的议事规范，直接面向实践、面向细节、面向可操作性。这是一部思想丰富的“工具书”，既涉及基本法治思想（民主、权利保护、权力制衡、程序正当、程序性竞争、自由与制约、效率与公平），也指导如何提出议事事项、听取和发表意见、提出动议和表决，并对董事会和委员会、公众集会和组建社团、章程、代表大会、纪律审查等都有详细规定，其对规则细节重视之程度令人惊叹①。笔者先后参与过许多国际上组织和大学的活动，深感《罗伯特议事规则》根深蒂固的影响力。相比较，中国的高校管理，无论是规章制度还是办事行为，对于细节和规则、规范的重视不够，许多工作遵循的“规则”是放在脑子里的、是凭经验的，而不是通过白字黑字规范化的。这种情况多出现在校级层面，而在院系一级似更严重。但是我们不应照抄照

---

① 〔美〕萨斯坎德、〔美〕克鲁克香克：《打破罗伯特规则》，李伟明，冯颖玉译，社会科学文献出版社2008年版。本书虽然质疑了“大多数规则”及对改变“罗伯特规则”后西方人长期习惯的议事方式提出建议，但不是从根本上否定西方社会的规则文化。

搬西方的东西，而是中国大学必须要有紧迫感，抓紧构建好符合我国国情的大学工作规则。

2. 中国政府正在积极推进“管、办、评”分开的大学管理体制，而目前的挑战是，全国性、地区性的专业组织不够成熟，能力亟待加强。从美国大学外部对大学的问责模式发展看，相继建立的地区性和全国性的专业协会能够较快地在评审、监督、指导本专业和本地区教育的发展方面，发挥积极作用。这些协会的重要功能之一是制定教育从业与职业标准，并负责对各校的相应专业进行定期检查，促成建立全国性职业与学术标准。制度化的高校办学质量认证从此形成，而专业行会与高校联合管理学术成果质量的体制形成。这个体制对稳定和提高院校学术成果质量作用巨大。这些协会的标准成了大学学术管理的基本参照，大学、院系和教师都不能闭门造车，自行其是。对绝大多数学校来说，使本校教育达到这些专业标准并通过专业协会的定期检查，保证学校声誉、生源和财源。

3. 在欧美大学发展过程中，大学外部对大学的问责，促进了现代大学的发展，是大学治理的重要方面。以美国为例，社会对大学有较强的问责意识和制度，乃是经过100多年的发展的①。卡内基教育促进基金会首任主席普里切特指出：“所有高校，无论是靠政府资助还是接受私人捐助的高校，都是公共服务机构。公众有权了解它们在管理和发展方面的事实，包括财务和教育方面的事实。”1909年科学管理专家库克对哈佛大学等八所大学管理效率进行调查后得出结论：“从工商业来的一般管理原则……在大学里完全不见踪影。”此后，由社会发动的对高等学校的检查越来越多，使高校意识到，社会问责是其必须认真对待的问题，社会认同对学校生存是重要的。现在的问责有政府为主、社会为辅，社会为主、政府支持，政府与社会并行等形式。面对外部问责和高等学校效益问题，哈佛大学前校长埃利奥特表示，可以接受科学理性原则，但不接受企业管

① 此观点来自赵炬明在同济大学谈“院校研究”问题时的有关看法。

理原则，“教育的效益不能是物质性的、单一的、功利的，它必须是理想主义的、人性的、激情的。否则教育就达不到自己的目的”。关于功利和理想的讨论是有意义的，可以促进大学的积极发展。一些学校开始增选工商业人士担任学校董事，推进管理程序标准化，强调数据为基础的决策方法，实行管理岗位专业化，增加专业岗位和专业管理人员，聘用受过专业训练的博士或硕士担任中层甚至高层管理者。由此，以改进学校工作、提高管理效益为目标的“院校研究”应运而生，其价值是以真实数据作为决策的依据和参考。如果数据弄虚作假，通过研究改进工作的可能性会被阻断。中国政府教育主管部门大力推进的高校信息公开，将会进一步促进针对中国特色高校组织与管理的研究。

澳大利亚大学的治理结构与管理模式

——以新南威尔士大学为例*

李文胜**

2011年5月，我有幸参加了由中国教育国际交流协会(China Education Association for International Exchange)和澳大利亚大学协会(Universities Australia)共同举办的“中澳大学校长领导能力建设项目”第七批培训团的培训。该项目得到了中澳两国教育部的支持，项目的宗旨是帮助中澳高校领导者之间建立工作伙伴关系，以促进两国高校间的交流与合作，推广两国高校管理者在领导方面的有益经验，特别是为两国大学校长深入了解中澳两国高校的管理体制和管理方法提供机会。项目采取蹲点的形式，培训团的每个人以“挂职”副校长的身份跟随对方大学一位副校长参与日常管理工作，在管理决策实践一线直接进行考察培训，了解对方大学的教学、科研、人事、财务及行政管理等情况。本文将在澳大利亚大学的视野下，以新南威尔士大学为例，向大家介绍一下大学的治理结构和管理模式(Governance and Management)。

澳大利亚的高等教育机构由42所大学和150多所高等职业学院(TAFE)构成，其中仅有3所大学为私立，其余大学和学院皆为公立。除了教育部之外，还设有“澳大利亚大学协会”，成员主要由39

---

* 中国教育国际交流协会和澳大利亚大学协会(UA)安排笔者在澳大利亚新南威尔士大学(University of New South Wales，UNSW)参加了为期两周的“挂职”培训，本文即对此行的总结和思考。

** 李文胜，北京大学校友工作办公室主任，北京大学校友会副会长兼秘书长、北京大学医学部党委副书记。

所公立大学校长构成，秘书处有少量专职工作人员。该委员会作为非政府组织负责大学间的交流、教育质量的评估等工作。

2010 年，全澳在校大学生超过了 100 万，其中研究生近 30 万，外国留学生近 30 万，在留学生中我国学生最多，有近 6 万名。2008 年全澳高等教育运行经费 184 亿澳元，占 GDP 的 1.5%，其中政府投资占 46.3%；科研经费 28.07 亿，约占 GDP 的 2%。全澳高校员工 10.9 万人，其中教师近 5 万人，生师比约为 20∶1。

一、新南威尔士大学(UNSW)概况

新南威尔士大学是一所建立于 1949 年的公立大学，是一所研究型大学(Research-Intensive University)，由九个学院组成。该校是澳大利亚最好的 8 所研究型大学联盟(Go8，Group of Eight)的成员之一，同时是面向 21 世纪国际著名大学网①(U21，Universitas 21)成员之一。新南威尔士大学建立时主要设置了科学和技术学科，包括工程系、科学系和建筑环境系，后来才陆续设立了人文和社会科学、商学、医学、法学、军事研究和艺术学系。正如该校校长席默(Prof. Hilmer)教授所说，该校建立之初就是以美国的麻省理工学院为模板，以科学和技术学科见长。该校的传统是"持续创新，专注于实践应用和影响"。

学校教职工人数 7700 多人，其中学术型教师近 5000 人，职业、技术型教辅人员 2800 多人；学生人数 52000 多人，其中国际学生近 15000 人，国际学生中，中国学生大概占一半左右；本科生就业率为 86.1%，平均起薪为 55000 澳元，研究生就业率为 89.4%，平均起薪为 83000 澳元。在 2010 年的 QS 世界大学排名中，UNSW 排名第 46 位。

新南威尔士大学是澳大利亚第一所国际化的大学，从 1951 年就开始招收国际学生，学生背景多种多样，学生来自于中国、美国、

---

① Universitas 21 是由来自 15 个国家的领先的研究型大学组成的民间组织，北京大学、复旦大学、上海交大、香港大学等也是其成员，该组织为学生的国际化交流搭建平台。

英国、日本等120多个国家。新南威尔士大学有着全澳领先的商学院(Australian School of Business,澳大利亚商学院,简称ASB),该校商学院的在校学生12000多人,占全校学生总数的四分之一左右。在英国的Financial Times的MBA项目排名中,UNSW的商学院排名全澳第一、全球第35。工程科学也是该校擅长的领域,在校生9300多人,每年的经费大概是14亿澳元,其中44%来自于政府,32%来自于学费。

二、新南威尔士大学的治理与运行架构

澳大利亚大学的最高领导机构是大学理事会(Council),这个理事会的主任称作"Chancellor",一般是由有名望、有社会影响力的人士担任,这个人不参与学校的具体事务,只参加重要活动,如学生的开学典礼、毕业典礼等等,他不在学校拿工资,一些跟学校事务相关的花费由学校承担。这个大学理事会负责聘任副主任兼校长(Vice-Chancellor and President),校长聘期一般为5年。

新南威尔士大学的权力运行都是按照《新南威尔士大学章程1989》(*the University of New South Wales Act 1989*)来进行的。新南威尔士大学的大学理事会是大学的最高权力机构,按照大学章程组建,该理事会代表大学管理学校的各项事务,并提升大学的目标和声望。2011年,该理事会由15人组成,分为如下四个部分:第一部分有3名办公室官员,包括理事会主任,副主任兼校长和学术委员会主席;第二部分是政府相关部门任命的2名成员;第三部分是理事会任命的5名成员;第四部分的5名成员,是师生选举出来的代表,其中,有2名成员是学术教师代表,1名成员是非学术的教职工代表,2名成员是学生代表。由理事会任命的5名成员和师生选举产生的5名成员任期都是2年(只有1名选举产生的研究生代表任期是一年),便于开展工作。

该理事会每年召开六次会议,主要讨论学校的战略规划、远景蓝图、荣誉学位授予、学生事务、审计工作、金融、财政工作、风险管

理等工作。

新南威尔士大学的日常运行决策机构(UNSW Vice-Chancellor's Advisory Committee,VCAC)由校长(Vice-Chancellor and President)、常务副校长(the Vice-President and Deputy Vice-Chancellor)、学术委员会主席(President, Academic Board)、副校长、所有九个学院的院长以及一些高级部门官员组成(详见附表2),共有23人,这是学校核心的为校长提供决策依据的日常运行决策机构。这个委员会每两个星期由校长组织一次会议。

新南威尔士大学的校长是大学的首长,最高执行官,根据学校理事会确定的学校发展战略、发展目标管理学校的教师、职工以及学校的物质和金融资产,管理学校的预算,把握学校总体规划的方向并开展对外关系。校长下面设有两个常务副校长(the Vice-President 和 Deputy Vice-Chancellor),分别负责学术和研究方面的工作,他们直接向校长汇报。2013年以后,学校新增了三位副校长,分别是分管财务和运行的副校长(Vice-President, Finance and Operations),分管大学服务团队的副校长(Vice-President, University Services)和分管学校发展的副校长(Vice-President, Advancement)。

负责学术工作的常务副校长(the Vice-President and Deputy Vice-Chancellor (Academic))下面设有两位协助他工作的副校长(Pro-Vice-Chancellor),一位分管学生事务工作,一位分管国际事务工作;负责研究工作的常务副校长 (the Vice-President and Deputy Vice-Chancellor(Research))下面也有两位副校长(Pro-Vice-Chancellor),一位分管科学研究工作,一位分管科研训练和研究生工作,他们可以通过常务副校长向校长汇报工作。

校长直接领导九个学院,九个学院的院长向校长直接汇报工作;学校的学术委员会主席(President, Academic Board)也由校长直接领导(详见附表1)。

学校的学术委员会(Academic Board)负责与学术相关的学院(学系)发展、学科建设、教学、科研、奖学金等事务,并向校长和学校理事会提供决策建议。新南威尔士大学的学术委员会由56人组成。

三、规范、有序、高效的大学行政会议

我在新南威尔士大学考察期间，作为新南威尔士大学校长的特别嘉宾列席了一次校长咨询委员会(VCAC)会议。在正式开会之前，他们邀请了澳大利亚昆士兰大学(University of Queensland)的校长格林菲尔德教授(Prof. Greenfield)为学校领导班子做报告。在简单的西式午餐之后，昆士兰大学校长格林菲尔德教授(他是新南威尔士大学毕业的校友)给领导班子作了半小时左右的演讲，主要介绍了昆士兰大学在招生、科研等方面面临的挑战以及如何应对，包括午餐的时间和简短讨论的时间，共一个小时左右。紧接着进行了两个小时左右的校长咨询委员会(VCAC)会议，讨论学校上一个年度的总体报告、财政报告等等，重点讨论了学校的视觉形象标识的有关问题，相关部门的领导到会进行汇报、介绍，领导班子的成员进行提问，他们非常有效率，非常准时，没有临时动议的议题。

四、国际化论坛与国际合作

在考察的第一周，正好赶上新南威尔士大学作为东道主召开的“面向21世纪优秀大学联盟”(U21)23个成员学校参加的大学校长会议，U21成立于1997年，北大也是U21的发起学校之一。U21是面向21世纪优秀大学联盟，包括欧美、亚洲、大洋洲的23个成员学校，中国有北大、复旦大学、上海交通大学和香港大学参加，据说这次会议是U21成立以来第一次全部成员学校都派人参加的会议。这个会议举办了两天，有校长、副校长层次的，也有职能部门层次的，会议讨论了U21的愿景，理念，联盟的沟通方式，学生交换的工作等等，会议还邀请了三个特邀报告，就高等教育对社会的改变、澳洲航空公司加入国际联盟的情况及联盟运作方式，大学领导力的进一步提升等问题进行了深入的探讨，受益良多。

在考察的第二周，又赶上了澳大利亚本土的八所大学联盟 Go8(Group of Eight)会议在新南威尔士大学召开。Go8 是成立于 2007 年的由澳洲国内顶尖的 8 所研究型大学组成的民间组织，这次会议是 Go8 成立以来的第二次主任级会议，参加人数约 100 人。整整一天的会议，新南威尔士大学的校长，昆士兰大学的校长都参加了会议。会议主要探讨了澳大利亚大学所面临的各种挑战，包括生源、学校财政、研究经费、社会服务等方面。澳大利亚各大学已经开始未雨绸缪，规划未来。

在与一些学院的教授、老师沟通的过程中了解到，有的学校医学院在癌症研究方面有着比较领先的技术，而有的学校商学院的教授、社会政策研究中心的研究员、国家艾滋病社会学研究中心(National Centre in HIV Social Science)的研究员跟中国都有比较多的合作研究，在癌症人群、老年问题等方面愿意与北京大学的教师进一步合作。学校方面也愿意在交换学生等领域广泛展开合作。

五、学校师资管理、国际化学生和国内学生贷款制度

学校引进人才是在全球进行公开招聘，为优秀的人才支付一次性的安家费用 8000 澳元；在教师管理方面，除了正常的考核外，对于工作优秀的教师一周可以有一天时间做兼职，做公司顾问、咨询等工作，但是收入情况必须向学院领导报告备案；一些校外的大企业支持教师在学校完成的科研工作，如果有经济收益，在成果转化后，一般的分配比例是教师个人得三分之一、学校得三分之一、校外企业得三分之一。

新南威尔士大学是一所高度国际化的大学，学校的国际合作教育包括四种方式：包括远程教育、学生交换、国际合作研究、国际社区服务等。学校引进的国际学者超过一半。该校与世界 32 个国家 250 多所大学有正式合作关系，在校留学生数超过总数的四分之一。学校鼓励在校生拿出一部分时间到海外去学习，他们最早是在 1985 年跟美国洛杉矶加州大学(UCLA)建立了交换学生的计划，为学生

创造了很多国际合作、科研的机会。新南威尔士大学积极参与“面向21世纪优秀大学联盟”(即Universitas 21,简称U21)的工作,并作为东道主组织召开了23个成员学校参加的大学校长会议,为大学生的国际交流搭建平台。新南威尔士大学同时还是“全球技术大学联盟”(Global Alliance of Technological Universities)的成员和“环太平洋大学协会”(Association of Pacific Rim Universities, APRU)的成员,为更多的学生进行国际交流、参加国际学术会议创造条件。

澳大利亚政府针对本国学生有很好的学生教育贷款制度,叫作高等教育贡献机制(Higher Education Contribution Scheme,简称HECS)和高等教育贷款计划(Higher Education Loan Programme,简称HELP),是根据学生未来收入情况来决定还款额度的高等教育贷款制度。澳大利亚高等教育HECS-HELP计划对高等教育收费及相应助学贷款制度的规定比较完善成熟,对澳大利亚高等教育规模的继续扩大以及政府财政资金压力的缓解等都起到了积极作用。以新南威尔士大学为例,学校财政的8%来自于HECS-HELP,2%来自于HECS-HELP的学生本人。

六、大学校长职业化与面临的挑战

澳大利亚的大学校长、常务副校长大都年龄比较大,经过了解,他们基本上不再从事科研、教学工作,只专心于学校管理工作,对他们的考核也只是考察他们的管理工作对学校的贡献。这样促进校长们专注于学校事务,不用再去考虑自己原来专业的工作,而对他们的补偿就是高收入。校长的收入是教授的八到十倍;常务副校长的收入是教授的三到六倍;学院院长的收入是教授的三到四倍,一些年纪较轻的院长一般还会从事一些研究工作。

在“挂职”培训过程中,我充分感觉到澳大利亚的大学工作的计划性非常强,比如学校理事会一年六次会议的时间、地点、内容等都是在上年末、当年初提前计划好的,绝不轻易改变。学校校长咨询委员会(VCAC)每两星期一次的会议基本上也是在年初就提前确定好时间的,每一次会议的内容及材料要提前告知或发放给各位委员。学校针对本国中学生的招生宣传、针对国际学生的宣传也都是提前计划好,按部就班地进行。

澳大利亚的大学跟我们一样,也面临很多挑战,首先面临着财务危机。办学经费紧张一直是困扰学校的问题,新南威尔士大学的政府拨款只占总花费的44%;科研成本增加,往往实际花费比申请到的基金要多很多。此外,如何使最好的教师留在学校工作,为学校做贡献也是澳大利亚的大学面临的难题。澳大利亚的大学还面临着生源危机:首先是本国学生减少,其次是由于澳大利亚移民政策的改变,相比于美国的大学,能提供的奖金较少,再加上最近澳元的汇率较高,比美元更贵,外国留学生更愿意选择留学美国而不是澳大利亚,使澳大利亚的留学生申请数也在下降。高等教育作为澳大利亚第四大出口行业、第一大出口服务业,外国留学生生源对澳大利亚的大学是非常重要的,中国是澳大利亚的第一大贸易伙伴,中国也是澳大利亚高等教育的重要海外市场,澳大利亚的大学加大与中国的大学之间的交流力度也是一个必然的选择。

附表 大学管理组织框架Organisational Structure of The University of New South Wales

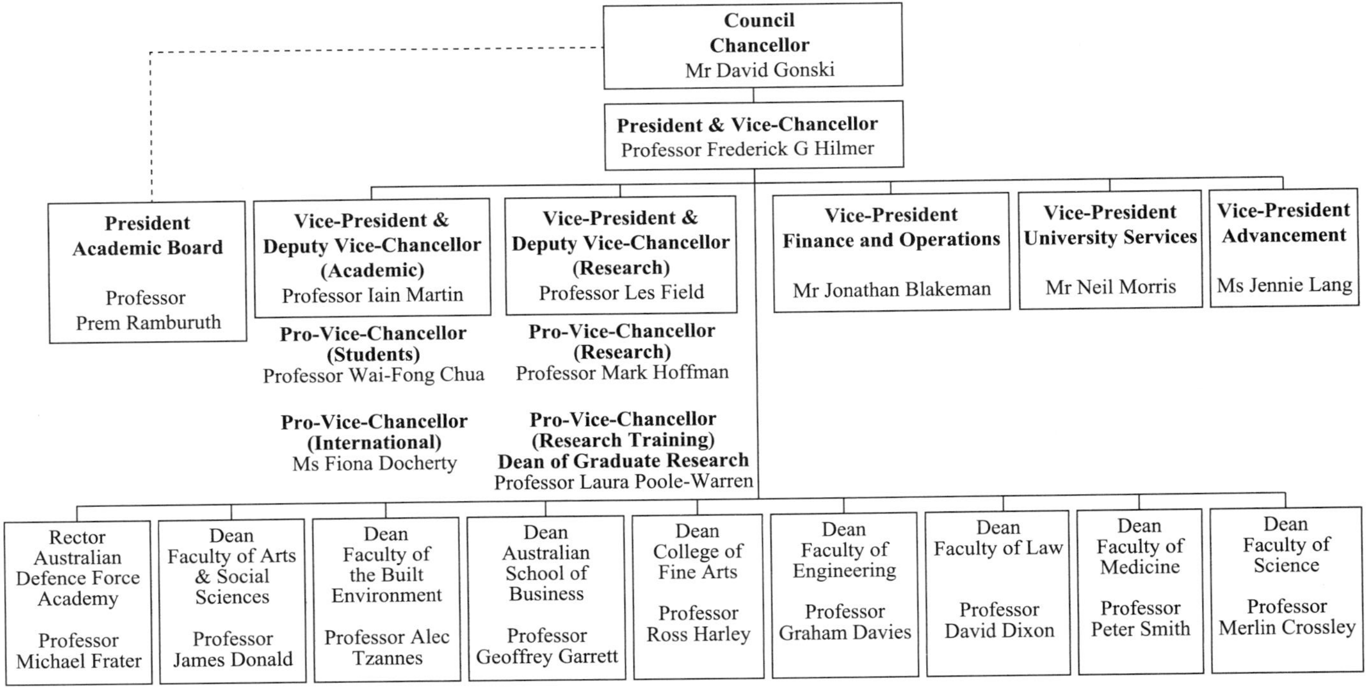

资料来源：UNSW Organisational Chart 28 Nov 2013.pptx，https://www.unsw.edu.au/sites/default/files/documents/UNSW%20Organisational%20Chart%2028%20Nov%202013.pdf

牛津、剑桥、洪堡、慕尼黑大学法人治理结构比较分析

陈　丹*

在国家全面深化改革、全面依法治国的背景下，我国高等教育改革与法治化进程不断深入，我国高校正在大力推进大学章程的制定与综合改革的实施，现代大学制度特别是现代大学法人治理结构成为政府、大学及学术界普遍关注的核心与焦点。那么，现代大学法人治理结构是否存在普遍的规律和共同特征？哪些法人治理机构的设置体现的是国情校情，反映了国家高等教育管理体制和大学历史传统乃至精神文化的差异？而哪些设置体现了大学治理的普遍规律，应“循各国大学之通例”？此外，在全球劳动力资源市场化的情形下，大学同社会、市场的联系日益紧密，对此大学做了哪些关于法人治理结构的改革，其中是否存在共同的趋势和特征？为了解答上述问题，笔者研究了英国剑桥大学、牛津大学、德国洪堡大学、慕尼黑大学的章程，并对这四所学校做了实地考察，拜访了剑桥大学的教务长、牛津大学的助理教务长、德国洪堡大学校长办公室负责人以及慕尼黑大学外事处负责人。综合文献研究与实地访谈资料，本文对四所大学的法人治理结构作了比较分析，以探索其共性特征与改革趋势，并结合我国国情对我国现代大学法人治理结构改革提出意见建议。

* 陈丹，北京大学国内合作委员会办公室副主任，北京大学教育学院博士，助理研究员。

一、剑桥、牛津的法人治理结构

剑桥、牛津二所大学起源于传统的师生自治共同体，历经八百年，至今仍保持着高度自治的传统。这两所大学的治理模式类似，为师生高度自治的内部决策模式。

以剑桥大学为例，在剑桥，大学的权力来源为评议会[①]，评议会是剑桥大学的最高权力机构。评议会的职权范围经过多年的演变，目前保留的实质权力主要是选举名誉校长和总务长。评议会授权摄政院作为大学最高决策机构，摄政院是剑桥的治理团体、选举团体和立法机构，其成员包括全校教师和高级行政人员，现有 4600 余人[②]。1570 年颁布的《伊丽莎白法令》规定：由大学校长和各院院长推选学校行政领导。大学教授会和教职员大会是大学的最高决策机构。[③] 剑桥大学至今仍保持了这一传统。学校另设有校务理事会，作为主要的执行与政策制定机构，负责大学总体规划以及资源管理，理事会共有 24 名成员，除副校长担任主席外，其余 19 名成员由选举产生（含 3 名学生），另有 4 名为校外代表由校务理事会表决任命。大学还设有总学术委员会，根据摄政院的授权，负责制定学术和教学政策，对校务理事会负责[④]。总学术委员会共设 15 名成员，由校长担任主席，委员会成员中有 2 名学生。学校还设有监察委员会，对摄政院负责。监察委员会每年提交年度报告，审查校务理事会和委员会提交的年度预算和财务报告，评估剑桥教学、科研、

---

① 根据剑桥大学章程，评议会（Senate），由名誉校长、校长、摄政院现任成员以及所有拥有剑桥大学博士、除工程硕士和自然科学硕士以外的硕士学位和神学学士学位的人组成。

② 参考链接：http://www.admin.cam.ac.uk/offices/v-c/

③ ROWLAND EUSTACE. British Higher Education and State. *European Journal of Education*, 1982, 17(3): 12-15.

④ 总学术委员会，General Board of the Faculties，剑桥大学章程规定其职责包括："(a)总学术委员会服从摄政院，并服从章程 A 第四章第 1 条中大学校务理事会的职责，总学术委员会应负责大学的学术和教育政策，并就与该类政策有关的问题向大学提出建议……(f)总学术委员会应在大学的学术和教育事务管理上对校务理事会负责，并应就履行该职责向校务理事会作年度报告。"

人事、国际事务等各方面情况并提出建议。其成员包括学监、副学监和8位摄政院成员。剑桥的章程明确规定8位摄政院成员不能是学校的高级行政人员，也不能是校务理事会、财务委员会、审计委员会、学部总委员会的成员。

剑桥大学的治理结构如图1所示：

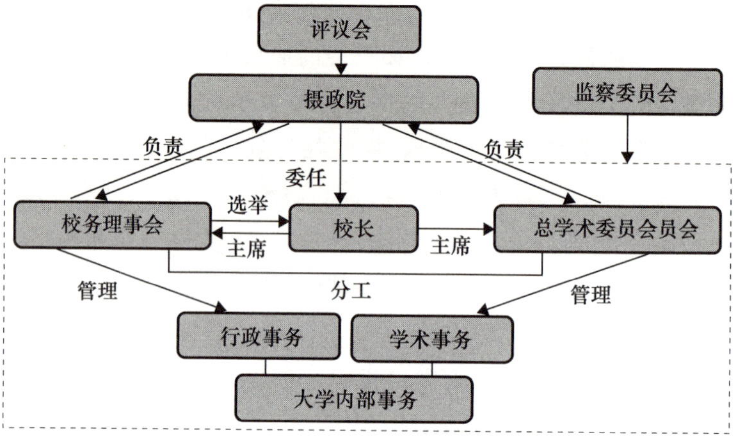

图1 剑桥大学法人治理结构

由于评议会是剑桥的权力来源，且其中多数成员为校友，属于外部人士；摄政院是剑桥的最高决策机构，绝大多数为校内人士，因此，我们认为剑桥模式是外部授权下的内部决策模式。此外，它还有如下特点：(1) 师生共治。评议会、校务理事会和学部总委员会的构成均体现了这一点。评议会作为大学的权力来源，除大学全体教职员工以外便是校友，校友既是外部人士又是从前学校里的学生。校务理事会中24名成员，除1名校长为固定成员外，还有3名学生，4名校外代表，8名非行政官员(主要是教师)，另8名则可以是教师也可以是职工，这个构成使得教师、行政、学生和校外代表的比例相对均衡，充分体现了师生共治。此外，学部总委员会中也有学生代表。(2) 社会参与。评议会多数成员为步入社会校友，校务理事会也吸纳了校外代表的参与。(3) 监督有力。设有专门的监察委员会直接对摄政院负责，对大学进行监督。

牛津大学治理结构的总体框架和剑桥大学类似，不过，在三方面略有不同：其一，牛津大学没有监察委员会；其二，牛津大学核心治理结构的名称同剑桥大学不同。例如评议会，在剑桥称作 senate，牛津称为 convocation；摄政院，剑桥称为 regent house，牛津称为 congregation；学部在剑桥称为 faculty，牛津称为 division。其三，学部、学院三者的关系，二校总体类似，有细微差别。在牛津，学部主要是按照学科分类，负责排课和组织科研；学院负责人才培养，相对独立。在聘任教师方面，牛津要求教师必须得到学部和学院的双重聘任；剑桥的部分教师则可以仅受聘于学部。

二、慕尼黑大学的法人治理结构

慕尼黑大学的法人治理结构采用由政府行政管理和大学学术自主管理并行的双管模式，改革后变为的政府放权监管下的大学内部决策模式。德国的公立大学多采用这一模式。

传统上，德国的公立大学作为国家机构，由国家举办，国家为大学的生存和发展提供必要的财政支持与制度保障，大学接受国家的管理。国家除了全面负责高等教育的教育规划与学校发展战略以外，还直接负责管理高等学校的财务、人事、招生规模等具体事务，并通过政府教育管理部门或委派校监对大学事务，包括学术事务实行监督。① 另一方面，大学享有学术自治权，教授掌握学术管理权。学术自治的最基层为讲座，由一名教授主持，教授有课程设置、教学

---

① 德国和日本公立大学的行政管理权由政府掌握，政府对大学实行直接控制，主要表现在：人事管理方面，校长由大学教职工选举产生，政府教育部门任命；大学教师和职员的编制规模由国家确定，教师隶属国家公务员系统，按照国家规定的工资待遇等级领取工资；经费管理方面，大学经费完全由政府提供，即便是学费、附属医院以及产学研合作的收入等也必须上缴国库后再由国家教育行政部门根据各校具体情况和相关系数分配原则进行转移支付，经费的使用需严格按照政府规定；此外，大学的招生规模也需由政府教育管理部门决定。在日本，政府还垂直领导着国立大学的行政管理，大学事务局长及其下设科室行政事务管理人员由文部省直接委派。相较于德国和日本，法国政府直接管理大学的行政事务更为细碎，教育部掌握着大学的经济命脉和人事安排，包括大学的讲座教授都需由教育部任命。

及考试的权力。在学校层面，最高决策机构在德国称为评议会，由教授组成，其职责是负责除政府直接管理的行政事务以外的其他事务[①]。虽然政府负责了大学大部分的行政事务，但事实上，大学管理的主要事务是学术，而大学的最高决策机构都是由教授组成，教授也拥有学术方面的自主权，因此，德国的这种管理模式又被称为“国家官僚—教授”双管模式。

第二次世界大战后，随着大学同市场、社会的关系日益紧密，高等教育全球化竞争日趋激烈，德国对本国高等教育进行了改革。在德国，从20世纪60年代开始，联邦政府赋予大学更多的自治权力，教授在大学内部的垄断地位受到动摇，传统的教授治校被“教授、研究人员、职员、学生”共治替代。80年代，保守党提出了“用竞争代替官僚”的高等教育政策新方针。90年代，《高等教育总纲法》的第四次修正将市场机制引入高等教育，国家对大学的管理日趋宏观，大学内部的行政权力逐渐加强。2006年，德国通过了“联邦制改革方案”，重新规划了联邦政府与州政府在高等教育方面的权限，以《2020年高校协定》取代《高校总纲法》。其核心内容是对教育立法权、管理权和财政分配权的改革，将政府原拥有的教育规划职权限制为参与教育评估，将教师工资和待遇专项权下放给州政府，以便使教授工资与业绩挂钩。

伴随国家高等教育管理体制改革和政府的逐步放权，德国公立大学内部治理结构也进行了相应改革，主要表现在：(1) 由教授治校改为师生共治。学校层面的评议会原由教授团组成，现由教师、研究人员、职员、学生按其所在州《高等教育法》规定的比例组成；校内各层次的决策机构也均由这四类人员按比例组成。(2) 政府下放

---

① 德国和日本公立大学评议会的职责主要是选举校长、讨论办学事项、制定章程和平衡讲座的利益。法国大学理事会的职责主要是负责分配教育部拨给的经费并向中央的大学咨询委员会提出讲座人选。

行政权力，强化校长治校①，弱化教授治校。成立校务委员会，将决策权由评议会转移到校务委员会。(3) 校长职业化。校长的选拔标准由传统的学术魅力型转变为学术管理型，获选人应具备学术、行政、运营、筹资等综合管理能力和经验，任期由两年变为四至八年。校长不再由教授垄断，还可以是校外人员，但仍需由政府任命。(4) 政府不再直接派驻人员督查学校而是引入董事会。原由政府派驻学校督查财务的副校长不再直接向政府负责，转而向校长负责。不过，政府希望高校设立董事会制度，但并不做硬性要求，也没有统一规定董事会的职权。事实上，"董事会已经在巴登符腾堡，巴伐利亚，勃兰登堡，黑森，萨克森和图林根等州用不同方式设立。它们或对州政府或对高校负责，有些完全是顾问性质，有些则有否决权和决策权。"②董事会制度在德国颇有争议，尚处于实践探索阶段。③多数的德国公立大学采用的是校务委员会作为大学最高权力机构的集权模式。

以慕尼黑大学为例，其成立于1472年，拥有540多年的历史，是德国规模最大的一所大学。该校位于巴伐利亚州，其大学章程首先要遵守《巴伐利亚州高等教育法》，而该部法律则对大学的校长、校长委员会、全校代表扩大会议、评议会、校务委员会(主要是咨询监督职能)的职责都做了规定。

---

① 校长治校，即校长负责制定高校发展方案、建立与撤销专业领域、校级机构、工作小组以及课程计划，到协调学院和校级机构的关系、提出和管理高校财政预算、依据评估的标准分配有限期的以绩效为导向的资金与职位等。(邓静芳：《20世纪90年代以来德国高等教育管理体制改革研究》，浙江师范大学硕士学位论文，2009年4月，指导教师杨天平。)

② 同上。

③ 校长治校，即"在德国，对于引入董事会还是颇有争议的。反对者将它看作是高校组织中的怪物，谴责它缺乏合法性。他们还担心董事会会篡夺传统行政机构的权力，如评议会。支持者们则认为通过校外代表的参与和明确责任有利于高校向社会开放。倡导者们相信他们能减少行政官僚的影响，使高校领导者更独立，提升他们的规划和决策权，在高校和州教育部之间搭建桥梁。然而，这种新董事会并不像它们在美国那样有影响力，它的影响远不及支持者所宣称的那样。联邦教育与研究部的一个成员认为董事会在高校和社会的联结中负有主要的咨询功能，但绝不会限制教育与研究部的影响。虽然口头答应董事会设置是自由的，但联邦教育与科研部仍希望在高校保留一定的权力。"

慕尼黑大学的治理结构如图 2 所示：

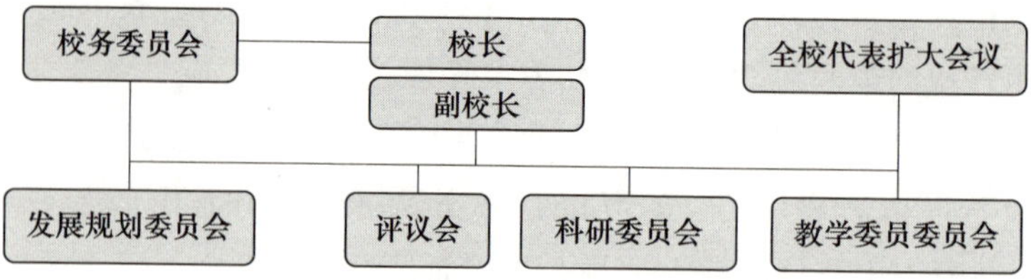

图 2　慕尼黑大学法人治理结构

三、柏林洪堡大学的治理结构

如前所述，董事会制度在德国颇有争议，尚处于实践探索阶段。虽然多数的德国公立大学采用的是校务委员会作为大学最高权力机构的集权模式，但也有特例。比如，作为现代大学制度起源的柏林洪堡大学，却是董事会、校务委员会、学术委员会平行决策的分权共治模式。

在洪堡大学，董事会、校务委员会、学术委员会是平行的决策机构，在各自的权限范围内行使决策权，校长和副校长协调分工并各自独立负责。董事会成员除校长以外全部来自校外，学术评议会和校务委员会成员均来自校内。董事会主要就大学的预算、投资、战略规划及机构设置进行决策，州政府高等教育负责人和校长是当然成员，除校长以外其他成员全部来自校外；学术委员会主要就招生规模、专业设置、教师职位和聘任等学术事务做出决策，委员会成员包括教师、学术助理、学生和职工各群体代表，按照规定的比例选举产生；校务会则负责决定没有其他机构管辖的大学事务，成员由全校大会根据校董会的提名选举产生。学校的行政事务由校长和副校长按照共同协商的职责分工实施管理。洪堡的这种模式实属罕见。其原因一方面源于《柏林州高等教育法》对大学治理结构的规定和限制，另一方面也是大学同政府博弈的结果。

如下是柏林洪堡大学的组织结构图（见图 3）：

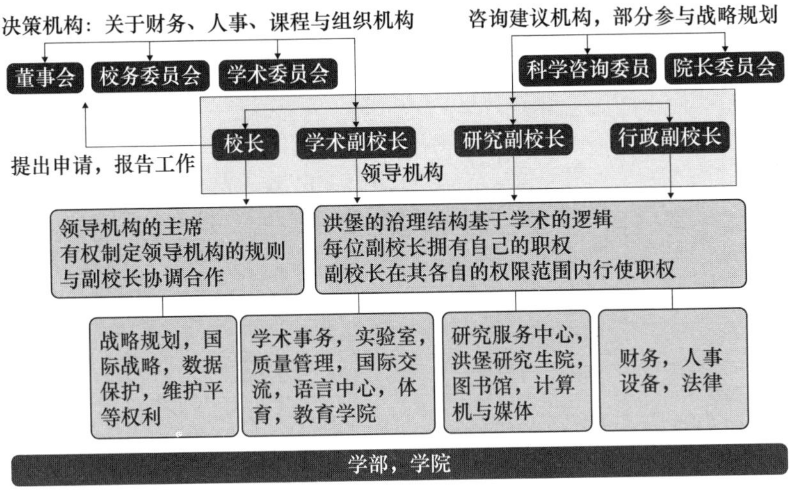

图 3　柏林洪堡大学法人治理结构

四、四所大学的治理结构比较分析

为了更简明清晰地对四所大学的治理结构及其各自所发挥的作用和特点有所了解，我们整理了如下对比见表1：

表 1　牛津剑桥、慕尼黑、柏林洪堡的治理结构对比表

大学	权力来源	最高权力机构	行政执行机构	学术权力机构	监督机制	校长的遴选
牛津剑桥	由大学教职工和校友组成的评议会	摄政院（内部人士，全体学校教职工）	校务理事会（内部人士为主，由各方代表组成，还有16.6%校为外代表。）	总学术委员会（内部人士，除教师外，还有2名学生代表）	剑桥大学设有监察委员会（除由学院提名的学监、副学监外，其他由摄政院选举产生）	校长为全球招聘。①校长由摄政院根据校务理事会提名产生。

① 参考《剑桥大学章程C》第三章，“校务理事会可提名任何人”。

续表

大学	权力来源	最高权力机构	行政执行机构	学术权力机构	监督机制	校长的遴选
慕尼黑大学	政府	校务委员会（内部人士，由教师、研究人员、职员、学生四方代表按比例组成）	校长和副校长	评议会（内部人士，由教师、研究人员、职员、学生四方代表按比例组成）	设置了外部人参与的董事会，具备监督职能	校长全球遴选，之后由全校代表大会选举产生，政府任命。
柏林洪堡	政府	不存在最高决策机构。董事会仅就大学的预算、投资、战略规划及机构设置进行决策（除校长以外其他均为外部人士）。	校务会负责决定没有其他机构管辖的大学事务，成员由全校大会根据校董会的提名选举产生。校长和副校长按照共同协商的职责分工实施管理。	学术委员会主要就招生规模、专业设置、教师职位和聘任等学术事务做出决策，成员包括教师、学术助理、学生和职工各群体代表，按照规定的比例选举产生	没有专门的监督机制。政府对大学的监管主要靠通过委派人员参与董事会而控制。	大学董事会负责提名，大学师生员工代表大会负责选举，州政府负责任命。

由表1可见，四所大学的治理结构具有一些共同特征：1. 国家均有立法对大学的治理结构、职责、组成，甚至人员产生方式都做了规定。牛津、剑桥大学还做了专门的法案。2. 吸纳外部人参与治理。四所大学的治理结构均有外部人士参与，即便是诸如牛津剑桥这种高度自治的师生共同体，也吸纳了外部人参与行政执行机构。3. 师生共治。起源是师生自治共同体的牛津剑桥是典型的代表，慕尼黑、洪堡的治理结构中师生均有一定的比例参与是章程中的规定。4. 学术独立。如前所述，在德国，教授主宰着大学的教学和科

研，讲座教授具有很大的权威。改革后，虽然削弱了讲座教授的权力，增强了校长的权威，但主要是在大学的经营事务与管理层面，由教授组成的评议会在大学的治理结构上仍是最高学术机构，慕尼黑和柏林洪堡均是如此，特别是柏林洪堡，通过平行治理结构使学术委员会拥有学术决策权。在牛津剑桥，大学评议会实际上也享有着制定大学学术政策的全部权力。评议会是除校长外唯一直接与各学部和系打交道的具有决策权力的学术机构。四所大学，尊重学术自由，都致力于保障学术权独立及让教授参与学术事务决策。5. 校长日趋职业化和专职化。校长选拔比较共性的趋势是全球招聘，遴选机构吸纳外部人士参与，选拔标准要求具备管理经验。

五、关于完善我国现代大学法人治理结构的建议

《中华人民共和国高等教育法》规定，大学的法人治理结构组成包括党委、校长、学术委员会、教职工代表大会。“国家举办的高等学校实行中国共产党高等学校基层委员会领导下的校长负责制。高等学校的校长全面负责本学校的教学、科学研究和其他行政管理工作。高等学校设立学术委员会，审议学科、专业的设置，教学、科学研究计划方案，评定教学、科学研究成果等有关学术事项。高等学校通过以教师为主体的教职工代表大会等组织形式，依法保障教职工参与民主管理和监督，维护教职工合法权益。”其中，党委领导下的校长负责制便是中国大学的特色，是对国情和中国高等教育管理体制的适应。如前所述，各国国情不同，大学同政府的关系也各有差异，大学最高决策机构的设置需体现举办者的意志，顺应国情，尊重特色和差异。对于我国公立大学而言，就是要坚持与完善党委领导下的校长负责制这一基本的大学治理体制。在此基础上，结合各国大学法人治理结构的共同规律、特征与改革趋势，有如下建议。

（一）推进学术独立

保障学术独立是世界各国大学法人治理结构的共性目标与核心。对于我国大学而言，改革完善的重点在于：1. 切实贯彻落实

《教育部学术委员会组织规程》的规定,明确大学的学术委员会是学校的最高学术机构,赋予学术系统独立管理学术事务的权责,同时,明确学校党委和行政有责任保障学术独立,保护学者的学术权益。2. 建立相对独立的学术委员会系统。明确校学术委员会具有制定学术规章制度的学术立法权;明晰学术委员会的学术评定权,不仅包括学术水平的评定,还应包括对直接学术影响的评价;明确学术委员会对学校重大学科布局、规划、改革等的审议咨询权,并建立和完善相应的审批机制和流程。3. 完善校、学部、院三级学术委员会系统,建立健全学术委员会同校长办公会、党委常委会以及教职工代表大会等的衔接机制。

(二) 吸纳校外人士参与大学治理,完善大学的外部监督

结合我国国情,综合考虑各国大学不同的做法,建议可通过完善理事会或校务委员会,吸纳政府和社会各界人士参与大学治理,加强政府与社会对大学的监督。理事会或校务委员会的主要职责可以包括审议大学章程的拟定和修订、发展与改革规划、年度预决算报告,监督指导学科建设与专业设置、产学研合作、社会服务等,审议学校面向社会筹措资金与争取资源的规划,监督和评价学校办学质量与效益等。

(三) 吸纳学生参与大学治理,完善大学内部监督

各国大学治理结构普遍吸纳了学生代表参与,只是学生代表所参与的委员会、规模及产生方式不尽相同。结合我国国情与大学治理结构,建议可根据实际情况,考虑在学术委员会、理事会或校务委员会吸纳学生代表。同时,可考虑设置监察委员会,成员可由校纪委委员代表、民主党派代表、教职工代表、学生代表组成,独立行使监察职权,对学校机构及人员实施监察。此外,建议进一步完善学生参与学校民主管理和监督的基本组织形式,如学生代表大会、研究生代表大会,明确其职责包括讨论学校涉及学生切身利益的规章制度和改革方案,对学校工作提出意见和建议。

(四) 推进校长的专职与职业化

如前所述,研究发现,国外大学决策机构,如董事会,存在一个

共性特征,即其成员除校长为当然的职务成员外,其他都是从师生中选举产生或是由政府、校长委任的校外人士,往往都是兼职人员。国外大学普遍存在决策机构成员多为兼职、校长多为专职的特点。相较而言,我国大学的决策机构恰恰与之相反,校党委,其中党委书记和副书记往往是专职人员,校长和副校长往往是教授兼任的兼职人员。为此,建议顺应各国大学在校长的选拔方式、选拔标准以及任用形式上日趋专职的趋势,进一步推进我国大学校长的专职与职业化。

大学学科建设与人才培养模式

综合大学体制中的医学教育

柯 杨*

21世纪初，中国高等教育发展的重大事件之一是大学合并，其中医学教育融入综合大学，对医学教育产生了重大影响。合并后的学校采取了不同的管理模式。十多年的实践证明，“北大模式”是最成功的案例。因为北大尊重了医学教育本身的规律和特殊性，保留了医学教育的综合性和教育管理的独立性。作为亲历者，回顾、整理十几年来从事医学教育管理的研究与专论，试图论述医学在教育领域的特殊性及在综合大学体制中的医学教育的管理问题与对策。

一、医学教育的特殊性

医学教育特殊在哪里？这个问题既是不争的概念，却又不被大多数教育管理者真正认识，因此，必然难以自觉推动顺应规律的教育管理，这在很多医学院合并到综合大学后显现突出。

（一）医学教育属于职业教育

医学教育一般在高等教育阶段实施（如欧洲模式），甚至有些国家在研究生阶段实施（如北美的医学教育）。因此，它兼有职业教育和高等教育的双重功能。可以说是大学教育在几百年的发展中，从“培养文明的绅士”到“授人以高等技能”分化出的特殊教育。医学教育的人才培养目标定位在医学应用型人才，最核心的专业是培养医生和护士，传授的知识体系主要是医学基础知识和临床诊疗知识

---

* 柯杨，北京大学肿瘤医院教授，美国医学科学院外籍院士，曾任北京大学常务副校长、北大医学部常务副主任。

与技能。尽管医学的受教育者也要接受大学通识教育，尤其人文教育，但占用的时间、实施的方式与其他学科不同，在欧美及各国也不尽统一。不管如何，单就医学知识和技能传授的内容和方式，教育周期就需4～5年，全球医学领域基本一致。

（二）医学是综合性的学科

医学教育的综合性体现在专业的多样性，各专业知识体系的综合性和对个人的综合素质要求上。医学教育包括临床医学，口腔医学，公共卫生，护理学，药学，检验、影像、康复、麻醉、眼视光等医技类学科，以及与医学相关的社科类学科和法医学等其他学科。这有别于国外医学教育所指的单纯临床医生的培养。随着科学技术的发展、社会服务类型和水平的提高、医疗体制的理顺，尤其是人们对健康日益高涨的需求等等，这些因素都导致社会对懂医的相关人才数量上的需求越来越大，对类型的需求也越来越多。而在“大医学”背景下培养临床医生和上述各类相关的医学人才是发展趋势，是全球医学教育改革的重要内容。在我国大多数医学教育包含了医学相关的各个学院，如基础医学、护理、临床医学院（附属医院）、公共卫生、药学院等等，专业齐全，因此才能称作“医科大学”。在“大医学”背景下培养临床医生及医学相关人才恰恰符合新时代社会对人才的需求。医学内部的学科交叉整合是医学教育改革发展的大趋势。2011年发表在《柳叶刀》杂志上的全球医学教育独立委员会的分析报告客观地分析了医学教育存在的问题，指出应对健康问题，医疗只是整个链条中的末端，而预防、基层医疗、慢病康复及管理将成为保证人群健康和最终解决高额医疗成本问题的关键。除了传统的专业化培养，打破专业界限培养复合型人才及各类各层懂医的专业人员，通过护理、公共卫生、临床、全科医生整合的团队，回归基层工作方式是实现这一目标的重要一环。这将是医学教育改革的“第三次革命”。因此医学教育综合性、完整性的保留是与时俱进发展的保证。

综合性的另一个体现是知识结构。就临床医学生培养而言，医学教育涉及多学科。在我国，医学生是理科分类的高中生报考，大家自然容易将医学片面定位为理科。但它既不是单纯的理科也不是工科，还需要有社会科学思想方法以及人文精神。所以，医学是综合性非常强的专业。医学生需要有综合思维，知识面涵盖的学科比较广泛，不但需要具备工科解构认识对象、发现问题、解决问题的能力，同时也需要理科无限细分深入到分子研究的素质、社会科学中流行病和统计学等对病因和疗效等复杂问题的研究技能，以及伦理、医史、交流学、心理等人文精神的素养。此外，医学还对动手能力有着较高要求。

(三) 临床医学教育的阶段性

临床医学教育分为三个阶段：院校教育(4～5 年)，以接受基础和临床知识、初步见习临床为主，毕业后只是个准医生；毕业后教育(3～7 年，不同临床专业有所不同)，以住院医生身份边干边学地接受临床实践的培训，这是医生成长成熟最关键的阶段。住院医生的培训内容在国内国际已有很成熟的模式，并在不同阶段接受准入认证，逐渐成长为可以独立工作的医师。在我国，这个阶段的特殊学习按国际标准不断规范，由行业主管部门监管，同时由教育主管部门对合格者授予硕士、博士专业学位。这之后，医学的继续教育才可以被归入终生学习的范畴，与其他专业没有更大区别。

(四) 医学院校的学位要求及教师职称评估体系

医学院校学生的学位要求及教师的职称评估体系因上述原因与综合大学尤其理科的标准不能趋同。医学教育需要针对其学科特点建立不同的评估体系。就临床医学来说，最重要的指标是临床综合能力，因此，医学院对临床医护人员有单独的、依据行业标准制定的医护技能职称评定体系。这是针对临床所需多学科知识技能的综合评定，与综合大学中教师职称评定标准完全不同。在学科和科研评估上，单纯以发表 SCI 为导向的评估体系，如果在临床人才评估中被过分强调，或对医学内部的学科不加分类，就非常不合理。

例如，附属医院的临床医生承担着大量的医疗服务工作，同时要带教学，还要搞科研。虽有不少人成为“三项全能”优秀人才，但不能对所有临床医生都做此要求。即便是科研工作，也不能完全等同于基础研究。临床研究有其特殊性，最重要的研究手段是临床流行病学，以疾病进展规律、治疗的有效范围、适应症、并发症特性等为研究内容。这样的研究要有多中心的组织协调，最终产出的是临床标准和指南。另外，公共卫生专业关于医疗体制和政策研究，产出的是新政策规范和评估结果。如果与非临床专业的教师、与大学校本部大多数专业教师“一刀切”地进行“大排行”，显然也是不合理的。在医学院相对独立的管理体制中，保留独立的学术评价机构（学术委员会、学位委员会等），其有权决定教师职称、学生学位授予，这反映了医学这个笼统的大专业的特殊性。

（五）医学教育对资源的要求更高

在医学教育基础阶段，学校要为学生提供大量大体解剖，组织及病理标本和各种微观设备仪器、动物实验和生理、生化、免疫、细胞学的标本与试剂以及场地。随着教育手段的发展，还要有昂贵的可取代活体、供学生“练手”的假人体和各种机械手等仪器设备。医学生还有较高师生比和附属医院床位的要求，教育成本比其他专业明显高。而医学教育实践性的特点，使教育机构不能办“成人班”和靠单纯授课方式“创收”，因此，对政府投入的依赖性更高。

（六）医学教育要有自己的附属医院

医学教育中一个非常重要的机构是附属医院。医学生在整个教育过程中并不一直固定在某院系，而是在不同办学实体流动。其中有近一半的教育要在医院实施。作为教育链条中的下游，医院在层级上是与实施前半部分教育的校内各院系等同的，因此就需要有一个上一级机构，协调这种特殊的上下游关系。合校前的医学院校自然就是这样的机构，因此不存在任何问题；合校以后，许多综合大学将医学院校内的所有二级单位全部直接归大学管理，包括医院。由于大学不熟悉医学教育的这种特殊性，解散专门负责医学教育的实权机构，无形中减弱了学生流动的协调性。在这样的体制下，按照惯性，附属医院仍可以实施正常教学，但这样会对医学教育改革调整以及其他医学相关专业的医院教学协调造成不便，使得管理效率大为降低，甚至有些要靠老的人情关系去协调。附属医院要附属到医学教育实体，而不是附属到综合教育实体，就是医学教育的又一规律。从另一个角度看，原各医科大学本已是综合的医学教育实体，解体后哪一家二级办学机构单独都不能称为医学院了。此外，附属医院在大学中是最特殊的机构，它不能等同于一般的院系。同时，它也不同于工科生实习的工厂，因为临床教师的主体在医院。

大学附属医院需要同时接受教育和医疗行业的双重管理。在20世纪80年代后期，我国的大学附属医院因医疗体制的改革变为独立法人单位，虽然也定位为"事业Ⅱ类"，但国家不再全额拨款。它的生存主要靠医疗服务，而医疗服务的性质使医院的责任重大。虽然是大学的教学单位，在医疗、教学、科研三大重任中，要首先保证医疗，因其是由行业和属地监管的，学校能发挥的作用有限。改革开放后，"差额拨款"的体制，加大了医院生存的难度，也增加了院长的责任和权力。一般来说，大学附属医院因为原有过硬的人才质量和品牌，都在改革中生存了下来，并且成功得到了发展。在这一过程中，医院对学校的依赖程度降低，独立性越来越突出，这种趋势在合校前就存在。

（七）医学教育改革面临的挑战多、任务重

1. 在我国社会转型时期，年轻人的信仰危机，社会诚信危机，职业的多元选择，物质利益的诱惑，人们对健康的需求和医疗的期待，都要求我们对医学生加强"全人教育"和职业精神的引导，助其提高综合能力，使其具有全球化和国际视野。唯有这样的努力才能让医学生更加坚定成熟。过去的一个世纪以来，医学教育曾成功培养了大批的医学人才，为人类健康做出了很大贡献。社会发展、人们对健康维护认识水平的提高、医学技术的飞快进步，都深刻地影响着当今社会的医疗模式、医疗体制，自然也对教育改革有更强的要求。

2. 随着人们对决定健康的复杂因素的认识，社会对于懂医的各类专业人才有了更大需求，如社区的基层医护人员、公共卫生各类人才（卫生经济学者、卫生监督人员、健康教育者、食品与营养师、懂医的各类政府官员等），医学院在“大医学”背景下建立、培育、发展各类应用型专业和学科是当今医学教育改革的重要内容之一。

3. 随着医学技术的快速发展，分科越来越细，患者和医生间的人与人的关系，逐渐被机器与人的关系取代，加上技术进步带来的成本增加，以及对于技术至上的认识误区，要求我们对医疗模式的改变做出努力。而在这方面，除了一些重要专业人才的补充，如护理人才、医学社工、临床药师、康复师等等，专科医生的人文精神和综合能力也需要受到足够的重视。

4. 伴随科技发展，教育手段和知识获取方式的改变，面对爆炸式增长的医学知识，不可能靠传统教育方式完成人才培养。终生学习的能力，是这个时代对医学人的必然要求。这就需要改革灌输式、书本知识传授式、教师讲授为中心、死记硬背和脱离临床的陈旧医学教育模式，使现状得到根本性的改变。

5. 医学的阶段性、持续性、实践性，使医学教育总的学制较长，既有在校的知识传授，又有医院的实践，身份的转换和过渡较复杂。各国的医学教育既有共性，又有特性。在我国，学制和医学教育改革经历了复杂过程。学制上，从最初相对短学制的欧洲模式，又引入了改良的长学制的北美模式。使原本较整齐划一的学制出现了分化，在时间切口上出现差别甚至混乱。在学历上，临床医学从只有本科学历、发展出研究生教育。在学位上，从只有科学学位，发展出专业学位，使临床专业的“住院医培训”更规范，同时解决了从前临床专业学生获得名不副实的高学历问题。在行业管理上，从原本的医疗行业主管，转变为医、教共管。本科教育和研究生教育归教育部，涉及实践的教育（研究生教育和继续教育）归卫生部，而且后者在实践教育的规范性和准入上逐渐严格。所有这些变革、变迁、调整、发展、进步的过渡，都需要教育者的理解，主动进取与被动适应、调整相结合。

二、医学教育管理

因为医学教育兼有一般大学教育和职业教育的特点，管理必然遵从这两种教育的共性与特性。在医学院合并到综合大学后，需要一个相对独立的管理机构专门实施对医学教育的管理。保证医学教育在管理体制上的相对独立，就保证了医学教育本身的综合性、完整性。这是一个尊重医学教育规律、符合医学教育进一步改革发展要求的模式。融入综合大学的医学教育要有专门的党政领导班子，按教育规律协调关系，促进各个专业的发展和整合，推动教育教学改革，并主动研究医学教研等各个方面的工作以及附属医院的现状、挑战与发展问题，让附属医院在目前复杂的医疗体制和恶劣的外部环境中尽可能多地得到来自学校的支持与帮助。这些作用是一个无资源配置与调动能力的管理虚体无法实现的。

(一) 相对独立的医学部有利于加强多学科的协调

1. 医学教育要有人文教育的支撑，医学院校并入综合大学的目的之一正是要加强医学生的人文素质及综合素质培养。实现这一目的，既要补充“通识”的养分，又不能撒手让已有志愿的医学生等同或完全回归到通识教育。因此对于施教的时间、内容、方式需要综合大学与医学院校的教育工作者根据其特殊性共同设计因材施教的有效途径。

2. 医学教育首先要保证那些必备学科的生存和不断发展，根据要求建立新学科，并努力整合各学科的知识用于医学生的培养。例如，实施医学基础教育的基础医学院中那些针对人体结构及功能的学科如人体解剖学，不同于一般的生命科学院，要通过实物向学生传授知识。这门知识在医学中是首先要掌握的，以大体形态为内容。但自身的学科发展没有太大潜力可挖，其师资队伍就不能只以研究文章，发表 SCI 为唯一标准，而要当作特殊保护学科对待。

3. 要随着知识体系的发展而调整整合。例如,生物医学研究的发展,过去以教学目的设立的学科,如生物化学,细胞生物学,药理学等,因研究均深入到分子水平,学科界限越发模糊,重合内容越来越多,应该在教育中有所整合。再比如,生物信息学在目前的生命科学体系中的重要作用也应从教育着手让学生有初步的理解。这些都需要经过战略思考,并体现在人才引进、保护和支持上。

除了在医学基础教育内部的知识整合,还要有与其他专业的整合。其中最重要的是,公共卫生专业的流行病及统计学知识与临床医学知识的整合。这在以往的临床医学教育中是非常薄弱的。真正的临床研究要解决临床病因和治疗效果的问题。由于生命和疾病的复杂性,回答因果关系问题,是基于人群研究的“概率因果观”。这完全不同于生命科学研究的思想方法,是需要对临床医学生强化的教育内容。临床研究是生命科学和基础医学不能取代的研究,因为临床研究直接解决应用问题。而目前,在整个医学研究中占主流的仍然是和基础医学、生命科学趋同的实验室基础研究。根据战略发展目标,要从临床专业教育入手,才能改变在中国难以产生临床治疗标准与指南的现状。随着医疗技术的快速发展,“学术型临床医生”的研究能力变得越发重要。

(二) 相对独立的医学部有利于统筹复杂的毕业后教育

如前述,临床医学的毕业后教育有别于其他教育,在我国与国际接轨的行业规范化过程中,同时也融入了专业学位的性质。在全国未能实现整齐划一的过渡阶段,一般医学院校在其附属医院中要同时有两类学员接受相同内容的培训:第一,本校或外校本科毕业生考入(或免试推荐进入)研究生专业学位学习;第二,本系统内或外单位年轻临床医生“补课”住院医规范化培训,同时申请学位或单纯“进修”。这两类人虽然培训内容一致,但受管理的形式不同。一般前者归研究生教育部门管理,后者归继续教育部门管理。为了保证两类人的共性,又能区别对待,除了分管本科教育的领导,还需要有统筹两个部门的专门校级领导(即医学部级的领导)。管理者本身如果是临床专业的背景最有利于理解复杂的教育体系和改革中的问题，有利于行政。也因为医学教育的特性，核心的政府主管部门分别为卫生行业和教育行业，因此，“医教协同”在医学教育中显得十分重要。与政府主管部门的沟通协调也不是一个处级部门能全部胜任的。

（三）相对独立的医学部可确保医院附属到医学教育实体

大学附属医院的性质与特点决定了对其管理的特殊性。大学附属医院的功能复杂，既要承担繁重的医疗服务任务、医学教学任务，还要承担推动医学发展的研究工作。然而，在这几大任务中，最关键的、最“硬”的任务是医疗服务。医疗的安全与质量“人命关天”，因此，医院必然会将其放在首位。同时，因为我们的医疗体制，使医院的生存完全建立在提供医疗服务的质与量上。医院的经费提供及补贴渠道来自于政府医卫行业而非教育行政部门，医院自然会有较强的隶属感，会对卫生行业及属地政府的管理更重视。而相对大学来说，医院更倾向于独立、自主。也因此，附属医院在目标、立场、利益诉求上与学校还是有很大的差距。相比大学中其他二级办学机构（院系），附属医院与学校的关系相对松散，管理相对复杂。医学院校一是要通过对医院党政班子的管理（任用、培训、评估、考核等），保证“附属”关系，保证教学任务的实施，二是要通过学术职称评定体系，促进医院的学科发展和医疗水平，保证大学附属医院的特殊地位，三是要接受、允许、包容附属医院相对的自主性和管理方式的差异。由于有严格的行业监管，大学无能力也没必要对医院运营相关事宜直接插手，但大学仍然可以通过学术力量帮助医院面对医疗体制改革的困惑，如分析、建言、发展的问题，如提供探索的模式等。也应发挥大学在教育行业和社会资源上的协调作用，帮助附属医院。只有这样，才能实现医学院与附属医院关系的和谐，保证医学教育的成功实施。事实证明这样的管理一般医学院校比综合大学更能胜任。因此在合并后的学校中保存有实权的“医学部”很重要。

医学教育在综合大学中相对独立并非没有问题。但相比医学教育的大局,相比为国家培养合格医学人才的重大社会责任,只能由教育者努力顾全。总之,如果今后坚持将医学教育“融”入综合教育,体制问题很重要。医学教育性质复杂,面临挑战多,需要得到政府和民众的更多理解与支持。保留了医学教育的管理层,使懂医的人有责有权,在其位谋其政,更专注地投入与付出,才能促进发展,做出应有的贡献。

三、北京大学医学教育的改革

回顾医学教育发展,以美国为代表的医学教育引领世界近百年。20世纪初,从弗莱克斯纳在系统评估了医学教育之后,提出学科规范、学制固定、注重质量、学术引导的教育改革理念,并由此推动了正规医学教育的普及。百年后的今天,当我们再次反思,可以不无惊奇地发现,医学教育是在当今发展迅速的世界中受到挑战最多的高等教育。正如前所述,因为医学教育职业性的特征,不可能独立于孤立于社会。结合我们中国的现状更是如此。

(一)医学教育受到挑战最多

一方面我们正在经历的社会转型,改变了人们的价值理念、生活条件、生活习惯、健康期望以及诚信互信观念,这些不但直接影响着人群的健康、改变疾病谱,也决定了新型的医患关系和医学生对待职业的态度。我们正在经历的社会转型包含了医疗体制这一重大社会体制的重构,从计划经济转向中国特色模式,既保持医疗的公益性又要融入市场规律,而这一历程在时间和难度上远远超出人们的预期。在这一艰难过渡阶段,公共卫生的加强、基层医疗的恢复、三级医疗的质量与安全、医院的生存方式等等,不但决定了体制本身的形态,也影响着医学及健康相关职业岗位对优秀人才的吸引力。

另一方面,科技进步在医疗技术上的极致体现,大大强化了我们的医疗能力,让百姓受益的同时,也提高了人们对“治愈”的期望值，提高了诊疗成本。分科过细肢解了人的整体性；机器的使用隔离了人与人之间的交流，淡化了医学不可或缺的人文关怀；新材料新方法的涌现促进了过渡诊疗的发展……这些变化不但呼唤医疗模式的改变，也使医学教育再也不仅仅是传授人体结构和功能及其他单纯医学知识的过程，如何让医学生更全面地发展成为我们必须应对的改革命题。

除此之外，医学基础知识的爆炸，信息化知识传播方法的出现，需要我们的医学教育彻底改变以书本为中心、教师为中心，一言堂灌输的陈旧落后方式，更加突出问题引领、实践感悟的教育手段。国家层面对医学教育管理上的调整很多，例如医学专业学位的建立，医学毕业后教育的行业规范，医学教育工作者在学制上的探索……这一切都需要多方共同努力，重新使我国的医学教育在时间切口和内容上尽量统一，有据可循，符合规律。

（二）北大医学部多年来的教育教学改革

综上对医学教育面临的问题与挑战，北大医学部多年来的教育教学改革也是综合性的，概括起来可以分为两大方面：

1. 向政府提出政策建议

研究和认清形势及存在的具体问题，向政府提出政策建议，协助政府推动改革并为自身改革提供理论依据，体现了北京大学医学教育的引领作用。如果从2008年的北医教改大讨论作为一个时间节点，医学部及各相关学会（中国高等教育学会医学教育专业委员会、国务院学位办研究生教育医药科工作委员会、全国医学专业学位研究生教育指导委员会等各专业“教指委”、临床医学认证工作秘书处等），在由教育处、研究生院、继教处，及各学院组织的教育研讨、经验交流、教学培训等方面主动开展工作。仅发表在国内外刊物上的医学教育论文就有百余篇，通过政协或直接的渠道上报各类建议几十篇。在发挥全国引领作用方面，北大医学部最显著的两个行动：一是2014年11月由教育部、国家卫生计生委、国家中医药管理局、国家发展改革委、财政部、人力资源社会保障部等六部门联合召开的医教协同专题研讨会，印发的《关于医教协同深化临床医学人才培养改革的意见》等 4 个系列文件，其中核心两篇是在北医的积极参与下，由研究生院为秘书处的医药科学会与教育部、学位办、卫计委科教司对接，根据研究和借鉴北医经验完成的。使北医“5+3”及“四轨合一”的实践得以推广。二是在本科医学教育规范过程中，北医带头借鉴并接受国际标准的认证工作，并总结经验。北医承担教育部认证工作秘书处的职能，协助政府推动认证工作的进行，两年来，已完成了 20 多所医学院校的认证工作，极大地推动了这项工作的开展，促进教学质量提高及改革。从中我们自己也有收获，并因此主导了中国的医学教育标准的修订。

2. 推进教育教学改革的五个方面

一是“全人教育”的多方努力。包括改革医学预科教育，强化以公教部为主力的医学人文教育；推进团委牵头的“爱・责任・成长”及学生社团“第二课堂”教育；举办以学工部研工部为主力的“教育教学一体化”和各类社会实践活动；及完善优秀学生奖励评估体系；推动以“良师益友”评选为激励的师德师风医德医风建设；加强以后勤和信息中心为主力，努力改善学生生活和学习条件……在近年来都起到了很好的作用。这些努力让学生们开阔了视野，自觉思考并感受到了关爱。学生学医理想得到坚定，精神面貌有所改善。虽然这类提高教育质量的行动在评价上仍然难以量化且需要时间，但相信我们在教育中坚持正确的，就必然促进发展，我们可以不惜“工本”，而只需要坚持。

二是根据发展需求建立了多个新的专业或学科。例如，全科医学系的成立和发展。目前医学及医疗体制构建中最缺的人才是全科医师。在地区发展不均衡的过渡阶段可以存在不同层次的培养。为此，北医与国际先进全科医学专家合作，探索以师资培养、教材建设及小规模专业学位培养为主的道路，虽起步维艰，但卓有成效。同时积极开展各层次的全科培训，在全国发挥带头作用；在 CMB 支持下进一步加强卫生经济与政策，使卫生管理各专业得到发展壮大;全球卫生系的成立(Globe Health)在教学、研究、培训方面成绩显著,也在国内外产生了很好影响,除此之外,MPH、医学社工等特需专业也在积极探索和筹备中。

三是以基础医学为重点,对教育方法改革的探索及推广。2009年以基础医学院牵头的临床医学教学“新途径”在本校获得了初步成效,更在全国产生了很大影响。在大家的要求下,已办多场培训,发挥了很好的带头作用。此改革的特点是减少书本灌输,加强临床自学、讨论、互助、提问带动的临床、公卫、法律、预防、科研等各方面知识整合与进展,让学生形成对医学全貌的认识和获取知识、自我判断决策、团队合作以及交流的能力。其他学科和专业的改革也都陆续开展。特别值得提出的是公共卫生学院带头做的慕课项目已启动,产生了良好效果,为开展新的教学方式积累经验,同时更广泛地传播知识。

四是各临床医院在实践教学方面的改革完善。在医学部教育教学改革的整体框架下,各临床医院也在实验实践教学改革方面做出自己的尝试:第一临床医学院参照加拿大皇家内外科医师协会(RCPSC)的CanMEDs岗位胜任力框架,强调以“岗位胜任力”为导向,系统地设计教学改革方案;第二临床医学院结合医院实际,不断整合、优化临床阶段课程,将临床理论、临床技能与职业精神培养“三合一”的模式用于临床专业学生的培养;第三临床医学院临床医学教学改革是建设以“器官—系统—疾病”为主导的课程优化、整合模式。采用理论授课与小组讨论教学相结合的方式,在桥梁课程整合与优化的基础上,加强了床旁教学的比重,促进临床实践。

五是医学教育国际化的努力。国际合作处、教育处、研究生院共同牵头的各类学生交换项目给了医学生前所未有的机会去感受国际医学教育的模式。例如,MD－PHD项目,短期临床实践项目,依靠国际捐赠的对口学生交换以及港澳台成批学生交流交换等……这些项目不但让学生们了解和吸收知识,更重要的是在更大的视野下了解世界,了解人,了解医学,了解多元文化……

北京大学医学教育改革取得了一些成绩,但仍然只是开端。改革永远在路上,因为我们处在快速发展变革的时代,教育既有万变不变之内核,更有与时俱进不断顺应改革之需求。医学教育更是如此。

应用型人才的教育理念与培养模式

李　进*

加强应用型人才培养是高等教育更好地适应国家战略要求和地方经济社会发展需要的战略措施，也是地方高校加强内涵建设、彰显办学特色、促进人才培养规格多样化、履行社会责任的内在要求。《国家中长期教育改革和发展规划纲要》提出“把培养创新型人才纳入未来教育改革发展的重大战略目标”(2010)；教育部《关于全面提高高等教育质量的若干意见》指出：“要加大应用型、复合型、技能型人才培养力度”，提出本科层次应用型创新人才的培养应有别于学术研究型人才与技能型人才的培养(2012 年)。《上海教育综合改革方案(2014—2020 年)》按照人才培养主体功能和承担科学研究类型等的差异性，将高校划分为四种类型，其中“应用技术型”高校以培养专门知识和技术应用人才为主体(2014 年)。由此，培养应用型人才的政策导向表现在战略目标、教育观念、科学定位和教学质量提升等方面，以纲领性、指导性的文本呈现，逐步成为高校本科教育教学改革新的发展方向。上海杉达学院①作为一所地方民办本科高校，始终坚持非营利性办学宗旨与应用型办学定位，不断深入开展教育实践与教学改革，促进产业链、创新链与教育链、人才链的有机衔接，有以下四个方面的实践感悟。

---

* 李进，教授，上海杉达学院校长。

① 上海杉达学院是在 1992 年 6 月由上海交通大学、北京大学、清华大学部分教授发起、多方支持创立的全日制民办大学。

一、坚持价值追求，明确办学定位，释放民办教育体制机制活力

杉达学院自1992年创办以来，始终以服务地方经济社会发展和产业技术创新为己任，坚持应用型人才培养，坚持应用型国际合作交流，致力于培育非营利性民办应用型大学精神，持续推进教学改革和办学质量优化。学校坚持社会办学、同仁办学和民主办学，践行“诚信、公平、质量”的办学方针，以社会需求为导向培养高素质的应用型本科人才为着眼点，牢固树立办人民满意的高等教育的价值自觉，着力成为人民群众优先选择的优质教育资源，向社会提供高品质的教育产品。

学校确立了“以诚信对待社会，以严谨的教育管理取信于社会，以较高的教育质量回报社会”的办学理念，以“共建杉达、共享杉达”为价值目标，为了每一个学生的终身发展服务，实现美丽杉达，幸福师生。在学校建设过程中，贯彻“教学为根本，应用是规格，课程须改革，教师要革新”的基本思路，在这里，培育社会适需的本科生是核心使命，汇聚校企双线师资队伍是关键因素。因此，努力做到三个“清”：一是宏观清醒，充分了解地方经济社会需求、学校发展瓶颈问题与教育综合改革的切入点；二是中观清晰，根据社会需求、学校能级与政府分类指导意见归类定位，强化依法自主办学，依据教育教学规律设计并实行应用型人才培养模式；三是微观清理，抓住应用型人才培养的教学要素与质量环节两个关键，制定基本教学标准，重组业务管理流程，形成配套的规范制度与相关教学规定。

学校确立了应用型的办学定位，有四个层面的内涵：其一，建设应用型、国际化、高水平的民办大学，顺应国际高等教育改革发展的趋势，服务上海城市经济转型发展；其二，立足浦东、服务上海、面向长三角，以融入企业为目标，以市场为导向，构建产学研结合的技术创新体系，积极进入现代服务业、信息产业、文化创意、健康科学等领域的购买服务体系；其三，教育格局以专业为龙头，以学科为支撑，聚集教学科研团队，搭建综合实践平台，使每个专业都有相应行

业平台作为支撑;其四,培养有特长、有专能、有美德、有眼界、有潜力的人才,着重培养学生英语、信息技术等应用能力,训练专业技术能力,拓宽职业理解能力和综合实践能力,使学生成为具备良好理论知识和文化基础,拥有中华美德、国际视野和创新潜力的高素质应用型人才。

应用型本科人才培养体制机制的建立是一个由点到面、逐步系统化和深入化的过程。民办高校可以依托体制机制灵活创新的优势,着眼于人才策略、系统策略、技术策略,紧紧围绕教育目的,更注重强调学生的整体素质和个性发展,以改变学校系统功能的方式,进行多样化的研究和探索。杉达学院以教学为中心,把立德树人工作放在首位,建立了较为完善的董事会决策领导、校长行政负责、党委政治核心保障、教授治学和师生员工民主监督"五位一体"的内部治理体系。特别强调扁平化的管理模式和执行过程管理,根据民办应用技术大学的定位与需求,研究并实践学校教学运行、校企合作、国际合作、质量控制、资源筹措等方面的制度及价值目标,从重组与优化管理业务流程着手,厘定岗位职责与考核要求,提升整体治理水平。同时学校主动引入了第三方教育评价机构,对学校办学绩效、人才培养质量、学科专业建设等进行项目评估,评估结果定期向社会公布。

二、立足社会需要,选择发展路径

应用型本科人才培养必须确立前瞻意识和引领意识,从社会的边缘进入社会中心,创新教育模式,注重职业迁移能力,形成培养具有国际竞争力和核心竞争力的行业企业创新人才的特色。杉达学院应用型人才培养从"校社联携、教科合作、校企结合"三个方面综合实施:

一是校社联携,学校进入社会的中心。学校让"社会搭台,产学唱戏",为学生提供熟悉行业环境、了解企业文化的机会,导向就业准入的条件,深入探索学校教育标准、行业标准以及就业准入标准的结合，以社会为中心导向教育行为，通过学校的有效运营，形成对于社会需求的快速反应机制。

二是教科合作，学校确立服务的面向。学校让“项目搭台，研学相辅”，以技术合作为切入口，以技术应用科研为主导，使教学、科研、行业企业科技开发项目相结合，教师围绕教学内容承接合作项目，根据技术合作项目开展教学，既有效提高科研效率和服务水准，也有效提升教学效果和水平。

三是校企结合，学校形成教育的特色。学校让“需求导向、教育匹配”，把产业的业态变化和企业的人才战略作为跟踪、研究和服务的对象，参与企业的市场分析、发展规划、产品开发、人员培训、技术攻关等方案的制定和实施，并反馈到教学中，以行业标准不断调整专业培养目标、人才规格及能力标准、课程体系和教学内容、实习实训和毕业设计，以及师资培养的要求等。

具体而言，杉达学院应用型人才培养坚持“四个途径”和“五项措施”。

途径一，总体贯彻“基于资源观的大学发展战略”。高校，尤其是民办高校，只有不断获得外部资源、取得外部支持，不断地增强获取外部资源的能力，才能维持自身的竞争优势，这是基本战略与途径。一方面，教育物质资源的配置，通过地方政府、行业企业和其他社会力量多元的经费资源筹措体系和政策支持体系进行优化，不断吸引政策红利与社会资金，保证学校规模与质量的协调发展；而对学校运行而言，必须量入为出按需配置，合理安排经费资源，建设突出重点，配置重在绩效。另一方面，教育人力资源优化配置，通过政策导向和内部制度激励，不断提高生源质量和师资队伍质量；学校与社会共同开发教师的应用型人才培养能力的路径，创造科技开发的平台，制定教学科研的激励政策，吸引更多优秀人才从事应用型人才培养。

途径二，需求对接，错位布局。学校重点抓好学科专业体系和社会服务体系这两个形态布局，进而解决影响这两个形态布局的资源匹配和管理匹配两大问题。学校特别注重非均衡发展中的增长极(Growth Pole)问题,就经济现象而言,如果存在一个经济集聚发展的区域空间,位于这个区域空间中的某个引领性或推进性的发展单元就可以描述为增长极,在一个区域空间,增长不会同时出现在所有的地方,而是往往以不同强度首先出现在一些增长极上,这些增长极通过不同的方式和渠道辐射并扩展,进而对整个经济产生由点而面的关键拉动作用。教育也有相同的现象,应用型教育、民办教育可以在区域经济发展中形成增长极,一定意义上,鉴于社会需求的直接性和急迫性,应用型人才培养和民办高校的体制机制创新可以成为高等教育改革的突破口,杉达学院的实践所瞄准的正是这一错位点与增长点。

由此,学校重点建设 5 大专业群:服务上海外向型经济与国家自贸区的金融、贸易、物流、管理专业群;服务上海信息产业的计算机技术、软件工程、数据工程、电子商务、传感技术专业群;服务上海外向型经济和国际化大都市建设需要的应用外语专业群;服务上海健康与医疗服务业的护理、康复、卫生教育、环境和食品安全专业群;服务上海国际休闲度假旅游区和上海迪士尼度假区的旅游、酒店等休闲服务专业群。积极培育 3 大专业群:服务上海文化创意产业的艺术设计、新媒体、时尚服装与服饰专业群;服务上海现代装备和制造业的智能制造专业群;服务上海国际航运中心的航海与航空服务专业群。2015～2018 年,护理学、卫生教育、康复治疗学、金融学、酒店管理、计算机科学与技术、国际经济与贸易等 7 个专业获批上海市属高校应用型本科试点专业建设。

途径三,产教融合,跨界让渡。学校与社会力量围绕应用型人才培养的共同目标,最大限度地平衡各方利益,双方或多方合理实施合作权利、价值和利益的让出与转移,同时获得另外形式的利益,如学校的实验实训使用权、培养方案制定权、招生选拔权、质量评价权、教师聘任权等,实现多元主体共同治理,以柔性化的思维方式实施柔性合作。就是以灵活融合的方式快速满足合作方的个性需求和变化需求，学校科技研发力量与智力资源积极输出，企业智力资源相应地融入，实施包容性合作，建立共存共生的合作体制和互利互益的运行机制，以政策的灵活性和合作的前瞻敏感性与反应快捷性，针对不同的需求，设计一体化的、整合的价值链，搭建不同的平台、提供适合的服务。大学应探索混合所有制的体制机制，与企业合作共建二级学院，合作育人，合作就业，注重把行业岗位培训前置到校内教学模块中，通过和企业行业共建实验实训平台，以资金、技术、专利等出资方式，实现委托管理和购买服务。《服务数据中国，产教一体育人，培养高素质复合应用技术人才》入选 2018 年首批上海高等学校一流本科建设引领计划培育项目。

途径四，国际合作，校本开发。以应用型人才培养为核心，通过国际合作促进教育观念的更新、视野与境界的扩展、办学声望的积累、办学资源的集聚。国际合作专业从课程体系出发，开发全英语课程体系，形成一体化的培养方案和评价标准、打造中外教师团队，营造跨文化学习的氛围，着力于让学生具备国际交流、理解、合作、竞争的能力，真正实现“课程内容对接、实践环节互通、选拔标准互认、学分学位互认”。尤其是国际课程模块的相互嵌入，以及相配套的教学方式和考核方式的引入，针对学生自主学习能力和应用能力的训练产生了深刻的变化，并且有了明显的提高。

三、落实应用型人才培养措施

根据应用型人才培养的目标定位和运行途径，学校采取了五个方面的具体措施：

（一）教学改革从修订人才培养方案切入

培养方案按以下原则制定：一是少学时，多模块，严格控制和压缩课内总学时数，实施模块式教学，尤其是设计好跨学科专业的综合实验实习模块，给学生充分自主学习的时间和空间，使学生得到个性发展；二是短课时，长控制，一般课程实行短课时，形成系列目标控制课程，并实施结果控制，教学要求不仅在课堂教学，更重要的是在学生课外的自主学习中达到，与此相配套，图书馆信息共享中心、信息科学自主学习平台、外语自主学习平台、综合实验实训教学中心、创新创业孵化中心，以及教师答疑指导全天候开放服务；三是少封闭、多开放，在教学方法上，以“人人交互”为主要渠道，开放教学，通过现场、课题、案例等途径，将知识、技术技能的教学活动渗透到素质教育的各种情景中；四是多形式，高技术，在教学手段和考核方式上，以“人机交互”为辅助方法，组合各种有效方式，最大限度地增加单位教学时间的信息量，最大限度地增强运用专业知识解决实际问题的考核力度，最大限度地调动学生学习的积极性、主动性。学校应用型人才培养方案构建以“夯实基础、能力导向、注重应用”为原则的课程体系；以“实验、实习、实训、社会实践、毕业设计”为主要环节的实践教学体系；以“过程管理，多方监控”为重点的教学质量保障体系。《五式一体应用型护理本科人才培养改革与实践》《因材施教，错位发展，应用型金融人才培养模式创新与实践》《产教融合导向的电子商务“223”人才培养模式探索与实践》等三个项目获2017年上海市教学成果(高等教育)二等奖。

(二) 育人从自主学习平台切入

参照美国佐治亚格威内特学院设置“过渡学院”让新生自我适应、自主学习，实行“1＋3”校区功能布局调整，即一年级新生集中在嘉善校区，建立信息科学自主学习平台、外语自主学习平台、演讲自主学习平台，面向学生全天候开放，着重本科新生的“特长素质教育”，引导学生“自信自强”地自主学习，帮助学生打好专业学习基础，塑造外语、计算机能力特长，增强学生跨文化交际能力，激发和拓展学生的专业学习兴趣与职业视野，适时放开让学生自主选择专业，引导学生理性设计自己的职业生涯。

(三) 从复合交叉平台切入构建特色

学校特色必须有专业载体，而专业载体所体现的特色是具有交叉复合基础的。学校建立了国际商务综合实验教学中心、现代服务外包综合实验教学中心、网络新媒体综合实验教学中心、国际医技综合实验教学中心、酒店管理专业实验教学中心等专业复合交叉平台，各相关专业和跨专业开展综合实践教学、实施创新创业校内孵化、引入行业企业项目研发和技术培训。应用型人才培养的实践教学实现了四个转变，即模拟型向实战型转变，限制型向自主型转变，验证型向创造型转变，单一型向综合型转变。

（四）校企合作从体制改革切入

应用型大学是一所与社会相互作用大学，在互动过程中，学校不是中心，而是“以他方为中心”，即以社会的需求、行业企业的需求为中心。学校人才培养适应社会的需求、企业行业的需求，实施“雇主商定”原则。学校围绕行业资格框架，形成“主体多元、模式灵活、相互作用、社会满意”的产学合作教育格局。

（五）人力资源从机制改革切入

建立人才培养培训制度，保障发展机会，实现教师队伍由知识传播型向实践应用型转变，同时提高教师团队的整体科研服务能力。一方面，注重国际竞争力的培育，为企业提供具有国际标准素质的本土人才；另一方面，注重核心竞争力的培育，为企业提供可持续发展的人力资源，而这两方面竞争力的培育，应是学历教育和职业培训并重，在资源共享的平台上，相互补充，相互促进。

四、实践多元模式，助力学生终身发展

应用型人才培养的“创新教育样式”需要回答三个问题：我们输送什么样的学生？我们需要什么样的学习？我们营造什么样的学校？毋庸置疑，“应用型人才培养”突出的重点是“知识、能力、素质”三维的综合评价，面对社会经济发展和教育形势的变化，通过改变长期以来形成的运作规则，构建一种新的发展模式，获取更大的发展空间。坚守高层次应用型人才的培养质量，获得丰富的“应用性”绩效，已成为学校特色发展、可持续发展的重要经验。杉达学院的实践在以下四个方面展开：

（一）特长素质教育模式

应用型人才培养过程注重基础环节。杉达学院根据生源特点

抓好起步，在以“特长素质教育”为核心的大学基础教育阶段，着力培养学生“学会学习，学会做事，学会共处，学会发展”的基本学习能力和行为习惯，开设“弘毅中国”“职业生涯教育”“创新创业教育”“大学生心理健康”等通识课程，并开展“课程思政”教育教学改革，加强专业课程、思政课程与通识课程之间的协调与整合，以信息科学、外语、演讲自主学习平台培养学生的能力特长。计算机、英语自主学习平台注册学习率达 100％；2017 年，全国计算机一级考试合格率为 95.6％；获得全国大学英语竞赛一等奖 6 人、二等奖 17 人。每名新生在演讲平台录制“最佳三分钟”，并开展《论语》最美晨读者和最佳晨读班级评比。每一个学生自信地表达，讲述自己的学习故事，已经成为常态，形成了良好的学风。

良好的开端是成功的一半，集中的习惯养成教育深刻影响着学生本科全阶段的学习状态，应用型教育效果体现于学生的综合素质。学生每年在国家级和省市级各类专业比赛中获奖百余项，如全国“蓝桥杯”程序设计大赛二等奖（上海赛区一等奖）、全国大学生市场调查与分析大赛三等奖、全国“21 世纪杯”英语演讲大赛上海赛区二等奖、第二十一届“外研社杯”全国大学生英语辩论赛全国总决赛三等奖、“挑战杯”上海市大学生课外学术科技作品竞赛三等奖、“CFA 杰出金融雏鹰”奖、第九届全国高等院校 BIM 大赛总决赛本科全能一等奖、上海大学生中国智能制造挑战赛高职组第一名等。学生应用能力实实在在地“开花结果”，获得了社会的认可，2016～2018 届本科毕业生就业率分别为 98.52％、98.34％、97.65％，均超过上海市平均水平线：2016 届高出 2.01％、2017 届高出 2.18％、2018 届高出 1.26％。委托第三方开展调查，2016 届本科毕业生对目前工作总体满意度 94.66％，高于全国平均 2.89％，平均薪酬 6114 元/月，高于全国平均 2318 元/月，学生对就业指导服务满意度 94％以上。用人单位对杉达学院毕业生的评价是“综合素质好，理解与交流能力佳，岗位的适应性强”。应用型人才培养的优良质量为学校树立了良好的社会形象，学校在全国 23 个省市均有招生，

2018年招生总计划4160，其中本科3660人，录取3913人（增加253人），计划完成率107%；秋季招生文理科最低录取分数线超过省市公布的控制线的有20个。

（二）校企深度合作育人模式

应用型人才培养过程注重实践环节。学校深化产教融合、校企合作，让学校与合作企业建立紧密联系，共同研制专业人才培养方案、人才培养质量标准，共同设计课程、开发教材、指导毕业论文，为学生提供校外实践教学操作条件，并选派专业人员到校兼课，构建起多样化的校企深度合作育人模式。

一是与国有大中型企业合作成立二级学院，实施理事会管理模式。2009年，学校与上海纺织控股（集团）公司合作成立“时尚学院”，专业办在企业，学校投资设备，企业人员深度参与“服装与服饰设计”本科专业建设，该集团旗下的上海市服装研究所、上海服装博物馆等为学生提供实训实习条件。2013年，学校与上海市现代服务业发展研究基金会合作成立“上海现代服务外包学院”，跨学院跨专业培养上海自贸区需求的应用型人才，把服务外包企业的岗位培训前移到大学，提高在校生实务操作能力。2014年，学校与中国互联网新闻中心合作成立“传媒学院”，建立开放、综合、交互式的实践教学平台与岗位技术技能实训平台，培养互联网新闻从业人员与技术服务型人才。2014年，学校与上海纺织时尚产业发展公司合作成立“创新与创业学院”，为实施企业和学校的人力资源战略提供多元化、优质教育的载体和大平台。依托学校信息科学与技术学院，2016年学校与华钦信息科技股份有限公司成立“华钦学院”，致力于培养高素质金融IT人才；2017年与华为技术有限公司成立“华为ICT（信息与网络技术）学院”，对接华为职业认证和人才培养课程，共同培养卓越的ICT人才；与曙光信息产业股份有限公司成立“曙光大数据学院”，学校是“数据中国‘百校工程’”项目首批试点院校。2017年，学校与江苏无国界航空发展有限公司成立“航空学院”，培养适合于航空产业发展需求的应用型技能人才。2018年，学校与万豪酒店集团合作成立“万豪酒店管理学院”，为中国酒店行业培育管理精英。

二是与企业合作开展教学培训与毕业设计。学校的信息科学与技术学院与40余家IT企业紧密联系、建立校外实践教学基地10余个。学院组织师生参与企业实际项目研发，共同研制人才培养方案，积极探索计算机科学与技术专业课程置换、毕业设计、海外实习等“嵌入式”合作方式，用企业最新的专业技术培训课程置换部分专业选修课，以综合性项目实践为主线构建递进式实践教学体系。实行学校教师与企业技术人员“双导师”制：在前两年半，由校内专职教师完成通识教育、专业基础和专业核心课程的教学；从大三下学期开始，则由企业兼职教师来校开设专业方向培训课程，并将毕业实习和设计全部安排在企业进行。2013年，建立“上海杉达学院印度实训基地”，先后有113名计算机科学与技术专业学生赴印度，在印孚瑟斯全球培训中心接受为期三个月的系统培训，采取以用为主的学用结合、手脑并用的教育方式，围绕公司曾经做过的项目进行讲解和练习，学生需要完成多个实际的开发设计，提高解决问题的能力，在企业专家指导下完成毕业设计，撰写全英文毕业论文，并被该公司正式录用为实习生。参加过培训的学生反馈，校企合作的模式不是简单的岗位技能培养，而是让学生有机会融入促进学习的工作环境，提升知识、技能、解决问题等综合能力，有效增强自身的就业竞争力。学校还与中国软件测试认证委员会合作，引入软件测试认证体系，共同培养职业化应用型软件人才。通过制定有利于应用型人才培养的校企合作实施规则，该专业学生近三年的平均就业率达99%，行业就业率保持在70%。

三是与企业建立实践教学基地。学校各专业共建立校外实践教学基地200余个，并选拔建立校级产学合作教育示范基地54个，聘任产学合作兼职（副）教授72人。其中，与上海双创产业园共建教育部“本科教学工程”大学生校外实践教育基地，构建以应用为导向的课程体系，将实践教学环节融入经管类本科人才培养的全过程。与上海交通大学医学院附属仁济医院共建危重症临床实训室，由学校投入经费、医院提供场地，为学生实习提供了真实的环境、先进的设备、一流的带教老师，为行业急需的危重症监护专科护士的培训提供了良好平台。与上海儿童医学中心、儿童医院合作，建立定向儿科护理人才培养机制，与上海儿童医学中心联合成立“综合儿科基本技能实训合作中心”。仁济医院、第一人民医院、上海儿童医学中心成为杉达教学医院，与学校的国际医学技术学院建立起更紧密的关系，医院全过程地参与人才培养方案制定、课程设置、教学和考评等环节；该学院的护理学、康复治疗学和卫生教育等三个本科专业与三甲综合性医院、专科医院、中小学等建立临床教学基地87个，使学生拥有丰富的临床学习机会、毕业实习资源；其中，护理学专业学生的就业率达100%，三级甲等医院就业率超过90%，学生职业稳定性好、动手能力强且善于与病人沟通，应用型本科护理人才的培养质量和特色得到了业内广泛认可。学校还与上海东方卫视中心联手打造行业特色鲜明、专业设置与职业岗位衔接紧密的产学研合作基地，围绕传媒学院学生实习实践、教师挂职锻炼等方面展开紧密合作。

（三）国际合作办学模式

应用型人才培养过程注重汲取国际教育创新理念和策略。学校先后与美国瑞德大学、兰德大学、英国赫尔大学、西班牙阿尔卡拉大学、芬兰中腾应用科技大学、塞纳应用科技大学、荷兰鹿特丹应用科技大学、保加利亚瓦尔纳自由大学、奥地利克雷姆斯应用科技大学、波兰社会与人文大学以及台湾文藻外语大学、澳门科技大学等23个国家和台湾、澳门地区的83所学校签署了校际合作交流协议，其中与近50所学校开展校际交流项目。学校拓宽办学视野，学习国际先进办学理念，借鉴国际办学模式，与国外合作伙伴共同制定合作办学项目和人才培养方案，实行学分互认；引进外籍教师和具有国际背景的优秀教师，组建中外教学团队，利用国际优质课程资源，改革教学内容、教学方法和考核方式，获批上海高校示范性全英语课程建设 9 项。

如学校与美国瑞德大学合作开展的“国际经济与贸易”中外合作办学项目，培养对象从本科拓展到硕士，学生还有机会在美国知名企业进行 3～6 个月的专业实习，该项目通过了教育部评估，2002 年至今已招收 13 届学生共 1014 人。学校还为学生开拓了各种海外交流项目，“十二五”期间，选拔学生海外学习进修达 743 人次，获得“上海市高校学生海外学习实习项目”奖学金 353 万元，并资助品学兼优的贫困生留学游学。学校与荷兰国际管家学院合作开设国际管家课程（国内首家），定位为融入式教育、嵌入式教学、高起点文化品位，旅游与酒店管理学院已有二批 96 名学生接受全天候、全封闭、全方位、全英语教学与实践，经考核，54 名学生获得国际通用荷兰国际管家学院证书，考核第一名的学生获得全额资助前往荷兰参加为期八周的培训。学校与芬兰中腾应用科技大学、塞纳应用科技大学建立双学位课程，培养了学生的国际视野、跨文化沟通能力和专业实践应用能力。艺术与设计学院与美国加州州立大学北岭分校的百余幅优秀学生作品对外展出，充分展现了中美设计专业本科学生的思想、创意和视觉创造力，同时也是成功的跨国界实践教学合作与探索。时尚学院与英国赫特福德大学合作举办“国际时尚前沿趋势”课程训练营；师生前往斯洛文尼亚卢布尔雅那开展专业交流，服饰设计作品在当地国家博物馆展出。学校举办国际化教育论坛，探讨高等教育国际化与应用型人才培养，探索国际合作教育领域的新突破。

（四）创新创业教育模式

应用型人才培养过程在着力强调学生应用实践技能训练的同时，更注重其创新能力的培养。学校顺应创新型国家建设发展战略的要求，将创新创业教育融入应用型人才培养全过程，核心是增强学生的创新精神、创业意识和创新创业能力，关键是让学生了解市场规律，并按照市场规律做自己的设计，学校坚持普及与提高相结合原则，整合师资开设创新创业的选修课程，组织指导各种技能竞赛活动和创新创业项目，建设双师结构师资队伍的践习基地，建立"课程、培训、实践、服务"四位一体的创新创业教育体系，形成了富有特色的创新创业教育模式。

学校积极开展和主办"双创"活动，如创新创业成果展示活动周，"助力导航成就梦想"大学生创新与创业论坛，浦东新区大学生创业大赛等，建立了浦东新区大学生创业指导工作站。胜祥商学院从最初的职业规划指导，升级到开设创新创业课程，进入校内外实训基地孵化，如利用 BPO 的商科类专业综合实训平台，让学生实践企业角色扮演和业务模拟，体验决策运营、内部管理、风险防范和市场竞争的过程，通过增强学生的专业应用能力来帮助缩短毕业生踏上社会后的适应期；管理学院学生创建"孟德创—上海高校创客实践基地"；电子商务专业学生利用跨境电子商务运营实训实验中心开展"双十一"电商实践。

时尚学院以"暖墙""画梦"命名的创新教育实践受到社会的广泛关注和赞誉。服装设计专业学生经过 40 天的创作绘画，使位于上海新乐路老弄堂的百米墙壁焕发出艺术的光彩，并出版专著《"墙暖梦飞"高校社区共建百米文化墙全纪录》，上海主流媒体都做了广泛的报道。此后学院联合全国 9 所高校的 98 名学生用 18 天 160 小时创作了中国最长丙烯画，492 米的丙烯颜料画作《画梦》在上海世博源等地巡展，也创造了一项新的世界吉尼斯纪录。学院还将创新教育融入服装与服饰设计专业核心课程，通过企业专家与导师现场指导，学生创意改造"爸爸的衬衫"，以比赛的形式选拔具有市场潜力的作品推向市场。

创新创业教育理念落实在课程体系中，着力培养具有强烈创新意识和能力，善于团结合作的应用型人才，杉达学院的学生独立思考、独立解决问题的综合能力大大增强，学生团队在各类创新创业竞赛中屡获佳绩，如学生团队分别参加中国和长三角地区"互联网+"大学生创新创业大赛获得 7 个奖项；Awesome 团队获得第六届中国大学生服务外包创新创业大赛创业实践类二等奖，该团队以

“校园二手交易平台”为参赛项目，获得评委一致好评；金融职业发展协会跻身首批市级学生科技创新社团；“民生银行杉达工作室”的学生团队荣获“民生银行手机银行校园创新大赛（第二季）”团体第一名等。

五、遵循教育规律，塑造文化环境

（一）破解深层次的瓶颈问题，形成制度文化

应用型人才培养是系统工程，必须遵循高等教育发展的规律，实施学校发展综合改革，破解深层次的瓶颈问题，形成制度文化。制度文化是围绕应用型人才培养价值观的一系列制度，以及内化为主体自律行为的文化状态，同时，也体现为制度在治理中的执行情况。制度形成文化约束，也激发文化自觉。一方面，制度文化要求对具有科学性的制度坚定不移地执行，另一方面，制度文化提倡人们不断提高执行制度的自觉性。

学校在推进工作中抓住三个关键词：教育的根本在于“育”，即大学的根本任务是育人，育人要提高道德素养、提升全面素质；改革的根本在于“制”，即要建立现代大学制度，从体制、机制、法制角度深化教学改革；发展的根本在于“人”，即教育发展的根本目的是为了人的发展，受教育者、教育者都有一个发展权利、教育公平的问题。应用型人才培养围绕着“育”“制”“人”去下功夫，在具体的运作中以学生为主体，教师为主导，管理为主线，即通过现代的治理体系和有效的管理，充分体现学生在学习过程中的主体作用和教师的主导作用。

（二）建设好民办高校的师资队伍

遵循高等教育规律与教学规律实施应用型人才培养，结构合理的高素质师资队伍是重中之重，师资队伍建设不仅仅是教师教学技能的培养，更重要的是教师社会视野、行业经验、教育气质的培养，最重要的是文化熏陶与价值认同。有两个观点需要强调：

一是民办本科高校教师需要“换骨”，就是要挺立教师的知识、

技能、素质的骨架，形成从事应用型教学的智能框架，必须要考虑：区域经济的定位、人才规格的导向、专业集群的架构、培养模式的创新、课程体系的布局、产学合作的框图、双师素质的养成、教学质量的监控；必须牢记："社会需求"是第一利益，学校整体发展是首要考量，"顾客满意"是第一原则，学生全面发展是首要任务。

二是民办本科高校教师需要"脱毛"，就是教师要不断更新观念、知识、技能，在业务上形成持续发展的态势。恩格斯有一句名言大致是，我尽可能地使自己在数学和自然科学方面来一个彻底的，像李比希所说的"脱毛"。李比希是德国化学家，他曾说过，化学正在异常迅速地取得成就，而希望赶上它的化学家则处于不断"脱毛"的状态：不适于飞翔的旧羽毛从翅膀上脱落下来，而代之以新生的羽毛，这样飞起来就更有力更轻快。民办高校教师迫切需要应用型教学的"新毛"。

同时，民办本科高校师资队伍有三个建设方面的问题必须加以重视：

第一，建设导向。民办本科高校要根据人才规格的定位，实现师资转型，也就是围绕培养应用型人才，教师要拓展职前职后一体化教育的综合素质，主要方面体现为专业教师的行业素养和行业经历。学校优化专业师资队伍，基本的要求是双师素质，基本的形态是双师结构，聘请行业企业的专业人才和能工巧匠到学校兼职，逐步形成主要由具有相应技术技能水平的高素质兼职教师讲授实践实训、技术技能课程的机制，保障应用型人才培养的质量。

第二，建设内涵。民办本科高校要着力提升教师的教学能力和学校的管理水平，落脚到在三个竞争力上：学生学习的核心竞争力、教师教学的核心竞争力、学校文化的核心竞争力。教师是搞教学的，著名艺术史家贡布里希说，"没有艺术这回事，只有艺术家"，这里借用并转义一下，"没有教学这回事，只有教师"。艺术是跟人走的，人在艺术在，在这个意义上，教学是跟人走的，人在教学在，人优教学优。问题在于：民办本科高校，人如何在？人如何优？如何留住我们的教师，如何使我们的教师真正按照培养目标、人才规格去教好我们的学生。一个核心的问题是：民办本科高校教师对应用型人才培养方案的认同和执行。民办本科高校请了相当部分研究型高校的老师，能不能认同和执行好应用型人才培养方案？刚毕业的博士硕士老师明不明白应用型人才培养方案的关键环节，如何去执行教学计划？使这些教师具备开展产学研结合的经历与素养，是很关键的，民办本科高校要营造应用型人才培养的环境，要培训教师具有组织和实施产学研合作教学的经验与能力，也就是说，使教师切实把握应用型的人才规格、校企合作的培养方案、"理实一体"的课程体系，嵌入实践的教学方法和社会评价标准。

第三，建设路径。民办本科高校通过专业建设来集聚师资队伍，通过校社联动来锤炼师资队伍。专业建设集聚，推进教师队伍素质整体提升与结构的整体优化，保持学校和社会共同质量标准的应用型人才培养的教学水平；专业水平发展，推进教师的专业化职业训练与专业水平提高，保持学校与社会对教师发展水平的统一评判标准。

（三）师资要进得来、稳得住、留得长

杉达学院在这方面进行了积极的探索，主要是围绕"进得来、稳得住、留得长"，采取了五项措施：

第一，主干支撑。一方面，着力引进和培养一支学科带头人、专业带头人队伍，他们是学校师资队伍的脊梁，人才培养的顶层设计靠他们把控，教学工程的项目靠他们实施，学校的整体实力靠他们支撑。另一方面，师德为先，即强化师德师风建设，带动学风建设、校风建设，充分发挥教师中心作用，搭建专业发展平台和工作机制，以学科专业带头人为标杆，促进全体教师在专业上的成长。

第二，整体优化。即按国际化、应用型的要求，着力打造老中青结合的骨干教师队伍，形成团队和梯队，实施青年教师培养计划，形成学校教师发展的传帮带机制。骨干教师是学校发展和应用型人才培养的中流砥柱，青年教师是学校发展和应用型人才培养的后劲所在，在应用型人才培养过程中，创新靠团队，发展靠梯队，质量靠全员，传统靠传承，绝活靠帮带，机制靠激活。

第三，双向交流，实施专业教师产学研践习计划，到企业从事实际工作或应用研究；聘请企业高级职称人员作为兼职教授，到学校承担教学任务；同时建立健全“双师型”教师培养培训和认证管理机制，提升教师人才培养能力和科技研发与社会服务能力。实施教师海外培养计划，每年选派骨干教师赴国外高校攻读硕士、博士学位，重点开展专业教师的海外培训。2013—2017 年，学校选拔在职攻读国内外博士学位 23 人、选派赴国外攻读硕士学位 54 人；选送参加国外访学 20 人；选送参加市教委产学研践习项目 39 人。通过“强师工程”项目选送各类培训（研修）教师近 300 人次；参加三届教学技能比赛获奖 14 人次。

第四，强化科研平台。通过科研项目加强团队建设。如学校从美国爱荷华大学引进知名教授，成立“信息科学大数据工作室”，带领青年教师开展云计算在商务、管理、医疗、教学等中的应用研究。又如国际医学技术学院从台湾师范大学引进教学团队，成立“卫生教育工作室”，并通过承担上海民办高校重大内涵建设项目，将课题研究、教学工作、教师培养有机结合，提升专业教师教学水平和应用科研能力。

对于完善师资队伍，国际医学技术学院的做法主要有两点：一是以老带青、临床结合为主线，促进科研团队组合培养，将科研项目分为“人文关怀素质教育与活动方案”“护理模拟实训方案”“老年护理学服务性学习”“全球健康课程”4 个子课题，各子课题由资深老教师、资深医护工作者和青年教师共同讨论协作完成，老教师、临床教师主要起引领作用，负责对课题总体设计，青年教师则负责具体执行。这种以老带新、临床结合的方式，逐步规范了青年教师的研究思路，增强了青年教师的临床体验，提高了青年教师的教学科研能力。二是以项目申报为依托，鼓励青年教师积极申报校内外课题，推动青年教师人才培养。在两年的研究过程中，团队成员申报并获批上海市教委本科教学改革重点课题1项、上海市教委创新项目1项、上海市“晨光计划”项目2项、“上海青年教师培养资助计划”项目8项，课题聚焦在“人文关怀素养”和“老年护理”这两个研究领域，营造了学院“人人有项目，人人做科研”的良好学术氛围，同时，科研产出应用于教学中，大大丰富了教学的应用性内涵，有效地提升了教学质量，1名青年教师在上海民办院校青年教师教学技能比赛中获得特等奖，多名青年教师获得三等奖和优秀奖。

第五，保障教师权益。创造条件，千方百计改善教师工作环境和待遇，依法保障教师的合法权益。学校坚持“个人事业与学校事业同步发展，教职工福利与学校实力同步提高”的基本原则，为每一个教职工提供发展平台，倡导做好推进学校发展的每件事，创造每一个个人发展的机会，保证教职工基本福利每年有递增，按高标准为教职工缴纳“五险一金”，2013—2017年已缴纳“年金”1600万余元。学校实施“筑巢引凤”工程，建设了8栋258套教师公寓；建设了教师办公大楼，副教授及以上骨干教师一人一间办公室、讲师两人一间办公室，为教师发挥才干创造良好的工作环境和待遇保障。进人靠待遇，稳人靠感情，留人靠事业，以上每项措施都有经费支撑和政策制度相配套，从而把师资队伍建设真正落到实处。

总之，应用型人才培养本质上是一个教学实践问题，但在实践过程中，我们需要教育思想的引领和教学思想的指导，同时必须强化“审辩式思维”，不断对教学实践的探索进行反思和总结，加强对应用型人才培养过程特征和目标要求的研究，根据“一般”的教育思想和教学思想，形成“个别”的教育教学理念，即符合学校实际的、具有学校特色的实践观念和教学经验，并提炼出学校应用型人才培养的基本思路与运作规范。杉达学院面对新时代和新形势、新需求和新挑战，提出“与众不同，追求品质，塑造未来”的核心发展理念，努力建设应用型、国际化的高水平民办大学，注重核心竞争力的培育，将继续为培养经济社会发展需要的高素质应用型人才贡献力量。

学生批判性思维和创造性思维是大学培养的核心

钱颖一*

2018年是中国改革开放40周年，1978年12月18日—22日召开的中共十一届三中全会开启了中国改革开放新时代。2018年也是高考恢复后第一届大学生入校40周年。邓小平在1977年夏天果断决策恢复中断12年之久的全国高考。570多万名考生，录取了27万，录取率只有4.7%，为历年来最低。1977级大学生在1978年春节后陆续入校。从时间节点上看，教育改革先于经济改革。高考制度改革以及后来的教育改革，为中国经济40年的发展提供了人才资源。在评判1976年之后重大改革措施时，恢复高考的重要性被排在几乎所有经济改革举措之前，是有道理的。

在纪念改革开放40年后的今天，我们同样应该把教育改革放到重要位置。新的发展阶段对教育有新的要求和期望。本文探讨教育如何适应社会发展的一个重要方面，即教育应该更多聚焦在学生的思维发展而非知识掌握上，这其中的核心是批判性思维与创造性思维教育。这个问题不仅与培养创造性人才有直接关系，而且也是有关育人的一般性问题。

教育的价值：从知识到思维

长期以来，我们对教育的重视，主要体现在对教育价值的关注是知识获取（从学生角度）和知识传授（从教师角度）。目前的应试

---

* 钱颖一，清华大学经济管理学院院长，经济系教授、清华大学文科资深教授。

教育,更是一个以知识为中心的教育,因为考试的基本目的就是测试学生对知识的掌握。学生的职责是学习知识,教师的职责是传授知识,这些似乎都是天经地义的。中国小孩回到家里,家长通常问的问题的是:今天你学了什么新知识?具有工作经验的人再回到学校学习,目的是为了更新知识。

知识有各种各样,包括基础知识、专业知识、前沿知识,即使是在通识教育中,关注的也是通识知识。在现代科学出现之前,知识主要是人文知识和实用知识。在现代科学出现之后,知识更多体现为自然科学和社会科学知识以及各类应用知识。在应试教育中,知识被浓缩为“知识点”,就是那些关键概念和公式,那些在考题中会出现,在评卷中评审人会去努力寻找的关键词或关键内容。

事实上,知识是现代性的重要特征。培根的“知识就是力量”这句名言,说明了在现代社会中,知识是改变世界的力量。在中国,知识又与人的命运联系在一起。中国现在的高考制度就是通过学习知识改变命运的重要渠道。“知识改变命运”把知识与个人发展前途联系在一起。

在当今中国,以知识为中心的教育观念引导出一系列学生学习知识的特点和方法。首先是学生学习知识投入的时间多。研究发现,中国学生比美国学生用在学习上的时间平均每天多两个小时。用在学习知识上的时间多了,投入到其他方面的时间就少了,学生的时间被大量挤占。学生投入学习时间多,不仅反映在校内学业负担重,而且也反映在课外辅导多。最近教育部门试图减少学生校内学业负担,但随之而来的是各种校外辅导班的增多。这在客观上推动了教育辅导产业,一些这类公司上市了,并且有很高的市值。这都说明了市场对课外辅导的需求。

在以知识为中心的教育观念下,学生为掌握知识点而形成了一系列行之有效的学习方法。对于文科题目,“死记硬背”是传统方式。而理科题目,当然可以死记硬背公式和概念,但是解题就不容易了。不过,学生们也开发出一种方法,就是通过“大量做题”来识别题型，记住解题技巧，最终达到解题的目的。俗话说熟能生巧，题目做得足够多，大量“刷题”，把能够找到的题目都做一遍，这样在考试中遇上做过的类似题目或题型的可能性就大。

在培养拔尖创新人才上，一种经常使用的方法是“因材施教”。因材施教通常也是以知识为核心的，表现在对成绩好的学生给予特殊培养，主要体现在“学早一点”“学多一点”“学深一点”。这里仍然是对知识而言的。我在美国大学任教过程中发现，中国留学生往往在硕士和博士头两年的考试中领先全班，因为他们学得早、学得多、学得深。但是在此之后，当到达了知识前沿时，在需要自己探索新知识的时候，中国学生通常的优势就没有了。这似乎同时印证了“因材施教”方法的弊端。

这种对知识点掌握的重视不是完全没有意义的。事实上，“知识就是力量”本身是有道理的。知识确实可以转化为生产力，这正是现代社会的特征。在经济增长理论中，人力资本对经济增长有重要作用，而教育就是人力资本的决定性因素。中国的中学生在国际测评 PISA 中表现优秀，以至于近期一些发达国家聘请中国中学教师去教课。大量中国留学生被发达国家大学接受，攻读硕士和博士学位。所有这些都说明中国教育有它的长处。而在一些发达国家（比如美国），近期被人诟病的教育问题，正是学生学习的知识不够，这里的知识就是指各种学科的知识。中国教育的长处和短处可能正好与美国教育的长处和短处相反。虽然我们重视知识，但是我们存在另外的、严重的问题。那就是我们太简单地把教育等同于知识。

教育除了知识之外，还有什么呢？爱因斯坦是 20 世纪最伟大的科学家，同时他对教育也有很多深刻见解。我最常引用的爱因斯坦关于教育的一句话是：“大学教育的价值，不在于学习很多事实，而在于训练大脑会思考。”他讲这句话的背景是在 1921 年，爱因斯坦获得诺贝尔物理学奖后第一次访问美国，一个记者问他“声音的速度是多少”，他拒绝回答，他认为这样的知识在任何一本物理学教科书上都能找到答案，没有必要记住。随后就讲了上述这句名言。

爱因斯坦这里说的事实就是知识。知识当然重要，但是知识不是教育的全部内容。他在这里提出了有关教育价值的一个新命题，就是教育的价值不是记住很多知识，而是训练大脑的思维。而恰恰是在思维维度上，我们中国的教育是薄弱的。学生的思维发展正是我们教育中的短板。思维或思考(thinking)通常被称为能力。能力有别于知识，但是在本文中，思维或思考不仅是一种能力，也是一种价值取向。所以，本文不局限于讨论思维能力，因为它包含超越能力的部分。

本文将集中讨论两种重要的思维——批判性思维和创造性思维。批判性思维与创造性思维有交集，但是并不完全相同。批判性思维(critical thinking)教育是目前在世界范围的大学教育中普遍受到重视的话题，而创造性思维(creative thinking)教育则是一个关注创新驱动发展的国家更加重视的话题。在大学中，致力于本科通识教育的人更加关注批判性思维教育；在研究型大学、研究机构、企业、政府中，关注创新的人则更加关注创造性思维教育。我的看法是，这两者之间有密切关联，放在一起讨论是有意义的，特别是对于研究型大学而言。

批判性思维教育

哈佛大学原校长博克(Derek Bok)在2006年出版 *Our Underachieving Colleges: A Candid Look at How Much Students Learn and Why They Should be Learning More* 一书，中文翻译版是《回归大学之道：对美国大学本科教育的反思与展望》。这本书基于他对哈佛大学本科教育的观察和反思，对美国大学本科教育提出诸多批评和改革建议。在我看来，他在书中对美国大学生的批评也同样适用于中国大学生。

根据对哈佛学生的观察并且根据心理学的研究，博克在书中把大学本科生的思维模式分为三个阶段：

第一阶段是“Ignorant Certainty”，即“无知的确定性”。这是一个盲目相信的阶段。刚从高中毕业进入大学的新生，往往都处于这个阶段。在中学，学生认为学到的知识是千真万确的，这个确定性来源于学生知识的有限性，因此是一种无知下的确定性。

第二阶段是“Intelligent Confusion”，即“有知的混乱性”。这是一个相对主义阶段。学生上了大学之后，接触到各种各样的知识，包括各种对立的学派。虽然学生的知识增加了，但是他们往往感到各种说法似乎都有道理，“公说公有理，婆说婆有理”，而无法判断出哪个说法更有道理。这就是一种相对主义。

博克观察到大多数本科生的思维水平都停留在第二阶段，只有少数学生的思维水平能够进入第三阶段，就是“Critical Thinking”，即“批判性思维”阶段。这是思维成熟阶段。在这个阶段，学生可以在各种不同说法之间，通过分析、取证、推理等方式，作出判断，论说出哪一种说法更有说服力。

批判性思维是人思维发展的高级阶段，它有两个特征：第一，批判性思维首先善于对通常被接受的结论提出疑问和挑战，而不是无条件地接受专家和权威的结论；第二，批判性思维又是用分析性和建设性的论理方式对疑问和挑战提出解释并作出判断，而不是同样接受不同解释和判断。这两个特征正是分别针对“无知的确定性”和“有知的混乱性”的，因此批判性思维不同于这两种思维方式。

在这两个特征中，第一条是会质疑即提出疑问。能够提出问题并且善于提出问题是批判性思维的起点。据说犹太人小孩回到家里，家长不是问“你今天学了什么新知识”，而是问“你今天提了什么新问题”，甚至还要接着问“你提出的问题中有没有老师回答不出来的”？这就是批判性思维的起点。第二条是在提出疑问之后，能够用有说服力的论证和推理给出解释和判断，包括新的、与众不同的解释和判断。把这两个特征结合在一起，批判性思维就是以提出疑问为起点，以获取证据、分析推理为过程，以提出有说服力的解答为结果。在这个意义上，“批判性”(critical)不是“批判”(criticism)，因为“批判”总是否定的，而“批判性”则是指审辩式、思辨式的评判，多是建设性的。

从教育的角度来看，批判性思维可以分为两个层次。第一个层次是“能力”(skillsets)层次，第二个层次是“心智模式”(mindsets)层次，学生应该同时获取批判性思维的能力和心智模式。

首先，能力层次，有别于知识。批判性思维能力不是指学科知识，而是一种超越学科，或说是适用于所有学科的一种思维能力，也称为可迁徙能力(transferable skills)。这种能力与形式逻辑、非形式逻辑以及统计推断有关。批判性思维的能力层次是可训练的。在国内，讲授批判性思维课程教师的学科背景不少是逻辑学。批判性思维的教科书也大多围绕形式逻辑和非形式逻辑展开，也包括统计学内容。

批判性思维除了在能力层次之外，更重要的是心智模式层次，它是一种思维心态或思维习惯。这个层次超越能力，是一个价值观或价值取向的层次，说明批判性思维不仅是一种能力，也是一种价值取向。

如果说批判性思维作为一种能力更多的是关于“如何思考”(how to think)，那么批判性思维作为一种思维心态或思维习惯更多的是关于“思考什么”(what to think)和“问为什么”(ask the why question)。批判性思维的这个层次是引导人们有意识地打破思维“禁区”，走出思维“误区”，走进思维“盲区”。有关“how”方面的问题，多是技术层面，包括形式逻辑、非形式逻辑和统计推断的能力，是可以通过训练获取，也可以通过诸如ETS的考题来测试。而有关“what”和“why”方面的问题，则很难通过类似的方法学习。但是它也是可学习的，可以通过被感悟、被启发等方式学习。

心理学家德韦克(Carol Dweck)的畅销书*Mindset: The New-Psychology of Success*(中文版《看见成长的自己》)描述了两种心智模式——“成长型心智模式”(growth mindsets)和“不变型心智模式”(fixed mindsets)。所谓不变型心智模式就是用固定的、守旧的思维习惯去思考问题。而成长型心智模式则是一种开放式的思维习惯,让人不断拓宽思维范围,想以前没有想过的问题,问之前没有怀疑过的命题。这就不是"how"(如何)的范畴了,而是进入到"what"(什么)和"why"(为什么)的范畴。

应该说,中国的文化传统和教育传统在训练学生"how"(如何)方面见长。中国学生提出的问题,几乎所有都是关于"how"(如何)的,但很少是关于"why"(为何)的。我们往往满足于知其然,不关心其所以然,不求甚解。批判性思维除了要求在逻辑上、统计上不犯错误之外,更重要的是要想别人没有想过的问题,问别人没有问过的问题,并且要刨根问底,探究深层次、根本性的原因。在批判性思维教育上,从能力层次入手是自然的,也是必要的。不过,这不是全部。批判性思维教育不仅要提高学生的思维能力,也要塑造学生的价值观和人生态度。

创造性思维教育

批判性思维教育是一个普遍的教育问题,而创造性思维教育更多地为研究型大学、科研机构和经济发展到一定阶段的国家所关注。

改革开放历经 40 年,中国经济已经由高增长进入到高质量发展阶段。高质量发展的供给侧要依靠创新驱动,而创新最重要的要素是具有创造力的人才,即创造性人才。中国教育的优势表现在学生整体水平比较高,但弱点是突出人才太少。我曾经用一个统计学术语刻画这个特征:"均值高""方差小"。

这个教育特征对经济发展不同阶段的含义不同:在经济发展初期的模仿追赶阶段,它并不是坏事,甚至是优势,因为比较整齐、平均水平较高的人力资源有利于在已有技术条件下的执行和管理;但是,在经济发展的创新驱动阶段,缺少突出的、有创造力的人才,对经济发展会很不利。这就是培养创造性人才在今日的中国受到前所未有重视的根本原因。

创新的核心是创造性人才，而创造性人才的核心是人的创造性思维。人的创造性思维是指新的思维、与众不同的思维，它是产生创造力的源泉。创造性思维与批判性思维相关，但不完全相同，因为创造力的核心是“新”，发现新规律，发明新产品，运用新方法，解释或解决新问题。

2005 年，钱学森向温家宝总理提出一个问题，后来被称为“钱学森之问”：为什么我们的学校总是培养不出杰出人才？虽然他当时只是针对科学研究而言，但这个问题可以推广到很多领域。比“钱学森之问”更为一般、更具准确性的问题是：相对于我们的人口规模，相对于我们的经济总量，相对于我们的教育投入，从我们的教育体制中走出来的具有创造力的人才，为什么这么少？

中国是世界上人口最多的国家，占全球人口的 1/5，是美国人口的 4.5 倍，日本人口的 11 倍。中国的经济总量（GDP）占全球总量的 1/7。中国也是世界上在校学生最多的国家。2016 年，中国高等教育在学规模有 3600 多万人，高校在校生 2700 多万，高校每年录取本科专科学生 700 多万，均为全球第一。相对于这样巨大的人口规模、经济规模和受教育者规模，无论是科学技术成就、人文艺术贡献、还是新产品新品牌新商业模式，中国产出的创新不是没有，确实太少。

日本从 2000 年到 2016 年间，共有 17 人获得诺贝尔自然科学奖，平均每年 1 个。当然，中国人均 GDP 的发展水平目前还只相当于日本的 70 年代。不过日本在 1980 年之前已有 3 人获诺贝尔科学奖，80 年代和 90 年代也有 3 人获奖。而中国到目前为止只有 1 人获诺贝尔科学奖，况且中国的人口是日本人口的 11 倍。所以，即使拿我们的现在与日本的 70 年代比，并考虑到我们的人口规模，从诺贝尔科学奖这个指标来看，我们的差距也是明显的。数学的菲尔兹奖是另一个指标。中国内地至今还没有获得菲尔兹奖的数学家。中国香港、越南、伊朗都有过获得菲尔兹奖的数学家。我们当然不能以诺贝尔奖或菲尔兹奖为唯一指标，但是它们有标志性。“钱学森之问”是一个值得重视和思考的问题。

我们缺乏创造性人才的原因是什么？具有创造性思维的人才通常具有哪些要素？我在这里提出一个关于创造性思维的三因素假说：创造性思维由知识、好奇心和想象力、价值取向三个因素决定。

创造性思维首先来源于知识。这似乎没有争议。不过，对知识的界定需要更多思考。我们说的知识通常指学科和领域的专业知识。但是，知识也应该包括跨学科知识、跨领域知识、跨界知识，而这些正是我们的薄弱环节。创造力多产生于学科交叉和融合的领域。《史蒂夫·乔布斯传》的作者艾萨克森（Walter Isaacson）把乔布斯（Steve Jobs）描写为“站在科学与艺术之间”的企业家，是指科学与艺术的跨界。马斯克（Elon Musk）的本科专业是商业管理，同时修物理学第二学位，而物理学对他的创新创业有很大影响，这是科学与商业的跨界。所以，即使是在知识层面，我们也需要改革，要超越狭隘的专业知识范围，更多地强调跨学科和跨界知识。

所以我对“钱学森之问”的第一个回答是：我们的教育体制中培养的学生缺乏创造性人才的第一个原因是学生的知识结构有问题。我们的学生过多局限于专业知识，而缺乏跨学科、跨领域、跨界知识，这些往往才是具有创造力的人才的特征。

创造性思维的第二个来源是好奇心和想象力。十几年前，清华大学物理系邀请了四位诺贝尔奖获得者来访。在探讨他们为什么取得科学成就时，清华学生提出的词是基础好、数学好、动手能力强、勤奋、努力等。然而，这四个人回答是一样的，不是这几个词中的任何一个，而是说好奇心最重要。

爱因斯坦说过，“我没有特殊的天赋，我只是极度地好奇。”他还说过：“想象力比知识更重要。因为知识只是局限于我们已知的一切，而想象力将包括整个世界中那些未知的一切。”他在这里讲的好奇心和想象力，是超出知识以外的因素，这正是在我们以知识为中心的教育中不受重视的方面。

知识通常是随着受教育的增多而增多。经济学家都是用劳动者受教育年限来度量“人力资本”,并以此测算它对经济增长的贡献。但是,好奇心和想象力与受教育年限的关系就不像知识与受教育年限的关系那么简单了,通常取决于教育环境和教育方法。

我们有理由相信,儿童时期的好奇心和想象力特别强。但是随着受教育的增多,好奇心和想象力很有可能会递减。这是因为,知识体系都是有框架、有假定的,好奇心和想象力往往会挑战这些假定,批评现有框架。当然这些批评在绝大多数情况下并不正确,所以会被否定,但是这在客观上就产生了压制和否定好奇心和想象力的效果。难怪爱因斯坦感叹过:“好奇心能够在正规教育中幸存下来,简直就是一个奇迹。”

在我们的应试教育下,情况会更糟。当学生学习的唯一目的是获得好成绩,当教师教书的唯一目标是传授标准答案,那么很可能的结果就是,受教育年限越长,教师和学生越努力,知识点掌握越多,但好奇心和想象力却被扼杀得越系统、越彻底,到头来保留得越少。

如果创造性思维是知识与好奇心和想象力的乘积:创造性思维=知识×好奇心×想象力,那么,随着受教育时间的增加,前者在增加,而后者在减少,作为两者乘积的创造性思维就有可能随着受教育的时间增加先是增加,到了一定程度之后会减少,形成一个倒U形状,而非单纯上升的形状。

这就形成了创造性人才教育上的一个悖论:更多的教育一方面有助于增加知识而提高创造力,另一方面又因减少好奇心和想象力而使学生丧失创造力。这两种力量的相互作用使得判断教育对创造性人才产生的作用变得不那么确定,但是却能为解释一些大学辍学生很有创造力提供依据。

如果以上分析是对的,那么我对“钱学森之问”的第二个回答是:不是我们的学校培养不出杰出人才,而是我们的学校在增加学生知识的同时,有意无意地减少了培养创造性人才的必要因素——

好奇心和想象力的培养。

创造性思维的第三个来源与价值取向有关，也就是与追求创新的动机和动力有关。当前影响创造性人才培养的一个突出问题是普遍的短期功利主义，具体表现为急功近利、追求短期效果的浮躁心态和浮夸环境。个人和社会都想在创新上有“立竿见影”的效果，就是插个杆子，太阳一照，马上就能看到影子。各种评价机制多奖励可度量、可量化的成果，但是有创造性和长远前景的成果往往难度量、难量化。短期功利主义也是造成创新中的“同质化”和创业中的“羊群效应”的深层次原因。

讲到创新的动机，还是需要引用爱因斯坦的话。爱因斯坦在100年前的1918年柏林物理学会举办的普朗克60岁生日庆祝会上有一篇著名的讲话。在这篇题为“探索的动机”的讲话中，他说，在科学的庙堂里有各式各样的人，他们探索科学的动机各不相同。有的是为了智力上的快感，有的是为了纯粹功利的目的，他们对建设科学殿堂有过很大的甚至是主要的贡献。但是科学殿堂的根基是靠另一种人而存在，他们总想以最适当的方式来画出一幅简化的和易领悟的世界图像，他们每天的努力并非来自深思熟虑的意向或计划，而是直接来自激情。

爱因斯坦说普朗克是这样的人。爱因斯坦自己也是这样的人。爱因斯坦的信念是“简洁思维”，他相信世界是可以被简洁的理论解释，并可以用简洁的公式表述。他说过，“如果你无法简单地解释，就说明你知道得还不够多。”在他看来，科学研究不是为了智力上的快感，不是为了功利的目的，而是想以最适当的方式来画出一幅简化的和易领悟的世界图像。所以，他的创造性的动力并非来自深思熟虑的意向或计划，而是来自向往“简洁思维”的激情。

乔布斯的创新也是来自一种激情，他的信念是“不同思维”。面对IBM这样的大公司在计算机领域长期占据霸主地位，乔布斯相信我要与你不同。长期以来，IBM的座右铭是其创始人沃森(Thomas Watson)提出的“Think”(思维)，这就是ThinkPad名称的来源。

1997 年，当乔布斯重返苹果时，公司正处于低谷。他为苹果公司精心设计了一个划时代的广告“献给疯狂的人”(To the Crazy Ones)。在展示出包括爱因斯坦、爱迪生、毕加索等杰出人物(“疯狂的人”)之后，广告推出的主题是苹果公司向这些人致意，与他们为伍，并针对 IBM 的“Think”推出苹果公司与这些“疯狂的人”的一个共同理念，就是“Think different”，即“不同思维”。正是这个“不同思维”，成就了苹果公司贡献给世界的一系列革命性的新产品。

一般来说，创新的动机有三个层次，分别代表了三种价值取向：短期功利主义、长期功利主义、内在价值的非功利主义，每一个后者都比前者有更高的追求。具体到当前情况，对短期功利主义者而言，创新是为了发论文、申请专利、公司上市，这些能够在短期带来奖励的结果。对长期功利主义者而言，创新是为了填补空白、争国内一流、创世界一流，这些需要长期才能见到成效的结果。而对内在价值的非功利主义者而言，创新是由于一种内在动力，而不是为了个人的回报和社会的奖赏，是为了追求真理、改变世界、让人更幸福。这种内在价值是一种心态，一种永不满足于现状的渴望，一种发自内心、不可抑制的激情。

如果创造性思维是知识、好奇心和想象力、价值取向三者的乘积：创造性思维＝知识×好奇心和想象力×价值取向，那么，在这三种价值取向下人的创新动机不同，所产生的创造力也不同。

我们的现实情况是，具备第一类动机的人很多，具备第二类动机的人也有，但具备第三类动机的人就寥寥无几了。具备第一类动机的人，虽然也能出创新成果，但是不一定有太多创造性，因为太急功近利。具备第二类动机的人比第一类具有更加长远的目标，可以做出创造性贡献，甚至是开创性贡献。但是，这还不是创新动机的最高境界，诸如普朗克、爱因斯坦、乔布斯这样的科学家和企业家具有的境界，即最高境界。科学和社会的殿堂中如果没有他们，就不成其为殿堂。

我们之所以缺乏创造性人才，除了知识结构问题和缺乏好奇心和想象力之外，就是在价值取向上太急功近利，太功利主义。急于求成的心态，成雄败寇的价值观，导致的是抄袭、复制，而不大可能出现真正的创新，更不可能出现颠覆性创新、革命性成果。

所以我对“钱学森之问”的第三个回答是，我们的价值取向出了问题：不仅是学校，而且整个社会都太急功近利。与此形成鲜明对比的另一个极端是科学的发源地古希腊。古希腊哲学和科学的产生是最为纯粹地基于人们对自然现象和社会现象所表现出来的困惑和好奇，以及感受到自己无知后的不断探索。在古希腊，求知并非为了实用的目的，而是为了摆脱无知，为求知识而求知识。正是古希腊的那种对智慧的纯粹的热爱，那种完全的非功利主义，不追求任何实际回报的价值取向，才成就了它辉煌的哲学和科学传统。当然现代社会的情况不同于古希腊，但是我们仍然可以从历史中受到启发。

学科融合：新闻传播教育的未来

陈昌凤　张小琴*

美国斯坦福大学2014年3月推出“联合专业”，首次将人文、理工这两个常被认为是“水火不相容”的专业融合在了一起，将在2014年秋季先行推出一种将人文学科与计算机科学合二为一的本科“联合专业”，首批推出的两个专业是计算机科学与英语、计算机科学与音乐。此举在世界教育界引发极大反响。事实上，融合文理专业的做法，在美国已经起步。比如，很多高校建设有数字化人文学科的项目，师生不仅可以学习基于计算机技术的文本、3D谱系、数字化、视觉化等多种研究技巧，甚至可以创立新型的人文学科研究体系。

文理关系一直是教育界乃至人类文明中的复杂问题。按照英国斯诺爵士1959年在剑桥大学的里德演讲中提出的观点，我们的社会，包括教育系统和知识生活的一个特征，就是两种文化的分裂——一边是艺术或人文学，另一边是科学。① 文化是否可以分类？如果可以，能够分为几类？斯诺认为，人类本身活动的多样性，决定了人类文化的分类也是多样的，不止有两种那么简单，其标准也未必只是按照学科分类标准进行。但是由于人文与科学的特征如此不同，差别如此明显，所以以人文和科学来笼统划分文化也不无道理。只是这种划分的目的是为了使二者得到更好的发展，而不是使

---

* 陈昌凤，清华大学新闻与传播学院常务副院长，教授，博士生导师，新闻研究中心主任。中国新闻史学会第五届会长，国务院学位办学科组（新闻传播）成员，教育部高等学校新闻传播学类专业指导委员会副主任委员，中国记者协会常务理事。张小琴，清华大学新闻与传播学院教授，博士生导师。

① 〔英〕查尔斯·斯诺：《两种文化》，陈克艰、秦小虎译，上海科技出版社2003年版。

两者水火不容、完全对立。斯诺认为文化的对立，根源在于社会的教育制度，他在强调科学、特别是实用科学对社会发展进步的作用时，对所谓进步的西方文明提出了更大的期待。尽管他的观点值得商榷，教育制度本身不一定是文化分裂的根源，但是他提出的问题是值得我们深思的。人文和科学的相异之处，人们已经了解得够多，也有斯诺这样对科学文化的重视，但是随着科学技术的发展和人文学科的新挑战，文理融合已经被当作解决问题的主要途径，因此人们在不断地重复这样的问题：人文学科与科学二者能否融合？如果能，可能以怎样的方式融合？

传统媒体时代已经论及的文理关系的复杂性，到了互联网时代又有了新的变迁。人文与科技如何能分开？新媒体预言家凯文·凯利称："科技正在将所有生物的思维缝合在一起，把世界包裹在电子神经构成的振荡外套中。"科技是生命的延伸，二者的共同需求是：提高效率、增加机会，提高自发性、复杂性、多样性，提高专门化和普遍性，增加自由、促进共生，增加美感、提高感知，扩展结构、提高可进化性。网络社会正在颠覆此前的学科界限，生物学的规律，被应用到文化、经济、机械这些领域；生态系统的连接性规律，应用到经济系统、文化系统中；老子的《道德经》，可以作为21世纪饱含热忱的硅谷创业公司的座右铭；集医学博士、哲学家、数学家、理论生物学家于一身的斯图亚特·考夫曼，其生物学定律竟然能解释社会网络、政治稳定。① 所以，学科之间的界限，正在被打破。以反映社会变动为己任的新闻传播学科，也不得不面对新的挑战。《纽约时报》在一篇美国新闻与传播教育的转向与新潮流的长篇报道中说："全美各地的新闻学院的教授们都在奔走呼号，试图革新新闻教育。"本文将以国际国内的新闻院系教育以及相关融合型教育为例，讨论文理融合时代新闻传播类教育的新方向。

---

① 〔美〕凯文·凯利：《科技想要什么》，熊祥译，中信出版社，第3-18、349-359页。

媒体类教育的跨学科化

随着传播技术的飞速发展，传媒业也在急剧发生着变革，新闻生产的流程也不断变化，从基于印刷、按部就班式的媒介构架，开始转向基于数字、由用户需求主导的构架。新的教育模式需要将传统的新闻价值观、新媒体知识和技能，以及企业家精神一同打包传送给学生，甚至需要开设一些课程，教会学生如何给自己"造"一份工作。[①] 在这样的背景下，美国各大新闻院系都开设了越来越深入的计算机类课程，哥伦比亚大学和纽约城市大学的新闻学院分别建成了自己的新媒体创新研究中心。如今，新闻与传播学院都在利用计算机技术、交互媒体和新的商业模式来超越彼此，不少学院与计算机科学专业联合发展自己的学科。教学模式也在发生着变化，跨学科已经是大势所趋。

哥伦比亚大学新闻学院的院长雷曼(Nicholas Lemann)在 2009 年接受纽约时报采访时曾说，文科学生要迈进新闻行业，不仅需要兴趣，还需要接受相关的专业培训。这其中包括了跨学科的培训。他将新闻教育描述成为一个三条腿的板凳，三条腿分别是技能，价值观和智力。哥伦比亚大学的新闻教学项目刚开办了一个网络野营活动，参与的学生在要学会使用 Adobe Flash Player，Final Cut Pro 和 Adobe Photoshop 等软件。北卡罗来纳州立大学的新闻学院强调学生的综合能力，包括交流能力、经营管理能力和企业家精神。

要求新闻传播类学生获得双学位、第二学位，已经成为新闻教育类常见的培养方式。哥伦比亚大学自 2011 年秋季起，开设了新闻与计算机双学位硕士项目，帮助学生成为"新闻应用程序的数据

---

① Brian Stelter，Journalism Schools Play Catchup，*New York Times*，April 19 2009. http://www.nytimes.com/2009/04/19/education/edlife/journ-t.html? pagewanted=3&_r=2&hp

开发专家"。[①] 四个学期的课程中每学期都有计算机课程:第一学期1门,第二学期4门,第三学期2门,第四学期2门。而且计算机学位课程专业难度大,如人工智能、自然语言处理、机器学习等高难度的课程也在其中。与此同时,一些新型双学位项目将被加入学院的教学计划,包括商学、国际公共事务管理、法学以及宗教学。其他学校,比如纽约大学新闻系,在十多年前就开始要求学生修习双学位,因为新闻工作需要"发掘存在于其他学科中的知识"的能力。

相近的做法还包括提供"联合学位"。近年来美国高校开始流行的一种新型的专业,被称为联合专业。这种专业一般指跨学科的专业,或者说其学位中包含了多个学科的知识,学生在寻找工作和规划未来职业发展时就多了一份机遇和选择。以语言文学专业为例,计算科学技术在分析文学作品中日益显示其重要性,特别是数据库的使用使文学研究、语言学研究都不再是感性认识和理性推断的结果。在音乐学科中,使用电脑进行音乐创作和音乐制作,如软件设计、人机交互、超声处理等,都已经变得越来越普遍。正如斯坦福大学英语系副教授詹金斯 (Nicholas Jenkins)所说,人文学科与计算机科学这两者在日益相互靠拢。在当下的人文学科研究中,计算方法已经变得越来越重要;与此同时,人文学科中十分重要的诸如美学的、认知的、伦理的与交际的问题,对计算机信息处理技术的未来而言,也变得十分重要。因此,这个专业将鼓励学生跨越两个不同学科的分界线。[②] 回到新闻传播学科,这种联合学位也越来越受到学生青睐。纽约大学自2007年以来在全球范围内招收联合学位的"全球传媒和联合项目"(the Global and Joint Program Studies)的学生,学生选择了新闻学以后,同时在另8类学科中挑选出一项来学习,包括近东研究、亚洲研究、宗教研究等等。此外,2012年起纽

① 〔美〕吉恩·赫斯科维兹(Jean E. Herskowitz):《新闻学教育:生存还是繁荣——来自美国新闻学院的报告》,江海伦编译,引自人民网2012年2月16日,http://media.people.com.cn/GB/22114/49489/239125/17131408.html

② 《中国科学报》,2014年3月27日。

约大学还开设了一项数字新闻项目，学生们要学习 5 门计算机课程和 1 门新闻学课程。

此外，媒体类课程也在与其他学科如商科、工科等嫁接。比如在中国，近几年，清华大学新闻与传播学院联合计算机系开设的新闻编程、数字媒体实务课程，由新闻专业、计算机专业、信息科学等学科背景的教师联合开设数据新闻课程。中国人民大学新闻学院等也引进了一些计算机科学背景的教师。在美国，哥伦比亚大学在商学院开设关于媒体的商科专业，在工学院下提供 MS in Data Science技术类的专业，主要开设的是计算机类课程。康奈尔大学设有 Information Systems with specialization in Connective Media 的理学硕士项目，两年的课程并不完全是计算机类，大多数课程是关于数字媒体技术方面的，需要学生具有数学和计算机基础，以及良好的投资和领导能力。纽约大学关于媒体的专业有两个，一个是开在斯特恩商学院 MBA 下的 Entertainment，Media and Technology (EMT)项目，主要开设的是商科课程和媒体课程；另一个在 Poly 学院，是有关于媒体技术以及媒体仪器熟练使用的专业。麻省理工学院的媒体实验室设有媒体艺术与科学专业，是一个传统科研型专业。

“顶点”式融合课程在新闻教育中的应用

本文开头提及斯坦福大学的一个独立的、全新的文理学士学位，其联合课程的安排是由来自两个不同专业导师为学生设计的一套全新的课程体系，这套课程融合了两个专业的知识体系，并且强调两个专业的结合点。到了大四，学生需要参与并完成一个“顶点”项目，或者完成一篇跨学科的荣誉学位论文。而这两项工作都需要将两个专业的各个方面结合起来，使人看到学生对两者综合性知识的深入理解。“顶点”项目或课程，成为融合学科、融合思维的新工具。虽然新闻教育中的融合理念与文理融合不完全一致，但是也是一种跨学科、跨领域的融合。

美国的新闻学院近 20 年来逐渐设置了“顶点课程”(capstone

course,或可译为“整合式课程”),其是美国大学协会1983年完成的报告中首先提出的一种课程工具,作为系统评价学生综合素质的一种方法,以促进学生进行更深入地学习和体验。[①] Capstone原意是建筑物最顶层、最后一块石头,用以稳固建筑结构,使之顺利完工,这里指学生毕业前的最后、最巅峰的学习,要总结、整合之前所学的知识、技能与态度,并产出具体成果。大学的课程过于片段化、专精,而临近毕业前设置的“顶点课程”强调广度,具有总结性、应用性,回顾、整合过去所学,让学生整合、拓展、批判和应用在本学科领域学习中所获得的知识、技能、沟通能力和态度等,目标是发展学生的综合素质、增强学生的竞争力和适应性。同时“顶点课程”支持学生的深层次学习,帮助学生从课堂教学过渡到解决实际问题,要求学生产出成果,帮助学生掌握未来工作中所需要的技能,为学生真正进入职场或继续深造做准备,也使他们对未来更有信心。顶点课程成为一种有效的评价工具,评价内容包括独立研究、毕业论文、专题研讨、实习、毕业考、设计或作品等。[②]

新世纪以来,美国亚利桑那州立大学凤凰城校区的沃尔特·克朗凯特新闻与大众传播学院,成为新闻教育界的一类典范——将传统的新闻价值观和网络教育、企业家精神一同打包传给学生。克朗凯特学院从教学理念、设施设备、课程规划、教学设计、实践平台建设、对外合作、师资力量等各个方面,创设了全面适应新媒体时代要求、适应学生学习与实践需要的完整体系。其教学设计,充分体现了美国教育中顶点课程的理念。学院设立了四个浸入式实践项目(Full-Immersion Professional Program),包括四个教学平台和四门顶点课程——四个平台分别对应于印刷媒体、电视媒体、新媒体和公共关系,涵盖了新闻与传播的主要领域。克朗凯特学院的创新之

① Association of American Colleges(1985):Integrity in the college curriculum: a report to the academic community : the findings and recommendations of the Project on Redefining the Meaning and Purpose of Baccalaureate Degrees.

② Robert C. Moore, CAPSTONE COURSES, http://users. etown. edu/m/moorerc/capstone. html

处在于，它并不是把学生送到外面的实务界去实习，而是自己开设了真正的实务平台。本科生中的多数学生和研究生中的所有学生都要选择其中一个项目，实践在教学过程中进行，教学在实践过程中贯穿。这些平台提供真实的媒体实践环境，学生所做的都是真刀真枪的媒体工作，而不只是校园新闻或者模拟练习。

尤其值得称道的是，这些顶点课程紧密结合教育的核心宗旨，围绕提高学生的核心能力展开。其项目一是克朗凯特新闻通讯社(Cronkite News Service)，以传统纸质媒体新闻为主，兼及数字新闻和视频新闻。这个项目最接近传统纸媒，但学生须运用多媒体平台制作内容，向印刷媒体供稿，包括文字、图片、视频报道，并与网络编辑合作，图文并茂地呈现于网上。其项目二是克朗凯特新闻观察(Cronkite News Watch)，是电视新闻采制与播出平台。学生记者制作同名电视新闻节目，每周 4 天，每天 30 分钟现场直播，通过当地的有线频道向亚利桑那州的电视用户播出。新闻观察同时向其他电视媒体供稿，节目组也有自己的网站，视频内容和文字均呈现在网页上。项目三是数字媒体实验室(New Media Innovation Lab)和奈特数字媒体创业中心(the Knight Center for Digital Media Entrepreneurship)两个新媒体实践平台。数字媒体实验室是一个跨学科项目，工作人员包括新闻学院、商学院、电脑工程和设计专业的学生，他们为媒体公司开发新锐的多媒体产品：比如为美国报业集团甘内特公司(Gannett Co.)提供服务，研究年轻人的消费习惯并设计对应产品，设计 iPhone 图标，设计 Facebook 的界面挂件。项目四是克朗凯特公共关系实验室，它使学生置身于真实的公关情境中，培养学生与媒体打交道的能力。实验室的运行像其他公关公司一样，学生各司其职为客户服务，同时学习相关知识，包括交流与策划、危机公关、活动策划与推广、形象与名誉维护、内外部沟通、公司交流等内容。实验室的客户有商业机构，也有非盈利机构和一些寻求低价公关服务的公司。①

---

① 张小琴：《数字时代的新闻教育：浸入式全媒体实践》，《新闻与传播研究》2013 年第 8 期。

中国式新闻传播教育融合与“顶点课程”案例

近年中国提倡的通识教育包含了某种文理融合的理念，只是还没有走得如美国那么远。比如复旦大学从2005年起，新生进入后要先在文理学院接受为期一年的基础教育，让新生首先在共同的平台上接受培养和人文关怀教育。这也是美国等国大学的常用模式，在一年级不分专业，培养通识素养。复旦大学又设计了五个实施跨院系招生与培养的大类，分别是历史类、社会科学试验班、经济管理试验班、自然科学试验班、医学试验班，大二后再选读某一院系的课程。复旦大学新闻学院“马克思主义新闻思想”教学团队，还向全校开设马克思主义新闻观的“通识教育平台课程”，复旦大学每年有三分之二的本科生选择这门课程，内容包括马克思主义新闻思想的历史地位、哲学基础、经典作家的新闻观、新闻传播规范等。

另外的融合方式也包括二学位、双学位制——以新闻传播为第一学位，或作为第二学位的模式。中国大学的新闻院系中，开设二学位的做法很普遍。清华大学新闻与传播学院自2011年起，面向文、理、工各学科的学生开设了跨学科的出镜记者二学位项目、新闻学二学位项目，每年招收40位左右的二学位学生，其中一些理工科出身的学生，不仅通过学科融合提升了自身，也从思维方式、操作能力等方面影响了新闻传播学的学生。同时，学院也鼓励学生去修读法学、管理学、艺术学、语言学等二学位课程，扩展学生的知识面和思维能力，融合多学科促进学校教育水平的提升。

联合学位模式也在中国新闻教育界有所尝试。清华大学新闻与传播学院与法学院每年招收联合学位的本科生，每个学院隔年负责学籍，称“新法班”或“法新班”。此外，新闻与传播学院、艺术学院和计算机系尝试联合招收硕士研究生，只是规模尚小。在实践教学中，清华大学新闻与传播学院尝试通过“顶点课程”进行学科融合，同时实践了媒介的融合、技术的融合。从2002年创办《清新时报》开始，清华大学新闻与传播学院通过建设“清新传媒全媒体实践教学平台”，逐步形成了一种以学生自主实践为导引的教学模式。学院通过搭建学生媒体实践平台，引导学生自主学习各类媒体和技术、自主实践各类媒体和技术；学院开设了工作坊课程，以学生实践为中心，进行全业务流程伴随式教学；教师与学生共同实践，通过高度协商式的互动，完成学生的人格养成和能力培养。经过十多年的建设，目前清新传媒已经拥有多媒体集群：平面媒体实践平台“清新时报”，以纪录片为主的影像创作实践平台“清影工作室”，视频节目制作平台“清新视界”和网络实践平台“清新网”等，是一个联合式、全媒体的实践教学平台。

学院还以工作坊的方式打造浸入式实践平台。在过去的教学体系中，各新闻学院都有各自的实践活动，但是存在普遍问题：一是模拟实践多，真正的媒体实践少；二是实践活动没有纳入教学体系之中，只是社团活动或者独立操作，很难作为教学任务覆盖到每位学生，或者达不到基本掌握一种媒体形式所需要的工作量。清华大学新闻与传播学院的做法，是以开设工作坊课程的方式，使得实践活动成为教学体系的一部分，而且是最重要的部分之一。清新传媒的所有实践活动都依托于对应的工作坊，目前开设有“清新时报工作坊”“清新视界工作坊”“清新网工作坊”“清影工作坊”“深度报道工作坊”和“新媒体应用工作坊”等。老师带领工作坊，是教学任务的一部分，学生选课拿学分，是培养计划的一部分。工作坊内，学生进行的是真实的实践活动，他们做的报纸、节目、网页，最后都会呈现在相应的媒体中，与公众见面。学院没有分系和专业，而是以课组的方式引导学生。每个课组中，工作坊都是标志性课程，类似美国大学的顶点课程。学生可以有所偏重，以发展专项能力，也可以兼顾不同课组，培养全媒体报道能力，但必须至少选择一种工作坊，保证所完成的工作量能达到熟练掌握一种媒体形式的需要。

以视频新闻课组为例，学生在基础课、新闻专业必修课之外，选修这个课组的指定课程，其中“清新视界工作坊”和“清影工作坊”为必选课程，可以单选或多选。“清新视界工作坊”在春季和秋季学期连续开课，是一个视频新闻栏目，每周三次在国内主要视频网站上线，在海量的视频节目中接受网民的审视和点击。内容不局限在校园，而是对各类社会现象、各种社会阶层进行关注和报道。学生报选题，外出拍摄，剪辑制作，录制演播室串联，剪辑合成并上传到各大主要视频网站，点击率经常达到10万次以上。"清影工作坊"在暑假小学期开课，每年在中国的东西南北中各个地方寻找实践基地，目前已经在黑龙江宝泉岭农场、新疆石河子兵团、东莞等地开设了多届，不仅外出拍摄纪录片，还常年指导和资助学生的影视创作。经过一个学年集中、高强度的实践活动之后，所有选课学生基本上都能胜任一般的电视（视频）新闻工作。各个工作坊作为每个课组的必选课，覆盖到所有学生，让每个学生都具备实践的基本能力。《清新时报》创刊于2002年，为八版周报，面向清华大学师生发行，办报理念就是"校园真媒体"，其组织架构、运作方式、版面设计和内容都以专业新闻媒体为标准，从出版人、社长、主编到编辑记者一应俱全，甚至有自己的广告部。目前每期发行7000份左右，是清华大学发行量最大、最有影响力的学生媒体之一，在中国高校传媒联盟中首批入选"十佳校园媒体"，12年来培养了一大批进入主流媒体工作的优秀记者。

学院为报纸提供编辑室和排版系统，为视频节目提供拍摄、剪辑设备、演播室等硬件设施。学生按照标准流程，在一定时间内完成固定工作量，报纸必须按时出版，栏目必须按时上线，置身于真实的工作环境和工作压力下，体验完全真实的实践过程，实践的最后结果要接受公众审视，无论是成就感还是压力，都与真正的新闻工作者接近。同时，学生媒体也置身于新闻媒体的真实环境中，与时俱进，与新闻业的最新发展同步前进。《清新视界》从诞生开始，就与新媒体相伴而行。除了在各大视频网站上线之外，学生们创建了官方博客、官方微博、人人网主页、手机APP等，在推广节目的同时掌握多种媒体形式。

清华大学的新闻传播"顶点"式实践教学，重视课程整合、伴随式教学和协商式互动，是一种融合理念的教学。首先是课程整合。实践活动需要有相对完整的过程，多环节连贯进行，多工种配合工作。以往的新闻教学多是按照新闻业务的过程或者工种，对课程进行分割。电视(视频)新闻为例，电视策划、电视采访、电视制作、新闻评论等环节分别授课，每个老师讲不同的部分，学生上完各部分的课，依然无法获得完整的实践体验。清新传媒的工作坊课程打破这种机械划分，对相关课程进行整合，使得实践活动在课程内能够连贯进行，学生可以先选或者后选其他课程，但至少在工作坊内，他们会有连贯的实践过程。其次是伴随式教学，以学生实践为核心，教师联合授课、连贯授课，形成全业务流程伴随式的教学模式。多位电视和新闻相关专业的教师共同组成教学组，随着学生实践活动的展开进行教学工作。与过去教得完整，学得零散不同；在这里，学生的实践是连贯进行的，老师的教学是零散的、伴随式的。以“清新世界工作坊”为例，参与教学的有五位教师，分别是擅长拍摄、制作的雷建军、梁君健，擅长策划、采访的张小琴，擅长内容编辑的曹书乐和擅长新闻评论的周庆安老师。学生只管报自己的选题，做自己的节目，授课在策划、采访、演播室录像、编辑、制作的各环节随时进行，到哪个环节就由擅长该环节的老师重点指导。学生实践活动与真实的工作流程一致，学到的马上就用，可以随时转化为工作能力。

清新传媒的实践教学模式仍在探索之中，目前已经取得了一些成果，2008 年和 2012 年两次获得北京市高等教育教学成果奖，“清新视界”视频新闻实践教学项目获得 2013 年全国新闻学与传播学教学创新项目奖。作为学生媒体，它提供不同形式的具有青年观点的新闻内容；作为学生的自主成长空间，它正在涵养着新时代的新闻生力军；作为一个创新的实践教学平台，它希望为中国新闻教育提供一种全新的教学模式；作为一个媒体合作平台，它将为新闻教育和新闻实务探索更直接的合作方式。①

① 本案例参见张小琴、陈昌凤：《后喻时代的新闻教育》，《国际新闻界》2014 年第 7 期；陈昌凤、张小琴：《融合时代的新闻传播教育》，《中国高等教育》2014 年第 7 期。

工商管理人才培养模式改革

刘永泽*

人才培养模式是为实现蕴含一定教育理念的培养目标而对培养对象实施的标准化培养过程。教育部 1998 年 4 月第一次全国普通高校教学工作会议的主文件《关于深化教学改革，培养适应 21 世纪需要的质量人才的意见》(教高[1998]2 号文件)指出，人才培养模式是学校为学生构建的知识、能力、素质结构，以及实现这种结构的方式，它从根本上规定了人才特征并集中地体现了教育思想和教育观念。人才培养模式由培养目标、课程设置、教学方式、师资队伍、社会实践、毕业论文等要素构成。长期以来，由于各种因素的影响，尤其是基于互联网的新技术革命对工商管理实务提出挑战，我国的人才培养模式，特别是工商管理人才培养模式与社会需求严重脱节，培养的人才不能满足社会的需求，这已是不争的事实。如何改革工商管理人才培养模式，已成为我国高等教育改革的重要议题。

一、我国工商管理人才培养模式面临的问题与挑战

(一) 人才培养目标模糊

人才培养目标是建立培养模式的依据，它决定了对学生的素质培养要求和培养模式。它决定着课程设置、教学方式、师资队伍、社会实践、毕业论文等其他要素。我们的毕业生为什么不适应用人单位的要求，主要是我们的培养目标定位不明确。大学生就业难的同时，却出现了部分企业招工难，用人单位找不到他们急需的人才，这

---

* 刘永泽，教授，曾任东北财经大学会计学院院长、国务院学位委员会工商管理第六届学科评议组成员。

种尴尬的局面近几年一再上演。我国高校对工商管理人才的培养目标比较相似，千篇一律，各高校之间培养目标基本上没有差异，翻开各校的培养方案和教学计划，也是大同小异，没有体现各类学校的特色。

此外，人才培养定位也比较模糊。长期以来我国高校基本上都将工商管理人才的培养目标定位于高层次或高级专门人才。什么是高级含义模糊，高层次到底是理论水平高还动手能力强？是研究型人才还是应用型人才？并不清楚。清华大学培养的是高层次的专门人才，地方院校，甚至三本的院校也培养高层次的专门人才。反观国外大学的培养目标差异较大，定位清晰，不同的学校都有各自的培养目标，体现了各自的特点。国外大学的培养目标一般都从培养“人”的角度出发，更强调综合素质的养成，综合素质加专业能力是其基本特征。工商管理专业是实用性极强的专业，要求能解决管理中遇到的实际问题，不仅需要掌握专业知识，而且要用这些知识去解决实际问题。但是我们培养的学生只是从书本上学了一些空洞的理论，学校教给学生的只是一些概念、公式、规定条文，并没有学会如何进行管理。学校培养的人不是社会需要的人，学校教的东西实际工作用不上，因此，我们的毕业生不能满足用人单位的需要，也是必然的。

（二）教育理念落后

我国传统的教育理念比较落后，以“教师”为中心的教育理念已根深蒂固。误认为大学主要是传授知识，而忽视能力培养。重视课堂教学，忽视其他教学环节。而且课堂教学主要是通过老师去传播，即“满堂灌”，学生是被动接受。目前我国传统本科教育基本上一种“以教师为中心”的“灌输式”“填鸭式”教学，基本特点是“教师讲，学生听；教师主考，学生应试”。教师作为教学活动的主导者，始终居高临下，缺少“平等教育”和“个性教育”理念，因此很难培养出具有分析和解决问题能力的学生。互联网时代学生获取信息的渠道四通八达，课堂已不是唯一渠道。互联网提供了优秀的教学资源。如老师的课讲得不好，学生就不听课。老师已不具备信息优势和知识优势，因此必须将课堂还给学生，让学生成为课堂的主体。老师应该成为课堂的设计者和主持人。

（三）师资队伍不适应

从目前教师队伍的现状来看，大部分教师也都是从校门到校门，一毕业就从事教学工作，缺乏实践经验。比如现在会计专业的老师大部分都是国内外高校毕业的博士，加之由于学校的评价制度重科研轻教学，年轻老师将主要精力都放在科研上，都在争发所谓高水平的论文，争取拿更多的国家课题，很少有人深入到企业去，许多教会计的老师没记过账，教审计的老师没查过账，教财务的老师没理过财。另一方面，大批具有丰富经验的资深注册会计师、财务分析师、管理会计师、企业咨询顾问、投资咨询顾问由于受学校管理体制的限制或学历限制，无法进入高校担任会计教师，尽管这些人可以受聘为校外导师，但由于工作关系限制，在时间和精力上难以全身心投入教学过程。没有管理过企业的人教学生去管企业，不会赚钱的人教学生如何赚钱，显然都是"纸上谈兵"，这种师资现状无法培养出高素质的管理人才。另外，在互联网时代，随着"慕课"（MOOC）、SPOC（Small Private Online Course）的出现，传统的教学手段已无法适应新时代的要求，学校逐步采用线上线下相结合的混合式教学模式，教师必须熟练使用互联网等新的教学手段，将优秀的教学资源为我所用。

（四）培养方式僵化

我国从小学到大学，甚至研究生教育基本上都属于应试教育。这种教育制度难以培养出高素质的人才。现在的大学生应试能力强，但实际能力差，包括应用知识的能力、处理和解决问题的能力等。目前我国对工商管理专业学生的培养过程，基本上是靠课堂教学来完成的。有些人可以在答卷上回答如何管理企业、如何解决棘手的问题、如何当好市长等等，但是在现实面前，他们却显得毫无头绪、不知所措，他们总是在问为什么会是这种情况，应该是哪种情况等等。其实，现在学生最缺少的是对社会的了解，他们远离社会，不了解企业的运作，不知道如何待人接物。因此，可以得出这样一个结论，个人的成就并非取决于大学的学习成绩，也不在于婴幼儿时期的智商，而与其成长过程的性格养成。完全凭借书本上的知识，并不能够保证一个人的成功。目前，这种应试教育方式，以及将学生关在学校里"圈养"的方式，很难实现工商管理人才的培养目标。

（五）教学内容陈旧

目前高校工商管理专业的教学内容不能及时适应外部环境的变化，而且主要是按教材"照本宣科"，而教材内容更新滞后。以会计专业为例，企业基本上都实现了会计信息化和财务共享，专业融合程度越来越高，会计管理的内容和工作方式都发生了巨大变化。但是学校仍然按照传统的教学内容培养学生。确实存在"用过去的知识教现在的学生，解决未来的问题。"的现象。课程设置与工作需求脱钩的问题十分严重。如果我们的老师不能及时更新自己的知识，不了解外部环境的变化，培养出来的学生怎么能适应工作呢。

二、工商管理人才培养模式的改革与完善

（一）重新定位工商管理人才培养目标

过去我国高校工商管理专业的培养目标基本上定位于从事工商管理的高级专门人才。什么是"高级"，概念比较模糊。目前从毕业生的去向看，除了少数学生继续读研外（研究生毕业后也基本上到工商企业从事实务工作），都要从事实务工作。经济全球化、信息化和市场化的发展，对工商管理专业人才培养提出了更高的要求。社会急需高素质的管理人才。我们必须按照职业导向定位人才培养目标，即培养复合型应用人才。什么是复合型，就是要具备综合素质。首先，复合是指德才兼备，善做事、会做人，具备较强的沟通能力和解决复杂问题的能力。其次，复合是指知识的复合，人才的知识结构要融合多学科、多专业，如专业、外语、法律、计算机等。一项研究显示，早期哈佛大学的优秀毕业生，毕业后的成就竟然不那

么出色，这从某种程度上说明成功是由多种因素所构成的，而不是只限于学业。所以，工商管理专业的学生的培养目标必须突出复合型、应用型。同时不同类型的学校要体现各自的特色，针对性要强。

（二）改革评价制度

评价制度是指挥棒，具有导向性。因此，必须从改革评价制度入手，包括对学校、教师和学生的评价制度。改革学校重科研轻教学的评价体系，让大学回归其本质，将人才培养作为学校的首要任务。高校必须改变目前的评价导向，建立职称分类评审制度，如2014年底，湖北省首次在省内高校推行职称分类评审，把教师分为以教学为主、以科研为主、教学科研并重、以社会服务与推广为主四种类型，课讲得好，社会服务与科技推广做得多，都能评上教授，使得年轻老师的主要精力回归到教学上来。

对学生的评价，首先要改变"好学生"的标准，即改变学习成绩好就是好学生的标准。学校与用人单位对人才的评价标准截然不同，学校是根据学习成绩，而用人单位则是根据能力。社会需要学生具有沟通能力（办事能力）、数据处理和分析能力、处理复杂问题的能力、文字能力等。

同时，改革考核形式，实现考核形式多元化，将学生参与各种教学活动时的表现，课后作业的完成情况作为评价学生成绩的依据。加大平时成绩比重，改革考试形式和考试内容。考试内容要侧重能力测试，减少死记硬背。

（三）更新教育理念

教育应该是师生之间"双向互动""教学相长"的过程，而非教育者的独占。教师和学生都是教学活动的参与者，双方是平等的。"以学生为本"符合"平等教育"和"个性教育"理念，有助于提高学生学习的主动性，使学生富有想象力地吸收知识。大学教育最独特的功能在于，通过教育和辅导，开启年轻人的思维能力，使他们能够广纳新知，思维活跃，同时能够利用自己的才智和学识为自己的人生目标服务。老师在教学过程中起什么作用呢？不仅是传授知识，而最重要的是启迪智慧。马云曾说,“知识可以灌输,但智慧需要启迪、唤醒!”与西方先进国家相比,我们的教育落后主要是教育理念落后,所以,必须更新教育理念,变“以教师为中心”为“以学生为中心”。“授人以鱼,不如授人以渔”,让学生逐渐养成自我学习与不断更新知识的习惯和能力。只有这样,学生才能具备获取知识的能力和运用知识的能力,才能适应经济、科技、社会、文化发展的快速化、多样化和信息化的需要。

另外,要树立终身教育理念,据统计,一个人所需知识的5%～10%来自于学校,另外90%～95%是通过工作和继续教育获得的。英国哲学家怀赫特(Alfred North Whitehead)曾经说过:“就算你教给学生很多很详细的内容,但他们今后碰到这些细节性内容的机会是微乎其微的,即使将来遇到这些细节问题,他们可能也早已忘光了你所教给他们的。”“一次教育,终身受用”的时代一去不复返了,能力比知识更重要。可以得出这样一个结论,个人的成就并非取决于大学的学习成绩,完全凭借书本上的知识,并不能够保证一个人的成功。因此,大学必须从“传授知识”转变为“培养能力”,对一个人终生有益的不是知识,而是能力和品质。知识永远学不完,但如果没有学习知识的能力,没有应用知识的能力,没有创新知识的能力,再多的知识也没有用。能力培养是终身教育的最终归宿。课堂不再是布道的场所,而应该是师生交流中心、学生活动中心。要将课堂交给学生,让学生成为课堂的主体。学生要主动参与教学活动。今后线上线下相结合的教学模式将成常态,线上学生预习,完成知识拓展;线下体验,通过各种教学活动巩固和应用所学的知识,培养学生解决问题的能力。

(四) 创新培养方式

如何培养复合型、应用型的高素质工商管理人才,必须改革传统的培养方式,首先,教学应以案例式教学为主线,以实践为导向。采用互动式教学方法,在保证培养质量的前提下,培养单位可以采取灵活多样的教学方式、方法。有效的教学方式包括:课堂讲授、案例教学、疑难问题解析、研究讨论、实践参与、课堂交流、调研实习、会议讲座、实例作业、学生自我授课、模拟训练、录像报告、评论撰写、公司访问、商界联络、境外交流等。大学要给学生更多的自主权，更大的选择空间，培养学生利用各种资源自主学习，如网络资源。创造更多的接触社会的机会，要开门办学，了解社会。社会实践不一定与专业有关，参加一些社会工作也是实践。不能“两耳不闻窗外事，一心只读圣贤书”。所谓“纸上得来终觉浅”，讲的就是这个道理。

国外高等教育改革的经历同我国基本相似。如历经几十年的美国会计教育改革，主要是希望学生以探索的精神代替死记硬背，在教学中强调多元化的方法，摒弃单纯的讲课与讨论。广泛并深入地采用团队计划和口头报告来增强学生的人际交往能力和沟通技能，将更多的研究成果用于教学，强调会计教师与实务界人士的合作，将实务经验和当前最新的发展引入课堂。

要实施合作培养模式。校企合作，协同育人，与企事业单位签订合作培养协议，如采用“定制式”、教学见习模式、顶岗实习模式、双师制等的培养方式共同培养人才。

(五) 改善师资结构

教师决定教学改革的成败。因此，必须加强师资队伍建设，改善师资结构，而此应从两方面入手，一是改善现有教师的知识结构，即“送出去”，鼓励高校老师到企业、中介机构兼职，提供技术咨询，特别是将没有专业实务背景的教师送到诸如会计师事务所、政府相关职能部门、上市公司或各类型企业去进行挂职实践，并建立考核制度，防止走过场。深入企事业单位获取第一手资料，促进科研成果产业化。

二是改善高校教师的构成，即“请进来”，此可以从三方面着手。一是培养单位可以从实务部门和政策制定部门聘请实践经验丰富的专家、企业家和政府官员或政策制定者担任专职或兼职老师来大学讲授相关课程或者开设讲座。实务界专家开设讲座或者以座谈会的形式与广大学生交流，势必给没有实践经验的学生指明努力的方向，也使他们在后续的学习中更加有针对性。二是尽可能吸收本专业领域从事实务工作的专家加入教师队伍。这需要改革高校的师资引进制度，不能完全以高学历取人。

大学要建立高校教师培训制度，要对现有教师进行轮训，要将现代教学理念、基于互联网的现代教学手段作为培训重点。

工商管理人才培养的理念及实践

——北京大学光华管理学院 MBA 项目的实践

吴联生*

如今的全球化环境对于大学的发展与治理来说极富挑战性，如何在国际激烈的教育与人才竞争中坚守治学理念，实现中国特色教育，是每一所中国院校密切关注和重点努力的方向。北京大学光华管理学院（以下简称为“北大光华”）一直以来以建设国际一流的商学院为目标，在 MBA 项目的发展历程和改革实践面临时代的挑战时，不断创新，不断探索，在中国 MBA 项目教育发展的浪潮中逐渐走出一条富有自身特色的发展道路，收获了 MBA 教育改革实践的新成果。

MBA 教育从诞生到现在，已有上百年的历史。其发展过程中的每一个变革都与工商业界的需求相关联，从本质上可以将 MBA 教育发展过程看成是促进供给与需求匹配的过程。而中国的 MBA 教育也正是基于 MBA 本身的特点，再加之中国社会环境的特色，形成自己独特的治学理念。在我国，从小学到大学，基本上是让一个人懂得更多的教育阶段；硕士、博士则属于学术性的教育；而 MBA 教育则是面向有工作经验的学生，他们在工作当中碰到问题又不知道如何解决而来求学。所以，他们是带着问题重新返回到学校来学习的。因此，MBA 项目带有很强的企业实践性，这也成为我国发展 MBA 教育的一个出发点。这种在教育理念上的特殊性决定了 MBA 教学内容的特殊性。学术性的硕士、博士基本上理论研究居

---

* 吴联生，北京大学光华管理学院教授、副院长。

多,所以课堂当中也是理论的内容居多。但在MBA项目的课程当中,更多的则是实际案例,甚至会把案例的主人公直接请到课堂中来,还有很多商界精英、企业家,甚至失败的企业家也都会进入到MBA的课堂当中来,这对企业管理者来说大有帮助。

中国MBA教育始于1991年,今年是第23年。在这过去的20多年间,中国经济的快速增长,导致社会对管理人才需求急剧增加,给中国MBA教育的发展带来了机会,同时也带来了挑战。MBA教育在发展过程中同样存在着与我国经济发展需求相匹配的问题,很多问题与国外商学院具有共性,例如MBA课程的实践性、软技能与硬技能的平衡、领导力与企业责任等。然而,毕竟我国MBA教育发展历史不长,我国独有的文化背景和独特的转轨经济,都需要我们更重视我国MBA教育的个性问题。

2010年教育部学位管理与研究生教育司颁发了《关于实施专业学位研究生教育综合改革试点工作的指导意见》,确定北大光华MBA项目作为北京大学改革的试点项目。我们调研了国际上顶尖商学院的MBA项目,根据我国和北京大学的实际情况,提出了北大光华MBA项目改革试点的项目框架,并广泛征求教师、在校生、校友、雇主及非雇主企业、大学主管部门等的意见,形成了北大光华MBA项目的招生和培养的新模式。

北大光华MBA项目自1994年创立以来,一直致力于培养具有社会责任感和全球视野的高级管理者与未来商业领袖,二十年以来,秉承北大光华传统,实施持续性改革,为我国工商管理教育的发展做出了卓著的贡献,同时也收获了阶段性的改革成果:2012年北大光华MBA项目首次参加英国《金融时报》(FT)全球MBA百强排名,即成为中国大陆高校中唯一上榜的商学院,位列第54名;2013年和2014年,北大光华MBA项目继续在这个榜单中领跑国内大学MBA项目。2018年,由国务院教育督导委员会办公室统一组织,教育部学位与研究生教育发展中心具体实施的全国首次专业学位水平评估中,北京大学光华管理学院MBA项目被评为A+。

“创造管理知识，培养商界领袖，推动社会进步”是北大光华的发展使命，北大光华 MBA 项目致力于培养具有社会责任感和全球视野的高级管理者与未来商业领袖，借助于北京大学深厚的人文底蕴、系统而创新的课程设置以及丰富的课外活动，使学生了解前沿的商业知识，具备跨文化的敏感性与人际沟通技能，成为在复杂环境下具备分析解决问题能力的、勇于承担未来挑战的创新型人才。这里所说的领袖应当具有更加完整的内涵：他们全面掌握商业知识和技能，具有全球视野和社会责任感；对社会发展具有主动的担当精神，用最自觉的精神和态度将自己的所见、所学、所能整合运用到实际工作之中，为企业、为社会创造价值；善于反思和创新，勇于开拓，是各自事业领域的先驱和推动者。正是在这样的人才培养理念的指导下，北大光华 MBA 项目的改革措施也体现着以人为本、与本土融合、与国际接轨、承担社会责任等特点。

一、“以考生为本”的招生方式

学生是一个学校最大的资源，每个高校、每个学院的发展都离不开学生。因此，任何的教育实践和改革措施，都应围绕学生这个主角而展开。对于 MBA 教育来说，首先考虑的是招收怎样的 MBA 学生？如何招收？北大光华希望能吸收到最合适的学生加入到 MBA 项目当中来，通过综合考量申请者的教育背景、职业背景和个人特质，全面评估申请者成长为商业领袖的潜质。为了能招收到最适合攻读 MBA 项目的同学，北大光华 MBA 项目从申请者的角度出发，坚持“以考生为本”，形成了自己独特的招生特色。

（一）“先面试、后考试”的招生方式

传统的 MBA 招生方式是，考生先参加全国 MBA 统一考试，成绩靠前者获得面试资格；经过面试后，根据考试成绩与面试成绩的加权平均分来确定是否录取。在改革之前，北大光华 MBA 项目同样实行“先考试，后面试”的招生方式。实际上，这主要看考试成绩。这样的招生方式使许多工作年限长、管理经验丰富，但不擅长于考

试的同学在面对屡创新高的北大光华 MBA 分数线时望而生畏,从而失去了进入北大光华攻读 MBA 的机会。我们知道,商界领袖的潜质并不能完全通过考试成绩得到呈现,作为一所旨在培养未来商界领袖的顶尖商学院,北大光华更看重申请者在实践中所反映出来的杰出管理素质与领导才能。

2011 年北大光华 MBA 在全国率先全面采用新的招生方式——“先面试、后考试”,申请者首先在线提交申请材料,材料通过评审后获选参加北大光华 MBA 项目组织的面试,通过面试获得准录取资格后再参加全国 MBA 统一考试,通过全国统一考试即成为北大光华 MBA 学生。“先面试、后考试”的实施改变了以往重考试、轻实践的模式,大大提高了许多工作年限长并且更需要接受 MBA 教育的考生获得教育机会:2013 级北大光华 MBA 新生的平均工龄为 7 年,其中,工作年限在 11 年以上的占到 14.8%。

不拘一格纳英才,北京大学兼容并包的办学思想在“先面试、后考试”的招生方式下再一次得到充分呈现。两年的实践表明,北大光华所招收的 MBA 学生,实践经验更丰富、所带来的需要解决的问题也更多、同学们相互之间的行业经验分享也更深入。应该说,“先面试、后考试”的招生方式,更体现了 MBA 教育的根本目标。

(二) 三年跟踪培养的“X”计划

按照教育部要求,“本科毕业+三年工作经验”可以报考 MBA 项目。本科生在毕业后工作 3 年,由于工作的目标不同,其经验的累积和问题的发现也存在较大的差异。在没有长远职业规划的指导下,3 年的工作更可能只是为了应付当前的手头任务,而没有用心理解企业管理的真谛、发现企业管理中的问题。虽然 3 年时间过去了,但是并没有相应 3 年工作经验的累积。如何提高这 3 年时间的使用效率,也就成为需要解决的问题。针对这一问题,北大光华 MBA 项目从 2012 年开始推出了“3+2”计划:从应届本科生中招收 3 年后的 MBA 同学,即应届本科生参加北大光华 MBA 项目组织的体验营,获得准录取资格,3 年后不需要再面试,直接参加并通过全国 MBA 统一考试即成为北大光华 MBA 学生。2013 年,北大光华 MBA 项目将"3+2"计划改版为"X 计划",具体招生途径除了"体验营"活动以外,还有北大光华举办的全国大学生工商管理案例大赛。"体验营"主要通过素质拓展、主题讲座、案例讨论、综合素质面试等环节,全面考察营员的英语水平、大学学业情况、实习与工作表现、社会责任与价值观、沟通能力、自我发展规划、职业意识、管理潜质等,从而综合评估其成长为未来商界领袖的潜在能力;而"全国大学生工商管理案例大赛"则通过实际案例分析与团队协作来考察同学们的综合素质、逻辑思维和合作能力,从另一个角度评估其成长为未来商界领袖的潜在能力。

"X 计划"的初录取同学虽然还没有完全被北大光华 MBA 项目正式录取,但项目就开始着手对他们进行培养。具体来说,获得初录取资格的"X 计划"同学,可以参加北大光华 MBA 项目的先修课以及所有的课外讲座,并通过校友导师计划,尽可能为他们配备同行业或者与其行业相关领域的校友导师,对他们进行日常工作与学习的指导,并对他们进行职业追踪指导。这样,在不影响同学们工作经验积累的前提条件下,可以让同学们尽早边做边学、边学边做,这样,在初入职场的 3 年间内能有的放矢地吸收工作经验和发现企业管理中的问题,将工作经验和发现的问题带入随后的 MBA 学习当中。"X 计划"的目标就是利用 3 年工作时间尽早帮助同学明确职业目标,更充分地培养职业能力;"X 计划"中的"X",对学生来说代表着未来无限的可能。

二、国际视野:与国际接轨

目前中国大学教育所面临的一大挑战就是在全球化的大环境中,如何在人才培养的竞争中脱颖而出,一个至关重要的途径就是与国际接轨,既在人才培养上博采众长,又在人才交流上实现开放的发展空间。北大光华作为国内最优秀的商学院,从成立之初起,就把国际化作为发展目标之一,从教师的国际化到课程设置的国际化，再到学生交流的国际化，一直处于全国领先的地位。我国在未来的全球社区中会扮演越来越重要的角色，全球经济一体化的趋势也对 MBA 学生在跨文化交流与合作能力上有着更高的要求；MBA 同学要成为未来商界的领导者，必须要具有全球视野的眼光。基于此项考虑，自 2012 年起，北大光华 MBA 项目要求学生必须参与国际交流，国际交流已正式成为 MBA 培养的必修环节。

为提升 MBA 同学的国际视野，凸显国际化的办学特色，北大光华 MBA 项目提供多种国际化培养模式，具体包括以下 4 个方面：全英文授课的 2 年制国际班，1 年国内学习、1 年国外学习的国际双学位项目，为期 1 学期的国际交换项目，为期 1～2 周的国际商务方略项目；同学们可以根据自身特点和职业规划，选择不同的项目以拓展自己的国际视野。

(一) 国际班：交流沟通，兼收并蓄

2000 年北大光华 MBA 项目在国内率先推出全英文授课的两年制国际 MBA，并从 2001 年开始招收海外学生，旨在培养既熟悉海外经营环境，又了解中国企业管理的国际化管理人才。截至 2013 年，共有 315 名来自 37 个国家和地区的海外学生先后在北大光华学习并获得北京大学授予的工商管理硕士学位，国际生源的多样化使北大光华变成为一个多元文化交织的学习和生活场所。2013 年在来自 12 个国家和地区的 37 名海外学生中，有 8 名海外学生获得了新生奖学金，有 5 名海外学生选择了中文班学习，2013 级国际班中海外学生的比例达到 66%。

(二) 国际双学位：融汇中外，学贯东西

北大光华 MBA 项目与世界范围内的十所著名商学院开展双学位项目合作，学生在入学后第一学期 9～11 月份期间开始提交申请，第一和第二学期在北大光华学习，经对方院校录取后第三和第四学期在合作院校学习；完成相关学业后，获得北京大学 MBA 学位和合作商学院的 MBA 学位或管理科学硕士学位。

北大光华 MBA 项目精心挑选的十所海外院校中包括美国麻省

理工学院、美国华盛顿大学、美国德州大学奥斯汀分校、加拿大约克大学、法国 ESSEC 商学院、德国 WHU 商学院、新加坡国立大学、韩国首尔国立大学、韩国延世大学、日本一桥大学等。特色鲜明的双学位项目，能够满足同学们对国际化的商业管理知识和文化洗礼的需要。与直接申请入读海外商学院相比，双学位的录取机率更高，时间和费用成本也大大降低。

（三）国际交换：放眼全球，牵手世界

北大光华 MBA 项目与 101 余所世界知名大学或商学院签署了学生交换协议，建立了国际交换项目。这些大学或学院分布在北美、欧洲、亚洲以及大洋洲，其中大多数为世界顶尖商学院，每年为同学们提供了充裕的交换学习名额。MBA 学生通过历时 3 到 5 个月的交换项目学习，不仅可以在久负盛名的海外商学院感受不同大师的智慧，学习跨文化的企业管理，深入体验当地文化，还有机会拥有遍布全球的精英校友网络。丰富多元的项目选择让同学们在进行交换之时拥有更多机会，能够根据自己的学业需求选择更适合于自己的交换项目。

（四）国际商务方略：寓学于游，知行合一

北大光华 MBA 项目秉承“寓学于游，知行合一”的理念，从 2011 年起为 MBA 同学和校友精心打造了为期 1～2 周的“国际商务方略”课程。课程内容涵盖海外知名商学院的经济、管理、文化等主题讲座，并结合国际著名公司考察、穿插城市参观游览等，深受 MBA 同学们的喜爱。“国际商务方略”课程一般在暑期进行，主要是为因时间关系而无法参加国际双学位或国际交换等长期海外项目的 MBA 同学设立的。通过“国际商务方略”课程，同学们可以亲身感受国外商学院的教育模式和学习氛围，并有机会与国际业界人士面对面交流，丰富管理知识，同时还能在城市游历中收获到不同的人文历史知识和风土人情。

需要指出的是，随着我国改革开放的深入，国际经济交流的日益频繁，国际化已经成为所有 MBA 同学的一项基本要求；另外，随着中国经济大国地位的确立，越来越多的留学生加入到中国的MBA项目，他们希望更多地了解中国本土的管理特色以及中国的文化、政治、经济等。中国学生的国际化和外国学生的国际化是两种完全不同的国际化，中国学生的国际化是外向国际化，而外国学生的国际化是吸收国际化，原来的MBA国际班将二者混淆了。因此，2013年北大光华MBA项目对国际化作了明确的区分：中国学生的外向国际化和留学生的吸收国际化。中国学生国际化主要体现在提高同学英语水平、课程内容增加国际化内容以及实行全面的国际交流；而外国学生国际化则体现在提高同学中文水平、了解中国文化和政治经济制度，课程内容增加中国元素并加入对中国企业的参观与访学等。

三、全方位优化的课程改革

对于任何一个教育项目而言，课程都是核心。北大光华MBA项目作为中国最优秀的MBA项目，近二十年以来一直走在课程改革的前端。在课程设置时，紧握时代脉搏，根据不断变化的商业环境对课程内容进行调整，同时根据市场需求、学生反馈和教授研究，致力于将研究内容转换为课堂的教学内容，尽可能使商业和教授研究中的新兴课题迅速反映在课程设置中，实现理论知识与实践操作的无缝对接，为学生提供最具实践价值的管理课程。北大光华的国际学术研究在国内同行中一直遥遥领先，这使得MBA同学在课堂上能最快速地接触并学习到国际上最前沿的商业管理知识，使同学们能在走出北大光华之后能最高效地“学以致用”，将北大光华的学习转换成职场上的竞争优势，从而推动事业的进一步发展。

在这一方向的指引下，北大光华MBA项目实施了全方位优化的课程改革，具体体现为以下几方面：

（一）模块化两年制的学制

原来的全日制班学制2年，白天上课；其中存在的问题是全日制同学第2年的企业实习与课程学习相冲突，两方面都没能够圆满完成。从国际上看，全日制 MBA 有 1 年和 2 年学制。通常认为，1 年学制时间太短，2 年学制机会成本太高。北大光华全日制 MBA 学制 2 年保持不变，但由 2 年全日制学习变为第 1 年全日制学习、第 2 年模块制学习。原来的在职班学制 3 年，晚上和周末上课；对于 3 年期的项目，同学们从打算报名到毕业，需要 4～5 年，时间太长；同时，北京交通不够顺畅，晚上上课迟到现象非常严重；即使按时到课，同学们也已经筋疲力尽，极大地影响了上课质量；另外，晚上上课也使得非北京同学没有机会到北大光华攻读 MBA 项目。为此，北大光华 MBA 在职班学制由 3 年变为 2 年；采用模块制方式学习，晚上不再安排课程。这样，北京同学可以从容地参加课程学习，非北京同学也有机会攻读学位。

（二）课程精品化：必修课统一大纲，选修课引入市场机制

北大光华 MBA 项目每年招收约 400 名新生，分为全日制、国际班、在职班三个不同班型，总共六到七个班级。这么多班级的必修课必然需要多名老师来讲授，而不同老师在上课内容上可能会存在差异，进而造成课程之间的衔接问题，从而影响了 MBA 同学的系统学习。要解决衔接问题，就需要保证不同授课老师对同一门课程的授课内容基本一致。因此，北大光华 MBA 项目从 2012 年开始统一了必修课的教学大纲，确保不同老师在同一门课程中的讲授内容基本一致，在此基础上理顺不同课程之间的关系，从而为 MBA 同学提供系统化的课程体系。当然，统一教学大纲的同时，又为授课老师留有一定的空间，鼓励各位老师在既定的统一大纲之外，根据自身的研究成果和实践经验加入个性化的教学内容。这样的机制既保障了不同课程之间的衔接问题，也为老师们发挥自己的特点留下充分的空间。

在选修课方面，北大光华引入了最严酷的市场化选择机制，即规定选修课最低选修人数为 50 人，选课人数达不到 50 人的选修课不能开设。也就是说，只有深受广大同学欢迎的选修课才能够开设。此机制的实行，使得北大光华的老师们必将以此为标准，致力

于提升课程的质量，不断充实课程内容，丰富授课形式，尽力将课程发展成为深受同学欢迎的课程。由此，在选修课方面采用的市场化选择结果必然导致精品课程的普及化。

（三）构建课程的“中国指数”打造中国的 MBA 项目

日益频繁的国际经济交流带来了中国 MBA 项目的国际化。尽管北大光华坚持贯彻国际化的办学理念，为学生提供从师资力量到课程设置、课外培养等各方面的国际化学习和发展机会，然而，中国的 MBA 在“走出去”的同时，也肩负着推动国家和民族发展的重任。因此，中国 MBA 学生最终是立足于中国市场，为中国经济发展服务的。另外，随着中国经济大国地位的确立，外国留学生也越来越关注中国市场。虽然中国 MBA 项目的国际化，其重要目标是为了“引进来”，引入国际先进的管理知识和理念，但仅有国际先进管理知识和理念，是无法满足中国经济发展乃至社会发展需要的。MBA 教育应在掌握国际先进管理知识和理念的基础上，根植于中国的社会制度，创造出符合中国企业经营实践特点的管理知识，中国 MBA 要想在中国社会和经济发展中发挥更大的作用，必然要求 MBA 培养院校把国际经验和中国知识融会贯通地输送给 MBA 同学。

北大光华 MBA 项目在深化国际化的基础上，不断地将教授们所创造的中国管理知识用于对 MBA 同学的培养。MBA 项目鼓励老师们根据我国现实社会中不断变化的商业环境对课程内容进行调整，同时配合市场需求、学生反馈和教授研究，尽可能将商业实践和教授研究中的新兴课题迅速反映到课程设置之中，实现理论知识与企业管理实践的无缝对接，为学生提供最具实践价值的工商管理课程，使得 MBA 同学在课堂上能最快速地接触并学习到最前沿的工商管理知识，使同学们能够针对我国本土的实际问题“学以致用”，将北大光华 MBA 的学习转换成职场上的竞争优势，从而提升北大光华 MBA 学生在中国商界中的担当能力，也正因如此，北大光华十分鼓励教授在课堂上运用本土案例。为突出 MBA 培养的中国化特征，北大光华 MBA 项目在 2012 年推出了课程的“中国指数”，它直接且综合地反映课程的中国化内容,不仅可以不断提醒老师们要将课程根植于中国实践,而且也方便 MBA 同学对课程的选择。

(四) 开设人文课程,打造富有人文精神的 MBA 项目

北大光华的使命是“创造管理知识,培养商界领袖,推动社会进步”。因此,北大光华 MBA 项目所要培养的高级管理者与未来商业领袖,不是简单地自己赚钱多多,更重要的是有能力并且愿意致力于对社会做出贡献。要具有贡献社会的高尚情操,必须要有相应的人文精神修养。因此,打造富有人文精神的 MBA 项目,已经成为北大光华 MBA 项目发展的重要方向。北京大学有着丰厚的人文底蕴,因此,北大光华 MBA 有能力给同学们开设出高质量的人文类课程。目前,北大光华 MBA 项目已经开设出《从历史看管理》《哲学与人生》《社会发展的哲学反思》《西方文明专题》《Introduction to the Cultural Traditions》《Chinese Culture Exploration》等人文类课程;接下来,北大光华 MBA 项目还会不断深化和结构化人文类课程。

(五) 开设行业模块课程,打造 MBA+

北大光华已有的 MBA 项目,培养的是同学们的综合管理能力。对于高级管理者与未来商业领袖来说,综合管理能力固然重要,然而,随着世界经济发展所带来的产业转型,新行业风起云涌,而新产业往往具有与传统行业不同的特征,相应地,这些新产业的管理对商业领袖也提出新挑战。在传统产业中某些重要而特殊的行业,企业管理也具有其特殊性。这些特殊性使得 MBA 教育所培养的综合管理能力,在面对具体的企业管理实践时往往束手无策。MBA 项目不能仅仅培养具有知识宽度的管理人才,而是应该培养兼具知识宽度和行业深度的管理人才。北大光华 MBA 项目将从 2014 年开始开设行业模块课程,把已有的 MBA 项目逐渐引向 MBA+,即在已有 MBA 项目的基础上,再加上行业模块课程,包括医疗与健康产业、文化产业等课程。未来,北大光华 MBA 项目也将在行业模块课程中不断探索,力图为关系国家发展的重要行业输送高端管理人才。

廿载光华,逐梦燕园。今年,北大光华 MBA 项目已经走入第二

十个年头。二十年坚持不懈的改革创新,不仅是对我国MBA教育改革发展的重要尝试,也是北大光华MBA项目成长为我国最具吸引力的一流MBA项目并领跑我国MBA项目走向国际舞台的重要力量源泉。

未来,北大光华MBA项目也将肩负历史使命,立足于中国经济发展的实践,吸取国际先进经验,为我国培养一批又一批的未来商界领袖。我们深深地知道,只有不断地探索,我国的MBA教育才能够有更好的未来发展,我们的MBA教育才能真正成为世界一流。

通识教育与本科教学改革

秦春华*

自20世纪80年代起,以北大为代表的一批国内顶尖大学开始进行本科教育教学改革。改革的方向是从以专业教育为主要特征的苏联教育模式转向以通识教育为主要特征的英美教育模式。进入新世纪以来,通识教育渐成气候。无论成功与否,它都成为本科教育改革无法回避更无法忽视的一个存在。有些大学的改革相当彻底,打破专业壁垒,成立了本科生院;也有些大学仿照英美和香港模式,建立了住宿学院;近期部分大学还成立了通识教育联盟。一场轰轰烈烈的通识教育革命似乎就在眼前。然而,一拥而上的改革似乎带来的只有浮躁,形式上的模仿在没有解决多少问题的同时产生了更多的新问题。当最初的皮毛——本科生院、住宿学院、核心课程等等——被移植之后,随着时间的推移和改革的深入,一些深层次的矛盾逐渐暴露出来。在一些大学,通识教育改革遭到了院系和师生强有力的抵制,甚至出现了专业教育的反弹和回潮。人们开始怀疑:通识教育是有效的吗?通识教育究竟是提升还是降低了本科教育质量?通识教育是中国本科教育改革的方向吗?对于这些问题,简单的"是"或"否"的回答都是不严肃的。我们必须追本溯源,理解什么是真正的通识教育,厘清我们为什么需要通识教育,以及,明确如何建设中国的通识教育之路。

---

* 秦春华,经济学博士,北京大学教育学院研究员,北京大学考试研究院院长,教育部、中国科协中学生科技创新后备人才培养计划(英才计划)专家咨询委员会委员。

一、对通识教育的认识与理解

通识教育源于英美。这个词汇从翻译而来，与之对应的英文是"General Education"。另一个大家耳熟能详的词汇是"Liberal Arts"，中文翻译是"博雅教育"。还有一个与之类似的词汇是"Liberal Education"，中文翻译为"自由教育"。[①] 在理论上，许多文献力图对这三个词汇进行学理上的探究，但似乎越研究越糊涂；在实践中，多数大学采取了模糊的做法，将这三个词汇混为一谈。那么，到底什么是真正的通识教育？当我们在说"通识教育"这个词的时候，究竟指的是什么？要回答这个问题，就不能不提到被誉为西方教育圣经的《哈佛通识教育红皮书》。

1945 年，哈佛大学委员会发表了划时代的经典文献《哈佛通识教育红皮书》。很多中国读者在关注、推崇这份重要报告的同时，往往忽视了它的英文标题："General Education in a Free Society"（自由社会中的通识教育）。在呈送给哈佛大学校长科南特的报告函中，委员会明确提出："美国教育的要务不是使少数幸运的年轻绅士学会欣赏'美好生活'。它是要将自由的和人文的传统灌输到我们整个教育系统之中。我们的目的是培养最大量的未来公民理解自己的责任和利益，因为他们是美国人，是自由的人。"[②]我认为，这段话是理解西方或美国通识教育的"总纲"。也就是说，通识教育并非放之四海而皆准的普世真理，而是深刻根植于"自由社会"——也即美国社会——的教育。通识教育既是西方自由和人文传统的延续，也是西方社会为解决实际问题而开出的教育良方。通识教育的所有理念、目标、内容和方法等等，全部都是为了克服英美社会发展中出现的危机，为培养"自由的美国人"和美国利益服务的。这是通识

---

① 实际上还有更多的翻译，如：普通教育、通才教育、通人教育，等等。

② HarvardUniv. Committeeon the Objectives of a General Education in a Free Society, *General education in a free society: report of the Harvard committee*[M]. Cambridge, Massachusetts: Harvard University Press, 1946. pp. 14-15.

教育的出发点和归宿,是通识教育与生俱来的本质属性。脱离了这个极其重要的社会背景,我们就不可能准确深刻地理解真正的通识教育。

通识教育,或者说自由教育的理念和思想源于古希腊的雅典。在奴隶社会,人们被分为两个群体:自由人和奴隶。其中,自由人是统治者,奴隶是被统治者。这两个群体所接受的教育是不同的。作为统治者的自由人接受的是“理智的”教育,思考与追求美好的人生,没有任何实用色彩,既是非专业化的也是非职业化的,其目的是“培养出一个对于自身、对于自身在社会和宇宙中的位置都有着全面理解的完整的人”。[①] 而作为被统治者的奴隶恰好相反,他们接受的不是教育而是“实用的”训练,通过专门化职业化的训练使他们具备某种实用性的技能,可以为自由人提供仆佣性质的服务。由此,基于阶级和社会分工等不同,从而形成“自由文艺”和“卑贱工业”之间、自由和职业之间以及接受具体的事务性训练的下等人和为统治国家而接受宽广的高级教育的上等人之间的对立和鸿沟。

这种区分到了文艺复兴时期,就深刻地影响了学院教育和大学教育。学院教育恰好是一种统治者的教育,追求非专业化和非职业化,旨在培养全面发展的“全人”。所谓“Liberal Arts”,指的就是学院中的通识教育,其主要特征是,一个导师带一群学生,以师傅带徒弟的方式,研究讨论不带有任何实用色彩的形而上的终极问题。这种建立在住宿学院基础上的教育适合于小规模的学院,对于规模较大的大学来说几乎无法推行。学院教育的这一传统到了20世纪,就深刻地影响了美国顶尖大学以培养领导者为主要目标的通识教育,也就是“General Education”。它吸收了“Liberal Arts”的优点,同时又适应了向德国研究型大学转变的方向。凡是在本科阶段强调通识教育的大学,无一不是以培养能够引领美国和全球的领导者

---

① HarvardUniv. Committeeon the Objectives of a General Education in a Free Society, *General education in a free society: report of the Harvard committee*[M]. Cambridge, Massachusetts: Harvard University Press, 1946. pp. 14-15.

为其办学使命。这种旨在培养领导者的通识教育其实和古希腊、文艺复兴时期以培养统治者为目标的学院教育并无二致。

与之相比，大学的传统是专业教育，可追溯至中世纪以培养神父和律师为目标的专业主义。随着工业革命带来的劳动分工的日益专门化，以及伴随着科学技术发展带来的学科专业化，专业主义传统的力量在大学教育中越来越强大。大学希望所培养的每一个学生未来都能成为领导者，但学生进入大学的目的，却并非总是如此。谁能肯定自己一定会成为领导者呢？对于大多数学生而言，看起来更现实的选择是，通过专业化的训练获得一技之长，在毕业后可以借此获得一份高收入的工作。随着越来越多的非精英家庭的孩子进入大学，大学里的专业化和职业化倾向也越来越显著。那些深受古典教育思想影响的学者对此十分不满，强烈抨击这种“短视”和“急功近利”的行为，但他们很难改变甚至影响学生的思想、行为和选择。事实上，自 20 世纪初期以来，所谓“通识教育之路”在美国顶尖大学推行得并不顺利，通识主义和专业主义之间的斗争此消彼长，十分激烈。

因此，通识教育从本质上来说就是一种自由教育。哈佛大学本科学院前院长哈瑞·刘易斯将这一点说得非常清楚：“通识教育中的‘通识’一词就意味着‘自由’。拥有人的自由；通过通识教育让人的思想更自由、心灵更高贵，这一直是哈佛教育的基本原则。”①通识教育的核心目标，是为了让学生树立起对美国自由民主社会的信念，认同美国自由民主社会的价值观，推动美国自由民主社会的发展和进步。一句话，通识教育就是美国社会的教育，带有鲜明的美国烙印，是为美国利益服务的教育。

从这个角度出发，其实我们不难理解，为什么《哈佛通识教育红皮书》这样一份讨论大学通识教育的报告，开篇谈的却是中学教育，并且大部分篇幅都在讨论通识教育目标如何得以在高中落实。这

---

① Harry R. Lewis, *Excellence Without a Soul: Does Liberal Education Have a Future?* New York: Public Affairs, 2006: 60.

是因为，通识教育的首要目标是凝聚美国人对于自由民主社会的共识。在20世纪40年代，上大学还只是少部分人的特权。如果只是在大学阶段开展通识教育，那么，就不可能使社会中的大多数人建立起对自由民主价值观的信仰。这项工作只能而且必须从中学阶段就开始进行。那些撰写报告的学者们深刻地认识到，通识教育并非只属于大学，而是教育本身。如果不能在中学阶段在学生心中播下通识教育的种子，那么，要想在大学阶段实现通识教育的目标几乎是不可能的。

从这个角度出发，其实我们不难理解，为什么通识教育最重视的是价值观教育？刚刚经历的第二次世界大战使美国社会相信，如果没有好的价值观——也就是他们所认同的自由民主价值观——的指引，人类就将走上邪恶之路。专业教育本身不会或很难提供这种价值观。具有相同专业知识的科学家在不同价值观下往往会做出截然相反的行动。因此，必须通过通识教育帮助学生建立关于美国社会的自由民主价值观，为专业教育戴上一顶装了灯泡的安全帽。否则，学生掌握的专业知识越多，对社会造成的危害可能就越大。

从这个角度出发，其实我们不难理解，为什么通识教育特别强调培养学生的表达交流能力。因为在自由民主社会中，说服——而不是权威和命令——是最重要的获得他人认可的方式，而说服主要依赖于口头演讲和表达。

我们必须回到美国通识教育产生时的社会背景和实际情况中去理解什么是我们所接触到的通识教育。这个通识教育绝不是一群教育学家坐在书斋里想象出来的美好概念。就在第二次世界大战刚刚结束，全世界都在欢庆胜利的时候，哈佛那些伟大的学者们已经预见到了美国和世界未来可能出现的分化、分裂、动荡和冲突。为了克服这些危机，他们选择了通识教育之路。事实上，围绕通识教育的所有设计和工作，都是为了解决一个核心问题：为了建立人们对自由民主社会的信仰和共识，教育应该教给学生什么？怎样教效果才能最好？英美社会普遍推行通识教育，绝不仅仅是因为通识教育本身具有价值，也不仅因为它是英美教育传统中的精髓，而更是为了解决英美社会发展中面临的实际问题，在教育领域所做出的扎扎实实的努力。这种努力虽然极为艰难，也充满了曲折，但却不能不承认其效果显著，它的确帮助美国成功度过了20世纪60年代的社会动荡，并起到了支撑英美资本主义社会发展的作用。

那么，对于这样一个根植于西方文化传统，服务于英美自由民主社会的通识教育，我们有必要移植、借鉴和采纳吗？一个很自然的联想是，它可能服务于中国社会，帮助我们解决我们面临的实际问题吗？

二、对通识教育的某些误读及面临的困境

20世纪80年代，中国大学同西方，尤其是美国大学恢复了交流和联系，开始接触到通识教育，但对于到底什么是通识教育，莫衷一是。实际上，我们之所以在通识教育上无法达成共识，一方面固然源于它本身的复杂性，另一方面也源于翻译带来的困扰。

人们的认识并不是一张白纸。在接触一个新概念之前，他们对这个概念所解释的问题已经有了自己的理解和认知。一旦一个新概念进入人们的意识，它就会和人们心中原有的概念相互竞争、相互排斥，或者同时存在。人们总是会自觉或不自觉地在两个概念之间建立千丝万缕的联系。尤其是当我们引入一个外来文化的概念时，这种现象就更为显著了。

因此，如果我们所翻译的中文词汇是通识教育，当我们这样表述时，它就和中国文化以及中国人的思维联系在一起了。在中文语境中，"通"是和"专"相对立的。"通"意味着"博"，意味着"广"，甚至意味着"驳"和"杂"。[①]"诸子百家，无所不通"，通意味着什么都懂一

① 其实，"通识教育"中的"通"是融会贯通之意，也即老子所说"吾道一以贯之"的意思。然而，现实中人们要么不这么理解，要么即使这样理解也很难做到，最终走上"博"的道路。

点，但什么都不深入。相反，“专”则意味着在一个领域内达到了精深的地步。在中国文化和中国人的意识中，“专”的价值要远远高于“博”。[①] “伤其十指，不如断其一指”[②]，什么都懂一点意味着什么都不懂，“一瓶子不满，半瓶子晃荡”，那是要遭人耻笑的。

另一个容易引起误读的词是“识”。在古汉语中，“识”意味着“器识”“见识”，是指对事物内在属性的深刻理解和把握，意味着智慧，能够预见未来。然而，在通识教育中，我们往往把“识”简单地等同于“知识”。“知识”这个词从日文 Chishki 而来，是对英文单词 Knowledge 的翻译。[③] 按照《韦伯斯特大辞典》的解释，Knowledge 是指人们从经验或教育中所获得的信息、认识或技巧，是被“知道”的事实或状态。[④] 显然，在这种对“知识”的认识中，是只见“知”而不见“识”的。

实际上，今天中国大学通识教育所面临的种种困境，都和我们对“通识”二字的上述理解直接相关。[⑤] 概括地说，中国大学通识教育模式大致可以分为三类：第一类是以复旦大学为代表的本科生院模式。这一直接移植耶鲁大学住宿学院的通识教育改革最为彻底。所有本科生在一、二年级不分专业院系，全部进入住宿学院接受通识教育，三年级后再分散到各个专业院系；第二类是以北大元培学院为代表的试验班模式。这一模式的特点是在招生时选拔一批优秀学生进入通识教育试验班，在一个相对封闭的系统内开展通识教育。其他院系的学生不受影响；第三类是通过全校性通识选修课程开展通识教育。这一源自哈佛的模式为各高校最早采用，但近年来

---

① 请注意不是“通”。后文将对此展开分析。关于“专”和“博”，金庸在其武侠小说中屡次谈到这个问题。例如，在《天龙八部》中，慕容博名叫“博”，其武功招数虽然层出不穷，却比不上萧峰一套“降龙十八掌”。

② 毛泽东：《中国革命战争的战略问题》，人民出版社 1975 年版，第 89 页。

③ 感谢北京大学中文系漆永祥教授、张辉教授对此问题的指点。

④ 事实上，关于对“什么是知识”的回答极为困难，至今也没有一个统一而明确的界定。

⑤ 这种理解往往和学者在理论上的解释没有太大的关系——无论学者怎样解释，人们都会按照自己所认为的那样去理解。

已被部分高校摒弃，分化为前两种模式。比较典型的有，武汉大学的本科生院转向了复旦模式，清华大学的新雅书院转向了北大模式，等等。目前，这三种模式在现实中都遭遇了不同程度的困境。

一方面，大学投入了巨大的人力物力财力开设了门类齐全，旨在拓展学生知识面的“通识课程”。这些课程多数属于专业知识领域内的导论课或科普课，的确在一定程度上扩大了学生的兴趣点和知识面。但问题是，在一个知识大爆炸的时代，学生怎么可能在大学里学完所有的知识呢？当通识教育＝开拓学生视野＝知识普及性课程时，大量“自助餐”式的“水课”就出现了。学生上完这些知识快餐性质的课程，参加完考试之后，除了得到学分和成绩，并迅速忘记考前背诵过的知识之外，剩不下什么有价值的东西。另一方面，学生和社会都更加看重专业教育所提供的知识和技能。人们不相信那些什么都知道一点儿的“通识教育”有什么看得见的用处，反倒是专业知识甚至是专业名称至少在找工作时是有用的。专业才是看得见的“硬通货”，是就业和安身立命的本钱。大学教授出于对专业的信仰和维护，也反对这种浅尝辄止的教育。他们相信，学生只有在本科阶段打下了扎实的专业基础，才能在研究生阶段的学习和未来的科研道路上取得成功。即使将来不从事科研工作，也可以胜任专业工作岗位。教授们不一定反对通识教育本身——虽然他们未必清楚通识教育意味着什么——但一定会反对浪费时间、不能促进学生成长成才的教育。

与其说今天中国大学里根深蒂固的专业思想是苏联计划经济体制下的产物，倒不如说是中国文化对“专”的高度认同的结果。[①]只不过，这种认同一旦与苏联专业化教育模式相结合，则产生出更为强大的力量。要克服这种“专业至上”的思想和观念并非易事。你可以改变形式，改变管理，改变系统，改变课程，甚至改变体制，但很难改变人们内心深处的想法和认知。因此，如果我们把通识教育

① 19世纪末，痛感于传统儒家知识的“无用”和西方科技的“有用”，更加强化了社会对专业知识的追求。

中的“通”理解为和专业教育中的“专”相对立的概念，为了“通”而影响甚至牺牲“专”的话，这样的改革就很难得到支持，也不可能顺利推行，失败的可能性要远远大于成功的可能性。

通识教育并非和专业教育天然对立；通识教育也不仅仅意味着一系列“通识课程”。从中国社会所面临的实际情况出发，我们依然需要通识教育的帮助。

三、中国社会同样需要通识教育

人是社会性动物。任何教育都是具体社会中的教育。教育不仅要让学生掌握知识、获得能力，更根本的是，教育和文化及价值观紧密相连。通过教育，一个人可以更清晰地认识到自己是谁，以及他在世界和宇宙中的位置。教育的目标是让一个人在具体的社会环境中更好地生存、生活和发展。教育的社会、文化和意识形态属性现在常常被人忘却，但它是客观存在的。不承认或忽视这一根本因素，就会对孩子的教育造成巨大且难以弥补的伤害。①

从通识教育在美国的产生和发展历程来看，为美国利益服务固然是通识教育的终极目标，但通识教育的措施的确有效提升了美国高等教育质量，并在事实上提高了受教育者的能力。看清楚通识教育的意识形态属性并不意味着通识教育思想不能为我所用，恰恰相反，如果通识教育能够有效解决美国社会面临的具体问题，那么，只要我们能够实事求是地从中国社会所面临的具体问题出发，实现创造性转化，也一定可以改善和提高中国的教育质量。特别是，虽然通识教育的思想和理念根植于西方文化，但其具体措施却和意识形态关系不大。通识教育在英美社会的发展历程可以帮助我们可以更好地思考：为了解决中国社会的实际问题，作为中国人的我们为什么需要通识教育？

凝聚社会共识 通识教育最重要的功能是凝聚社会共识。这

---

① 一个典型例证是低龄儿童出国留学。做出这一选择的家长重视的往往是知识和技能，却忽视了教育的文化属性，其结果是使孩子失去了文化之根。

一点常常被人忽视。人们往往关注通识教育的实现模式和具体措施，却忘记了通识教育的目标。美国顶尖大学之所以在二战之后大力推行通识教育，是因为这些大学的领导者们深刻地意识到，二战后的重建所面临的最重要威胁是多元化的社会思潮所导致的自由民主价值观的分裂和社会的对立。[①] 日益严重的专业主义加强了社会的离心力。专业化越强，社会的离心力越大。为了克服这种离心力，需要通识教育提供一种协调、平衡的力量。无论世界再多元，它的物质和精神基础必须统一。

社会需要共识，今天处在剧烈变革中的中国社会尤其需要凝聚自己的社会共识。缺少共识意味着迷茫、分裂、对立和动荡，使国家和社会迷失前进的方向，使人们缺乏安全感，加重焦虑，丧失对未来的希望。相反，一个有着广泛共识的社会则意味着目标坚定、和谐统一和踏实稳定。社会共识不会从天而降，它源于人们的利益诉求，也需要采取有效措施顺应这种利益诉求并主动凝聚。凝聚社会共识不能只依靠动员、宣传、口号和标语，也不能只依靠开会和文件，最根本的手段是教育。通过教育，使学生逐步懂得世界是什么，中国是什么，社会是什么，自己是谁；通过教育，使学生逐步领悟中国的历史、现在和未来，中国和世界的关系，个人发展和国家民族的前进方向；通过教育，使学生逐步学会和他人沟通、交流、合作，准确表达自己的观点，也正确理解他人观点，从而在最广泛的层面上凝聚起社会对中华文明、改革开放、中国特色社会主义和实现中华民族伟大复兴的共识。这一功能只能通过通识教育实现，其他任何机构和专业教育都无法替代。

辨别并判断价值观凝聚社会共识不是一个结果，而是一个过程，这个过程实现起来非常艰难。不是说有了一个目标，人们就会自动去实现这个目标。目标能否实现，取决于人们对于目标的认识和认同，而这种认识和认同又源于人们的基本价值观以及内心的想

---

① 20世纪初期哥伦比亚大学和20世纪30年代芝加哥大学的通识教育也具有类似的理念。

法和判断。在形形色色的价值观中，哪些是对的？哪些是错的？你的选择是什么？学生对此必须能够鉴别并作出判断。

要想能够鉴别并判断，首先必须了解这些价值观是什么，以及它们产生的基础是什么？对于这些问题，专业教育要么无法提供，要么很难提供，只能依靠通识教育。对于大多数专业人士来说，“是什么”往往要比“应该是什么”重要得多，尽管在许多专业领域后者也同样重要。比如，在物理学领域，教授和学生更关心的问题是原子能是什么，但是否应该制造核武器以及什么时候应该使用核武器之类的问题往往被置于次要位置，虽然后者对于人类社会而言影响更大。

另一个至关重要的问题是，鉴别价值观并作出判断的目的是什么？一般而言，这个问题的答案是帮助学生形成正确的价值观。但什么是“正确的”价值观？有些价值观的正确与否一目了然，比如，不能杀人、偷盗和强奸，等等；但有些价值观的正确与否就不一定那么泾渭分明。实际上，价值观总是存在于具体的社会之中，正确与否也总是反映这个社会中的人群的主流认知与理解。因此，美国顶尖大学之所以在通识课程体系中开设关于“人类文明”的核心课程，并非仅仅只是让学生了解人类社会的各种文明之间的异同，最根本的目的在于，通过潜移默化的教育，通过不同文明和价值观的比较，树立起学生对“正确的”西方价值观的信仰。从这个意义上说，通识教育起到了以往宗教的功能。

通识教育真正的厉害之处在于，首先，它毫不讳言自己的教育目标。有些人认为美国大学把价值观教育隐藏在日常的教育教学过程背后来欺骗学生，这种认识要么是愚蠢，要么是天真。其实它一点儿也没有隐藏过，而且它允许学生进行阅读、思考和比较。最顶尖的大学通常要求学生阅读《资本论》原著，并且聘请最权威的马克思主义左派学者组织教学和讨论。它没有将任何结论强加给学生，却让学生能够自然而然地形成符合美国利益的价值观。这的确是下了一番真功夫的。

目前，一些中国大学仿照英美大学的核心课程体系，也开设了诸如“西方文明”“东方文明”之类的课程。然而，讲述并让学生了解什么是西方文明并非是我们的目的——虽然它也是目的之一——更重要的在于，通过人类社会不同文明和价值观的比较，帮助学生更深刻地体悟思考、理解中华文明的价值，明白中国道路选择的意义，从而树立起中国文化的自信。这才是通识教育帮助学生辨别各种价值观并形成判断的目的和意义所在。这项工作并不容易，但非此就不可能收到教育的效果。

表达与交流 人生活在社会之中，不是鲁滨逊，他必须要和他人打交道，在与他人的交流合作中生活。[①] 即使是在家庭之中，一个人也需要和另一个人沟通和交流。沟通交流能力既来自先天的性格，也和后天的培养教育密切相关。通过教育，一个原本内向羞怯的人也可能变得开朗大方，易于沟通。

然而，目前的教育体系并没有给学生提供足够的关于沟通交流方面的必要训练。一方面，中学阶段紧紧围绕着考试而进行的教育，使教师和学生的注意力都集中在知识传授和应试训练上，学生没有机会甚至没有时间去和他人交流。进入大学之后，专业教育和陈旧的教学方式进一步限制了学生沟通交流能力的提高。从本质上说，专业教育更强调个人的努力和付出。尽管现代科学的发展越来越重视团队合作，但学术研究的基本方式，例如读书、思考、做实验，等等，更多体现为一种个人行为。[②] 这一点在人文学科中体现得尤为明显。因此，大学越强调专业教育，学生就越难以获得沟通交流方面的训练，除非教学培养方式发生根本性的改变。另一方面，在传统的演讲式大课中，教师在台上讲，学生在台下听，不仅师生之间缺乏沟通和交流，学生与学生之间也很难有交流的机会。学生只

---

① 即使是鲁滨逊也要和星期五沟通交流合作。

② 大量研究表明，学生在大部分时间里是以个人学习为主的。John I. Goodlad, *A Place Called School*, *Special 20th Anniversary Edition*, (New York, McGraw-Hill Education, 2004) 230.

能在课堂之外，也就是在校园文化中寻求有限的交流。但局限在于，校园文化是一种相对低效且缺乏系统性、稳定性和科学性的教育方式。[①] 如果不能在学校教育最重要的课程中有效提高学生表达交流沟通的能力，教育就没有履行自己的责任。

通识教育不仅意味着一系列看得见的课程，它也意味着一种看不见的教育理念。这个理念就是：要帮助学生变得更加成熟。一个人成熟与否的重要标志之一是表达：首先，有没有勇气开口说话；其次，能不能把自己头脑中的想法正确地表达出来；第三，能不能准确理解他人的观点并进行分析判断，而不会误判；最后，是否对自己的言语和行为负责。所有这些都不可能通过其他机构和专业教育来实现，只能依赖于通识教育。

终身学习 终身学习的理念现在已经被大多数人接受和认可。现代科学技术的发展，使人们深刻地认识到，一个人不可能在大学里学完所有的知识，应付毕业之后的所有事情。大学教育必须使学生具备终身学习的能力。

然而，传统的专业教育在提供终身学习能力的方面令人怀疑。人们之所以需要终身学习，是因为在一生中会遇到许多复杂的问题，这些问题往往超出大学的专业领域，必须要运用新的知识才能解决。当然，专业教育所训练出来的思维和方法能够起到一定的作用——这正是专业教育的价值所在——但这种作用往往具有局限性。专业教育限制了人们的视野和思维，使人们既难以在事物之间建立普遍联系，也难以从专业之外的视角去审视分析问题，更难以应对科学技术发生颠覆性革命之后的变化。事实上，强调知识传授的专业教育为我们勾勒了一副充满讽刺意味的画面：那些生活在现在的人们正在自信满满地用过去的知识去教育将要生活在未来的人们。这样的教育能够使他们做好迎接未来的准备吗？

通识教育恰好弥补了专业教育的不足。通识教育并不专注于

① 秦春华：《在课程中实现本科教育目标》，《中国高等教育》2016 年第 9 期。

知识和内容本身，它关注的是获得知识的方法。和关注“是什么”相比，通识教育更关注“为什么是这样”。对于学生而言，“为什么”本身就意味着未知，这和他们未来将要面对的问题在性质上是类似的。因此，在自己试图回答此“为什么”的同时，他也就知道了面临彼“为什么”时应该怎么办。如果说，专业教育教给学生的是“鱼”或者“渔”的话，那么，通识教育教给学生的就是“荃”——“荃”或许是更为基本的东西。①

丰富人生 虽然许多学生进入大学的目的是为了在毕业之后能够找到一个好工作，但未来的人生并不完全由工作组成。况且，一份收入优渥的工作并不一定能够带给人幸福和快乐。除了工作之外，人们还需要闲暇，在闲暇中享受生活的乐趣。物质享受所带来的乐趣是短暂和浅薄的，当满足了物质需求之后人往往会陷入更大的空虚之中；更长久充实的乐趣源于人精神上的愉悦，它存在于艺术和体育之中。这并不是说一个人必须要掌握某种艺术或体育的技能——当然掌握了也没有坏处——而是说，一个人应当从欣赏人类历史上那些伟大的艺术作品中获得生活的趣味。它们滋润着人的心灵之花，使它不致枯萎。

更重要的是，人的一生不可能一帆风顺，虽然每个人都希望如此，但人生不如意事十常八九。到达成功之巅的喜悦往往只是一瞬，而此前的种种挫折和磨难却是生命中的常态。在身处逆境和困顿的时候，那些伟大的文学、音乐和其他形式的艺术作品能够为我们提供希望、勇气、力量和智慧以及让我们保有对人类的热爱。专业教育可以向学生传授知识，却很少为他们带来智慧。我们要阅读学习经典文学作品，并不是为了获得文学史的知识——那是专业教育的内容——而是在于，我们可以通过某种富于激情和同情的方式体会人类所经历的苦难以及在克服艰难险阻过程中所体现出来的

---

① “荃者所以在鱼，得鱼而忘荃。（庄子·外物）”，陈鼓应注释：《庄子今注今译》（最新修订重排本），中华书局 2009 年版，第 772 页。感谢美国佐治亚州托马斯大学教授兼中国总校区校长黄中天先生的启发。

伟大和崇高，从而帮助自己培养高贵品质，克服类似的人生困难。

克服专业教育的狭隘 无论是凝聚社会共识、辨别判断价值观，还是表达与交流、终身学习，抑或是丰富人生，这些通识教育的目标很难或基本上不可能通过专业教育实现。不是说专业教育一定不包含价值观，也不是说专业教育一定不会提供训练学生表达能力和终身学习以及丰富人生的技能，而是说，因为专业教育的目标是培养某一领域的学者或专家，这种与生俱来的狭隘与僵化会限制学生的视野，使学生过于沉浸在专业知识的窠臼之中，并且在获得专业知识的同时也收获了傲慢和偏见。在这种情况下，需要通识教育提供一种新的平衡，根据通识教育的目标重新设计课程和教学方法，从而弥补专业教育的不足。

四、中国特色的通识教育之路

通识教育不是抽象的，而是具体的；不是放之四海而皆准的普遍真理，而是深刻根植于不同社会文化背景下的产物。我们之所以要实行通识教育，不是因为通识教育是个好东西，而是为了解决我们面临的具体问题。我们应当从中国传统文化、中国社会发展的历史和未来的角度，重新设计建设中国特色的通识教育之路。

重建中国的通识教育，我们需要从古代中国的教育智慧中汲取力量。如果说通识教育的理念源于古希腊的话，它的另一盏明灯就点亮在春秋时期的中国。① 在古代中国的教育传统中，其实早就蕴含着通识教育的思想，并且远比西方超前。这个思想不仅是指“通识”，而且是指“通德”。这个“德”就是价值观，也即道德。

在古代中国，教育的首要目标是道德，其次才是具体的知识和技能。“士先器识，而后文艺。”所以孔子说：“弟子，入则孝，出则悌，谨而信，泛爱众，而亲仁。行有余力，则以学文。”②当实践了孝悌信

---

① D. Levine, The Liberal Arts and the Martial Arts, *Liberal Education* 70, 3 (1984): 235-251.

② 张燕婴译注：《论语》，中华书局 2015 年版，第 3 页。

爱仁等一系列道德目标之后,还有余力的情况下才去学习文化知识。孔子门下弟子三千,分列为德行、言语、政事、文学四科。其中,德行为最高科,言语次之,政事又次之,文学(即知识)在最末。道义的价值要远远高于职业。这些珍贵的教育思想发展到后世,则形成了所谓"通儒"之说。顾炎武在《日知录》序言的开篇就说,"有通儒之学,有俗儒之学,学者将以明体适用也"。① "通儒"才是中国教育的最高境界。

我的意思并不是要论证中国古代也有通识教育,以此来说明其实我们并不比西方差;也不是要像新儒家所倡导的那样,恢复诵读儒家经典的传统做法。而是在于,重建中国特色的通识教育之路,我们至少要把握三个要点:第一,不同文化的通识教育自有其不同的思想源泉。正如西方通识教育根植于西方文化传统一样,中国通识教育也必须根植于中国传统文化,因为只有这个传统而不是其他西方传统才更契合今天的中国社会。第二,不同国家和民族的通识教育自有其不同的立场。正如西方通识教育的立场是西方人,和西方一样,中国通识教育的立场只能也必须是中国人。第三,不同社会的通识教育要解决各自所面临的不同社会问题。正如西方通识教育要解决西方社会发展中的问题一样,中国通识教育也必须要解决当代中国社会发展中的问题。我并不认为中国通识教育一定要和西方通识教育相对立,而是认为,中国通识教育一定要和西方通识教育有所区别,具有自身的鲜明特色。而且,我们并非为了形成特色而追求特色,而是因为上述三点本身就是通识教育的内在属性和本质要求。只有这样,我们才能给学生提供更好的更高质量的教育。

对于当代中国来说,通识教育的首要目标是凝聚学生对建设中国特色社会主义的共识。以往这项工作是由思想政治课和党团活动来完成的。这是必要的,但仅此还远远不够。"不够"的意思并不

---

① (清)顾炎武:《日知录校注》,陈垣校注,安徽大学出版社2007年版,第19页。

是时间不够。目前，政治理论课学分一般为12学分，约占140总学分的9%，大约相当于四门专业必修课，这个比例不算低；“不够”的意思也不是投入不够。教育部关于《高等学校思想政治理论课建设标准》中详细规定了一、二、三级指标的具体内容，从组织到教学到队伍到学科建设再到特色项目，可谓包罗万象。但问题的关键是思想政治理论课的实际效果到底如何？回答这个问题不一定需要做全样本的调查问卷，只要到真实的课堂里去看看学生们上课的状态和表现就可以一清二楚。

思想政治教育和文化知识教育之间存在一定的割裂。教育是一个整体性系统。学生很难把思想政治教育内化为个人需要，在他们看来，专业知识是自己需要的，至少在找工作时需要，而思想政治教育则是外部要求的。因此，思想政治教育进了课堂，进了教材，却未必一定能够进入学生头脑。那些为了应付考试而背诵的知识，考试结束之后被迅速遗忘，很难在学生日后的学习和生活中留下痕迹。此外，从小学到中学再到大学，学生所接触到的思想政治教育内容、形式和方法缺乏新奇的刺激，难免产生倦怠。我们告诉了学生很多现成的结论，教师精心编写了教材，但却很少要求学生去阅读经典原著，也没有给学生提供充分的讨论交流机会。现在有多少学生通读过《资本论》？有多少学生通读过《中华人民共和国宪法》？又有多少学生在课堂上围绕着当前社会政治经济文化发展中的重要问题展开过讨论？不读书，不思考，不讨论，不辩论，是无法达到效果的。不要抱怨学生多，教师少，关键看你愿不愿意真的去做。不下点真功夫，只是消耗掉相应的时间。

建设中国特色社会主义是前无古人的伟大事业，所遇到的问题本身就极具挑战性，完全可以激发学生的学习研究兴趣。为什么那些原本在茶余饭后引起人们浓厚兴趣的问题一旦走进课堂，就被缩减到只剩下一大堆需要学生背诵记忆的年代、地点和毫无生气的知识点呢？为什么我们不能换另一种方式——通识教育的方式——呢？不是告诉学生那些已经被认可的现成结论，而是要把学生的思维置于具体的历史和现实环境中，通过提出一系列复杂的真实问题，引导他们得出正确的结论。教师和学生在一起学习、思考和讨论。在这一过程中，学生不仅要知道那些他们必须知道的事实和结论，而且还要学会自己去分析问题并形成自己的判断。教师要引导学生去相信或是怀疑，不仅要让学生懂得中国社会的过去，而且要让他们养成公开讨论的习惯，形成独立的判断，并能够引领中国的未来。

这项工作不能等到大学，必须从中学阶段就开始。中学也应当按照大学通识教育的模式，凝聚学生对中国特色社会主义社会的共识。这才是中学教育的真正价值。否则，即使建了再多的学校，教给学生再多的知识，学生考了再高的分数，把再多的学生送进大学，我们也没有完成教育的使命，尽到教育的责任。

其次，通识教育要帮助学生建立起中国人的价值观。本科阶段，学生应当对当代世界的几种主要文明和价值观有所了解和认知。但这种了解不应当是浅尝辄止，而要在两方面深入：一是了解各种文明的精髓。比如，中华文明的基本价值；西方文明的主要内容；伊斯兰文明的主要观点；等等。课程不能纠缠于具体的知识，因为每一种文明都博大精深，不可能有足够的时间让学生像专业教育那样去学习，必须使他们在有限的时间里掌握最基本和最精髓的内容。二是在了解的基础上能够对不同的文明和价值观进行比较并作出自己的判断，从而建立起中国人自己的价值观。目前，许多大学雄心勃勃地仿照哥伦比亚大学核心课程模式开设了类似的“人类文明”课程，着力点多在第一点，其实第二点才更为关键，实现起来也困难得多，需要教师和学生投入更大的精力，但非此则不能实现通识教育的真正目标。

上述两点是建设中国通识教育最重要的目标，但做到了这些并不意味着我们就完成了通识教育的任务。我们不能把思想政治课的“旧酒”装入通识教育的“新瓶”之中，那样做并不能真正解决我们的问题。为了给学生提供更好的通识教育，我们的目标还应包括以下四点：

第一，帮助学生切实提高交流的能力。通识课程一定要给学生留出足够的时间让他们在课堂上开口说话。要让他们有勇气表达自己的观点，为自己的观点进行辩护，正确理解他人的观点。如果在通识课堂上无法得到这样的训练，那么学生也就不可能有其他正式的机会去得到这样的训练。表达不只是口头的，还应当有书面的。我们要采取切实有效的措施，加强对学生中文写作能力的训练，提高他们熟练流畅运用母语的能力。

第二，帮助学生获得终身学习的能力。最重要的是要让学生学会收集信息，阅读文献并养成终身阅读的习惯。这些是最基本也是最重要的学习方式。如果在接受通识教育和专业教育的过程中，帮助学生养成了这一习惯，那么，无论未来他们遇到什么样的问题和困难，都能够找到相应的办法去解决。

第三，使学生的人生变得更有趣味，更为丰富。通识教育要提供关于艺术和文化方面的课程，但这些课程的价值并非给学生提供一些茶余饭后的谈资，或教授一些浅显的技能，成为他们在他人面前炫耀的资本，而是要处处指向人生，提升学生的审美素养和艺术鉴赏力，引导学生追求更有意义、更有价值、更有情趣的高尚的精神生活。①

第四，帮助学生克服专业教育带来的狭隘。我们要实现通识教育和专业教育的有机结合。这种结合，并非把四年的本科时光划分为两个截然不同的阶段，前两年接受通识教育，后两年接受专业教育——正如目前大多数大学所做的那样——而是要把通识教育的灵魂和精神渗透到整个本科教育之中。一方面，大学需要从学校层面而不是院系层面出发建设一些目标明确的通识课程；另一方面，

---

① 北京大学艺术学院叶朗先生为《艺术与审美》共享课程所设立的教学目标是：1. 提高学生的艺术教养与审美素质；2. 引导学生追求更有意义、更有价值、更有情趣的人生；3. 引导学生拥有高远的精神追求，追求高尚的精神生活。《艺术与审美》共享课程的设计原则是：1. 从审美的角度讲艺术；2. 对艺术的理解处处指向人生；3. 理解中国艺术、传播中国文化、弘扬中国特色。

院系在专业教育的过程中,也要随时随地关注通识教育的目标。保证这一点的关键在于教师。教师需要理解什么是中国的通识教育,在教学过程中时刻不忘通识教育的目标,并对教学内容和教学方法进行根本性的变革。也许,对于目前的通识教育而言,对学生的教育尚在其次,对教师的培训似乎更为紧迫。毕竟,教师是课堂的灵魂,所有的通识教育只有通过教师才能完成。

五、结语

美国顶尖大学的通识教育为了解决美国社会所面临的种种危机和问题,从西方教育传统中汲取精华,从理念到内容再到具体措施建立的一整套完整的教育体系。凝聚人们对美国自由民主社会的共识,建立人们对美国自由民主社会的信仰是这一教育思想的根本目的,同时,它也有效提升了美国高等教育的质量。当然,这一过程进展得并不顺利。事实上,《哈佛通识教育红皮书》发表之后很长一段时间里,通识教育仅仅是一种闪耀着光辉的教育思想和理念。直到 20 世纪 80 年代后才开始见到一定的成效,至今仍然在不断改进和完善之中。①

建设中国的通识教育是一项极其艰难的任务。我们不能实行简单的拿来主义,即使把哈佛大学全套的课程体系和具体措施移植过来也无济于事。它不会产生任何实际的效果。我们必须立足于中国社会的具体问题,从东西方的教育传统中汲取精华,踏踏实实地探索自己的通识教育模式,明确目标,改进教学理念和方法,同时具有足够的耐心,一点一点地解决问题,才能提供给学生更好的更高质量的教育,实现我们这一代教育工作者的使命和价值。

---

① 李曼丽:《哈佛大学核心课程述评》,见哈佛委员会著:《哈佛通识教育红皮书》,李曼丽译,北京大学出版社 2010 年版。

“沃土课程”：在社会实践中完善学生的心智与能力

滕　飞*

一、立德树人，面向实践，将学生的全面发展落到“实处”

立德树人，为实现学生的知识、能力、精神、素养的综合提升，北大光华管理学院从 2012 年开始实施“沃土计划”实践课程，持之以恒地进行实践育人的工作。“沃土”意为扎根中国大地、植于基层社会的肥沃土壤，引导学生增进对国情、社情、民情的了解，增进对各行各业运转的理解，增进与人民群众的朴素感情，并将课堂知识与中国实践相结合，充分给予学生学以致用的实践平台，让学生深入认知中国特色社会主义理论、道路、制度和文化。“沃土课程”即为扎根中国大地的学生素质培养系列。

根据传统的大学职能划分，思政课程、专业教育和实践育人分属三类职能部门负责。这类划分，虽然有利于工作专业化，但也割裂了育人作为一个系统工作的整体性。这个问题引起学院领导班子及教师们的特别关注，于是就开始思考，并先行先试。沃土计划的初衷是为了完善立德树人，改进教育教学机制。6 年来，将“沃土计划”演化成了实实在在的“沃土课程”，从完善工作机制、推进健全人格教育着手，整合育人工作，迭代育人模式，其成效深受学生、教师及各方参与者的欢迎。

（一）思政和德育课程的创新探索

道德作为一种“实践理性”，德育和思政便不单是知识教育，更

* 滕飞，北京大学光华管理学院党委副书记。

多的是实践教育。在主流价值观的指导下，通过用心观察国家建设、经验社会实践、体悟生活世界，再回到课堂，反刍提炼，思政和德育目标才能内化于心、外化与行。

出于完善思政和德育课程的考虑，在整合知识教育和实践教育上，学院有过两个阶段的探索。在“沃土课程”开展的头两年，尝试与学校已有的“形势与政策”课程结合。该课程本身就包含对实践的要求，相比于其他思政理论类课程，有更友好的改革操作界面。基于既有的选课平台，学院自主设计的实践课程最多有 0.5 学分，且缺乏主动。于是从 2015 年开始，学院便尝试设计自主开设的实践课程，并正式纳入本科课程培养方案之中。

（二）实践育人工作的规范完善

2012 年年初，教育部发布了《教育部等部门关于进一步加强高校实践育人工作的若干意见（教思政[2012]1 号）》。2012 年暑期，光华管理学院就开展了首期“沃土计划”，此次活动随即登上了教育部简报，成为教育系统当时的典型经验。

在探索过程中，“沃土课程”曾发生过实践地和学生双方都达不到预期的情况。例如，挂职各类“助理”岗位，有的同学觉得“课程”太轻松，收获不足；而实践地也对北大学生服务地方发展方面有更高的期待。学院针对这些问题进行了一系列的探索，逐渐推动了课程的规范化、系统化。

通常，高校实践育人工作一般属于共青团、学生工作领域，常常被看作是与“第一课堂”相区别的“第二课堂”。在课程大纲、学分认定、授课师资、过程管理、课程评估等方面缺乏教务系统那样明确的标准体系。随着“沃土课程”的深入实施，学院将其纳入到学院专业课程培养体系，设置为 1 个学分的专业选修。在制度上，逐步将两类课堂的育人标准取齐，并能够通过课程成果，反哺实践能力。

实践培养方式推动了全员、全过程、全方位育人。一是推动了教学科研岗、思政教育岗教师以及校外导师的充分融合；二是推动了教员队伍和辅导员队伍的充分合作；三是推动了传统的教务和学工两个工作队伍的充分协调，最终提升了全院实践育人工作的整合成效。

(三) 专业培养和生涯规划的示范引领

培养社会主义建设者和接班人需要培养学生执着的信念、优良的品德，对国家社会人民的责任担当等等。这是一个教育与学生自我唤醒相结合的过程，需要营造环境，在学生的职业方向和生涯规划方面做适当的引领。“沃土课程”基于此做了多方面的努力。

首先，在课程开展的地域、行业等选择上，多选择欠发达地区经济社会发展的疑难领域、典型企业代表等，甚至直接扎根村镇、作坊进行切身体验，唤醒同理心。其次，在课程要求和考核上，不满足于粗浅的观察，而要求深入的调查研究，要求在导师指导下，深入研究相关领域，并用专业的思考和成果，服务地方发展。最后，在对行业领域的认知上，学生深入了解基层党政机关的管理和服务，企事业单位生存发展的各个侧面，建立对乡土中国的亲切情感。在“沃土课程”中表现优秀的学生，有的毕业后就选择了以选调生或公务员的身份留在地方，贡献青春。

(四) 实践育人的“沃土课程”逐年健康成长

一是基地数量不断增加。从 2015 年广东揭阳 1 个实践基地，2016 年扩大到青海海东工业园区、湖南长沙、河南羚锐制药、湖北咸宁等 4 个实践基地，再到 2017 年新签约 6 个社会实践基地(福建泉州、广东广州南沙新区、重庆新鸥鹏集团、陕西西安商洛、云南腾冲、江西赣州等)。目前共有 12 个实践基地，并还在持续增加。广州南沙新区主动找到“沃土课程”组，要求加入实践地系统。“沃土课程”的影响越来越大。

二是参与人数不断增多。伴随课程体系和实践成果的不断优化，“沃土课程”吸引了越来越多的教授导师和选课学生。2018 年，教授导师团队扩充至 15 人。选课学生在 2015 年以前每年有 20 人左右，到 2016 年上升到 50 人，2017 年增加到 150 人左右，本科一年级参与率达到 70%。创新的教学形式得到了越来越多师生的认可，尤其教授们的积极参与和硕博研究生的加入，进一步提升了理论与实践的结合,扩大了社会影响力。

三是课程成果不断丰富。几年下来,累积实践成果已有百万余字。课程连年获得北大优秀青年工作项目,各实践团获北大优秀青年调研成果奖,并多次代表学校获得“北京高校思想政治理论课学生社会实践优秀论文”“首都大中专学生暑期社会实践优秀成果奖”等奖项。该课程得到了“第一课堂”教务部门的充分肯定,获得2017年北大教学成果一等奖。基于该实践课程的工作探索,已发表的青年研究论文有2篇,待出版书籍有1部等。

二、“沃土课程”全过程分阶段实施

(一)第一阶段(5—6月):选课、选题、挂职单位确定

学院分管教学或学工的领导牵头与实践地详细沟通,并带队进行前期踩点考察,充分了解每个实践地的切实需求和课题并详细列表。在此基础上确定实践大主题。例如,2016年主题是“解析转型中国多元形态,探索创新驱动经济发展”,2017年主题为“服务国家改革创新,助推经济转型发展”等。

组织并分列实践团队。各团队在学术导师的指导下,基于年度的项目主题,开展集中的理论学习和方法论培养,介绍调研实践的基本方法,同时深化部分专业知识为挂职调研打下理论基础。在与实践基地对接的基础上,结合学生选题,学院帮助他们对接针对性的挂职单位,协助学生制定实践计划,确定一系列参访调研单位,深化学员对实践主题的理解。

每个团队针对实践目的地的现实情况,进行框架性研究和集中讨论,确定团队调研子课题。以2017年为例,由指导教师带领同学共同研究拟定了28个子选题,比如“长沙智能制造机器人产业政策研究”“咸宁信用担保公司风险防范研究”“腾冲高黎贡山茶全国市场推广课题”“泉州民营企业国际化发展研究”“河南新县精准扶贫具体措施研究”“赣州赣粤信息产业带集聚发展研究”等等,无不针对地方经济社会发展的重点、热点和难点开展选题和研究。

（二）第二阶段（7—8月）：挂职实践、调查研究、初步成果

实践团在学院的协助下与实践地对接，并进一步细化调研方案，确定挂职实践形式、具体调研内容、日程安排，开展实质性的挂职实践，将前期选题与当地实际相结合，并不断动态优化。

实践团在调研期间，分为若干小组，每个小组赴不同的单位进行实践调研。在基层地方政府的实践工作中，学生们主要担任基层政府、街道等部门的助理工作，协助单位业务工作，丰富实践阅历的同时，增加对政府工作的亲切感和同理心。在企业基层的工作中，学生们主要担任企业经理的助理工作，在实践中印证专业知识，为企业的财务优化、公关宣传以及战略发展提出自己的建议。

在完成常规工作的同时，实践团成员需要围绕行前确定的子选题，联系当地相关部门选择调研的地点，结合自己所学知识以及当地实际，将实践课题深度发掘，针对自己的选题广泛收集资料，充分利用各个时间段，集中讨论并撰写小组的课程研究报告。

在挂职调研期间，学术导师需要进行实质性指导，带领学生深入第一线进行主题调研访谈，至少组织2次集中讨论交流。初步成果成型之后，带领学生向当地政府、企事业单位进行初步成果汇报，一方面呈现研究创新，以资对方借鉴，另一方面听取对方的意见和建议，为第三阶段的成果深化打好基础。

（三）第三阶段（9—11月）：报告撰写、总结反馈、课程论文

实践调研结束后，学术导师需要指导学员在初步调研成果的基础上，完成内容详尽、有应用价值的研究报告。在11月的实践成果总结交流会上，学员将实践报告成果集中展示，学术导师评估学员挂职调研过程中的综合表现，进行课程评定和评奖评优。

（四）第四阶段（12—次年3月）：成果深化、理论提升

“沃土课程”结束后，指导老师会带领有兴趣进一步开展学术研究的同学，在现有实践调研报告的基础上，或撰写专业学术论文，或参与例如挑战杯等学术竞赛，并作为本科生科研项目推动参与后续评比和论文发表。

三、全员参与的课程导师队伍

(一) 充分调动教学科研岗教师指导实践课程的积极性

学院专门制定《"沃土计划"实践课程学术导师管理执行方案》,对参与的老师在教学工作量或课时补助上给予充分保证,并制定具体的导师工作要求,制度上保障了实践课程的与理论课的一致性。

在每年实践地和选课学生确定后,学院公开聘任学术导师,为每一个实践团配备相关学科背景的导师进行专门指导。学术导师需要全程参与"沃土课程"的培养周期,并配合完"沃土课程"一系列环节,为同学们提供学术指导,指导学员们完成实践调研和课程论文,调研本身又能为教授们的研究与教学提供第一手的资料。这些学术导师研究水平高,带队指导意愿强。并且加强了学院和地方的联系,教授们也在这个过程中通过学术报告、企业诊断等多种途径,服务地方发展,得到了各地的积极反响。

(二) 充分发挥管理实践教授和校外导师的实践指导作用

光华管理学院聘请了一批杰出的各行各业的行业领袖作为管理实践教授。其中有政府机构的管理者、有杰出校友企业的负责人等。学院邀请他们作为"沃土课程"的导师,带着国家经济政策制定、地方实际工作开展、企业经营发展以及创新创业等的成熟经验,指导学生进行调研、挂职实践以及完成总结报告等各项活动。

(三) 充分依托实践地的资源条件来锻炼培养学生

在十多个挂职实践的地方或企业,当地政府领导和企业家积极参与学生的访谈、调研,对课程报告的写作给予指导,在这个意义上,他们也是学生的校外的指导老师。提供给年轻大学生完全真实的社会环境,锻炼他们的社交能力、沟通协调能力以及对社会的理性认知。这种校外综合培养经历及指导是校园课堂学习所不及的。

四、全方位的组织执行和资源保障

"沃土课程"与普通校内课堂不同,需要学院职能部门之间,学院和地方政府、企事业单位之间的通力合作。除了以上涉及课程内容的导师队伍外，还需要细致周到的课程管理和服务。

（一）加强学院和地方之间的合作支持

“沃土课程”的核心要件是地方的支持。学院高度重视这方面的校地合作和资源整合，年年优化《北大光华“沃土计划”项目课程社会实践基地执行方案》，由教学副院长牵头，与地方政府沟通，达成合作，建设院地共同育人体系，协调一致为学生培养提供符合课程培养机制的支持。每年专人定时与实践地沟通，对不同实践地开展针对性的前期调研，沟通实践内容开展方式，初步探索实践主题，保障实践的有效性。

承接“沃土课程”的地方机关也积极为课程开展提供支持。一般由所在地方组织部、人社局等部门专人负责，联络有关单位和企业，为学员提供包括调研有关单位，采访相关人员的便利，协助学员获取相关领域的资料，保证实践调研可以顺利开展。结合当地实际，提供基本的住宿和交通便利，同时也关照到学生的真实的社会体验，比如，在乡政府宿舍、企业职工宿舍安排学生的食宿等。学生在地方的健康安全也被校地双方共同关注，双方密切沟通协作，切实保障学生的人身安全和财产安全。

（二）积极拓展企业和社会资源的支持

“沃土课程”的运营成本也比普通课程高，在学院和合作地所提供支持的基础上，学院也积极筹措资金和企业资源，谋求校友或社会企业的支持。先后取得了羚锐制药、尚乘中国等校友企业的大力支持，这些企业或提供实践地直接资源，或给予经费的支持，共同推进“沃土课程”的有序地持续发展。

（三）学院各职能部门的整合协调

学院整合学生工作、团委、教务等多部门的力量，调动教授、辅导员、职能部门职员等共同的积极性，为学生提供一个完整的课程体系。在实践地的选择上，院团委与学生直接沟通，了解学生切实需求与期望，并反馈至院地合作协调小组，以供决策能有的放矢。

教务部门配合学生进行每年实践后的手动选课与成绩录入。除了专业的学习和调研之外，学工办制定了近两万字的《团队指导手册》，从交通安全、财产安全、高温防御、急救处理等方面给予细致的指导，配合实践地保证实践课程的顺利开展。

五、“沃土课程”的基本成效、成果深化及未来延展

（一）“沃土课程”提高学生思考实际问题的学术能力

到 2018 年上半年，“沃土课程”已经建立起 12 个社会实践基地，累计派出近 300 名同学参与该课程项目。2016 年，“沃土课程”正式成为 1 学分学院选修课；2017 年，“沃土课程”一年就吸引了 150 多位同学选课学习，70％的 2016 级本科生主动选择该项课程。

六年来，课程报告、论文研究等成果累计 100 多万字，多项政策建议呈递当地政府。“沃土课程”优秀团队连续 5 年被评选为北京大学社会实践优秀团队。2016 年度“沃土课程”中涌现的优秀团队被学校推荐参评首都大学生社会实践优秀成果，其论文成果被推荐参评北京市思政课改革社会实践论文优秀成果奖。“沃土课程”以第一名成绩被评为北京大学优秀青年工作项目，并获得 2017 年北大教学成果一等奖。许多同学在“沃土课程”的基础上进一步学术化，发展为北京大学挑战杯学术竞赛一等奖作品甚至更专业的学术论文。

“沃土课程”还在很大程度上调动了毕业生服务地方发展的热情。长沙、泉州、赣州等实践地邀请更多的光华管理学院博士研究生到当地挂职、任职或就业。

（二）导师积极评价课程成果

国务院参事室参事，光华管理学院特聘教授徐宪平老师高度评价“沃土课程”。他认为“实践报告中提出的问题和建议都具有前瞻性、针对性和时效性……‘沃土计划’充满激情和活力，光华学子有理想、有情怀、有格局，心中有火，眼中有光，手中有料。希望同学们借‘沃土计划’的洗礼和磨炼，成为双创时代的有梦青年。”北大社科部长龚六堂教授表示：“沃土计划有两大重要意义：一方面，为学生真正提供一个根植基层的机会，并让他们真正参与其中；另一方面，

这也是光华在总结多年教育实践经验基础上的创新之举，将实践与思政课改革相结合，让学生爱上思想政治课。”

各实践团的导师们也因“沃土课程”与地方结缘，实现了导师教学科研与地方发展的良性互动。青海实践团导师肖婷教授在学期中回访青海，进一步了解当地实际发展情况；云南实践团导师王志诚教授邀请实践地企业家来到光华进一步沟通交流，了解同学们深入调研成果同时助力企业更好地发展。南沙实践团易希薇老师继2017年担任指导教师后，2018年再次前往，指导同学们进行更加深入的跟踪调研。

（三）学生心智与能力得到提升

“沃土课程”教育初衷，在于通过实践锻炼完善学生的知识结构和能力结构，进一步接近社会基层，了解社会，锻炼品格素养，增强社会责任感。参与“沃土课程”的同学们，除了正式的实践报告之外，还在“光之华”等微信公众平台发表感想，表达在实践过程中收获的酸甜苦辣。“沃土课程”也是对同学们能力结构的有效补充，从实践调研到团队合作，他们都得到了有效的锻炼。在学生们看来，这是他们成长的绝佳机会。

（四）助力实践地经济社会发展

同学们在调查研究的基础上，形成了具有较高学术价值的调研报告，课程报告直面实践地实际需求，注重同一地区跨年度的跟踪研究，注重成果的可落实、可转化。近几年的课题报告获得了实践地政府和企业的广泛好评。

表2　在课程实践地的课题研究内容

序号	实践地区	历年课程调研成果
1	福建泉州	发展特色现代农业推进乡村振兴战略、促进经济高质量发展的重点与路径研究、“美丽乡村”提升“美丽经济”研究、民营企业国际化发展、传统制造业智能化转型
2	广州南沙	粤港澳大湾区国际航运中心建设、南沙区人工智能产业的未来发展、一带一路先行者，产能转移领航人——南沙跨境租赁、起步中的南沙邮轮游艇业、南沙资产管理

续表

序号	实践地区	历年课程调研成果
3	河南羚锐	河南羚锐制药创新推动发展研究、产品转型、产品营销、产品种类——以企业并购为例、羚锐的创新与突围、以河南新县为例探讨精准扶贫的具体措施
4	湖北荆州	长江中游城市群的发展概况、荆州与长江经济带、荆州市行业调研、荆州在长江经济带中的作用
5	湖北咸宁	三四线城市发展现状分析及改革创新合理化建议——以湖北省咸宁市为例、赤壁市赵李桥茶厂管理改革方案、咸宁创新创业园区的现状与思考、氢燃料电池产业化现状及对策分析、湖北省咸宁市地方投融资平台企业转型战略研究、城乡一体化、农产品电商、农村闲置资金使用情况、温泉科技孵化园管理与发展策略、信用担保公司风险防范、推进全域旅游助力赤壁市供给侧结构性改革
6	湖南长沙	以创新驱动经济发展——以湖南长沙为例的区域经济转型创新研究、区域经济创新发展模式促进发展研究、国家政策创新驱动与文化旅游特色产业驱动发展研究、关于长沙市知识产权的研究、长沙模式——培育智能制造的沃土、北斗卫星导航产业相关政策、智能制造机器人产业政策、制造业企业研发实力、新能源汽车产业发展、质量强市政策
7	山东济宁	"四新经济"发展与产业转型升级对策研究、智慧信息产业与区域经济发展、推动区域与产业经济高质量发展对策研究、城市发展中的金融创新
8	江西赣州	探讨产业发展新模式 振兴革命老区经济、"赣州模式"——革命老区·新能源·新模式、赣粤信息产业带集聚发展、民营家族企业向高端百年老店跨越提升、赣州稀土产业发展、赣州新能源汽车发展、经济欠发达地区资金有效运转
9	青海海东	从孵化器 1.0 到孵化器 2.0——海东科技园孵化融资服务创新升级、青海湖无人机旅游项目、海东国际酒店的营销战略、新能源企业发展之路、青海湖旅游发展、袁家村旅游发展模式、全益药业有限公司发展、高原创业者的突围
10	甘肃玉门	玉门市新能源产业发展、玉门市农业研究
11	云南腾冲	产业战略定位、全域旅游 美丽乡村、高黎贡山茶全国市场推广、旅游产业转型升级之路
12	重庆	教育与协同产业发展模式探究、数据挖掘助力教育与管理、民办教育地产企业"教育＋"转型探索、教育地产企业人力资源培养与发展模式

续表

序号	实践地区	历年课程调研成果
13	广东揭阳	民营小微企业融资现状调研报告、广东省揭阳市区域整体发展调研及跟踪调研报告、揭阳市玉滘镇陶瓷产业现状分析与前景展望、广东省揭阳市中德金属城废弃物二次回收的现状分析及前景展望
14	陕西商洛	山城古镇的贫困问题分析及脱贫模式创新

长沙市政府把光华"沃土课程"学生的调研,纳入长沙市重大公共政策的第三方评估工作之中,对长沙市 2014 年以来实施的"智能制造"相关政策进行调研评估。这既能够发挥光华管理学院的学术优势,为长沙市的智能制造产业提出建议,也体现了长沙市政府对"沃土计划"的重视和信任,为同学们提供了难得的接触政策制定与评估的机会,帮助学生真正了解中国实际。

在商洛的"沃土课程"成果汇报会上,商洛市委领导高度评价课程成果:"此次商洛社会实践调研的调查数据详实、问题挖掘精准、分析研判到位、措施建议合理,对促进商洛市经济社会发展具有很强的借鉴指导意义"。参与指导课程的学术导师基于带领的课题研究和第一手资料,继续在原有课题上钻研探索,并与实践地保持密切联系。

(五)"沃土课程"未来的设想及发展

"沃土课程"目前仍存在一些发展瓶颈。一是课程实施仍然在探索和发展阶段,挂职实践基地的数量和质量还有提升空间。二是在已有的基础上,应该进一步嵌入思政德育教育理论内容,让思政教育贯穿实践过程的始终。下一步将开展的工作如下:

一是加强挂职实践基地建设。以学院优势资源为依托,逐步扩大优质实践基地数量,实现每年稳定 150 人以上的"沃土课程"人数规模,并逐步实现学院本科生的全部覆盖。探索实践地的优胜劣汰机制,确保实践地的育人质量。

二是加强"沃土课程"指导师队伍建设。广泛吸引政、商、学界的优秀校友加入到导师队伍,导师全程参与课程,在授课、选题以及成果深入等多个环节提供全方位支持。

三是进一步提高理论和专业的针对性。安排接地气、懂国情、了解光华学生的教授进行讲授，全面提升学生理论水平和思考能力。每一项调研，每一堂课程紧密围绕教育宗旨，让学生实现理论和实践的全面提升。

四是强化课程成果的延展和影响。更加精细化指导实践调研报告，完善报告的评审机制和答辩机制，进一步增强实践总结报告的专业性和可操作性。将调研报告发展为青年智库研究成果与青年工作论文。通过宣传推广、竞赛评估、结集出版等各种形式，扩大每期课程优秀研究成果的影响力，将“沃土课程”长久地持续下去，越做越好。

以学生为本，改进大学的结构与机制

张国有*

以谁为中心来思考大学的建设？以教师为中心还是以学生为中心？以校长为中心还是以政府为中心？从本质上看，只能以学生为中心来思考大学的建设，来组织大学的培养流程。学生是大学的服务对象，是大学的存在依据。没有学生、没有对象、没有产出，教师、校长、大楼都是虚设，政府办大学也是空话。道理如此，实际运行中并不一定完全照此行事。有的地方，经常会出现弱化学生的现象，偏向以教师为中心，让学生围着教师转；弱化基层，偏向以学校领导为中心，让院系围着学校领导转；弱化大学，偏向以政府为中心，让大学围着政府转。模糊了大学为学生服务的基本功能，偏离了大学培养人才的核心使命。按照这种偏向走下去，将会越走越被动，即使卓越，也缺灵魂。大学运行应以学生为中心，形成有组织的持续性的培养机制。

一、大学的基本功能是将"入学生"转化成"毕业生"

大学是个高等人才培养机构，是个将"入学生"转化成"毕业生"的机构。京师大学堂初创时，中央政府认为，在"京师首善之区"兴学育才，"务期端正趋向，造就通才，明体达用，庶收得人之效。"①当初，建立京师大学堂的初心，就是培养国家及社会所需的高等人才。

---

* 北京大学光华管理学院教授，北大经济与管理学部主任，中国管理科学学会会长，国务院学位委员会工商管理学科评议组成员。曾任北大副校长。

① 《光绪朝东华录》(四)，"为切实举办大学堂谕"，光绪二十七年十二月初一日，《北京大学史料》(一)，北京大学出版社 1993 年 4 版，第 51 页。

同样,遍观现代大学建立的本意,都是培养国家及社会所需的高等人才。所以,培养高等人才从来都是大学赖以生存的依据,除此而外从来就没有其他理由。其他的职能或任务都是为此服务,或者由此派生出来的。

大学为了培养人才,就要建设一个机构。这个机构有各样教师、有校长等管理者、有提供各种服务的职员、有房屋、器具、操场等设施。这些诸多方面构成一个培养高等人才的大学机构,条件一应俱全后,才能招生进校。例如,现在的北京大学拥有人文、社会科学、经济与管理、理学、信息与工程、医学6大学部;文学、历史学、哲学、经济学、法学、教育学、管理学、艺术学、理学、工学、医学等11个学科门类;48个博士学位授予权一级学科点,50个硕士学位授予权一级学科点,26种专业学位授权点;54个直属院系,6家附属医院、4家共建医院和14家教学医院。有教师9000余人,由燕园校区、医学校区、昌平校区等多个校区组成,占地4000余亩,图书馆拥有藏书750多万册。①

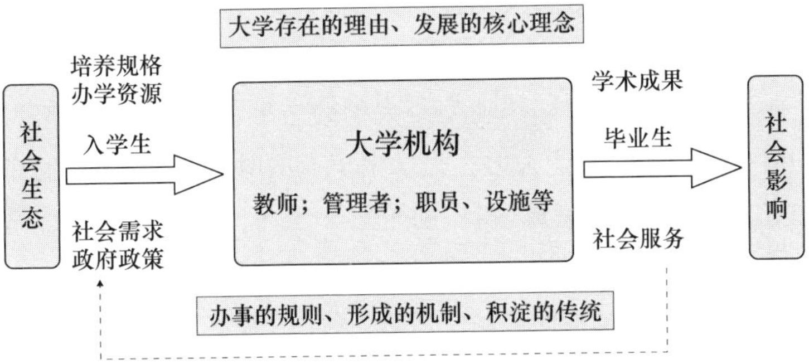

图1　大学的投入产出模式:稳定的学堂流动的学生

大学每年都有招收入校的学生,叫"入学生";每年还有学成毕业的学生,叫"毕业生"。把入学生转变为毕业生,就是大学的基本功能,问题在于转变为什么样的毕业生。北京大学这些年每年大约

① 摘自《北京大学一流大学建设方案》,2017年8月

有 9000 多入学生入校就读，每年大约也有这么多数量的学生毕业，如同流水一样进出，常年不断。军队是“铁打的营盘流动的兵”，而大学是“稳定的学堂流动的学生”。（见图 1）

稳定的大学堂就是一个转化性机构。这个机构有自己的学科结构、办事理念和运行规则，长久运行就形成自己的传统。学生以“入学生”转化成“毕业生”的过程就是被这种大学机构陶冶的过程。改造大学或者创新大学，实质上就是改造、创新大学这个“机构”。在机构合理合格的情况下，毕业生才有可能是合理合格的。现在的大学“双一流”建设，本质上也是促使大学在新形势下更加合理、合格。

大学堂是个投入产出的机构。对这个机构，每年投入的是什么？是入学生，是目标、规格、计划等信息，是资金、物资等资源，是社会需求与国家政策等。凡是当年大学机构运行所需要的一切条件，都要适时投入。这个机构每年产出的是什么？是毕业生，是教师、学生的学术成果，是教师、在校生、毕业生、学术成果等结合在一起共同形成的社会影响。这个社会影响在引领着社会发展。根据毕业生在社会上的作为及其社会影响，再来反观大学机构的合理性、合格性，对不合理不合格的地方进行改进、改造。

学生是大学的主体，毕业生是大学的结果。大学的基本努力都是朝着让学生顺利毕业去的。当学生毕业的时候，如同地里的庄稼成熟、生产线的产品完成、船厂的轮船下水一样，完成学业，合格毕业。这里的“合格”，用的是大学的标准。毕业生是否真的能产生效益，还要经过用人机构的检验。所以，大学的基本努力，遵循大学自身对学生的培养标准和社会对学生的需求，二者相结合。农民要的是庄稼，而种植技术、管理方式、资金投入都是为庄稼服务的。船厂要的是轮船，船厂的科学研究、技术进步、基础设施的改造、人员的更新都是为造船服务的。不长庄稼，为何要翻整土地；不造轮船，为何还要船厂。大学不培养人才，为何还要建大学。所以，大学的存在，就是为了培养精英毕业生。

按照中央的要求，中国大学总体上的人才培养目标是培养德智体美劳全面发展的社会主义建设者和接班人。各高等学校根据自己的情况和期望，在具体表述上各有特色。例如，北京大学的核心使命是培养引领未来的人，产生推动国家和人类进步的新思想、前沿科学和未来技术。面向未来，以学生成长为中心，培养具有历史使命感和社会责任心、富有创新精神和实践能力的各类创新型、应用型、复合型优秀人才。清华大学探索建立"三位一体"的培养模式，创新人才培养机制，构建与世界一流大学相适应的学生工作体系，着力培养具有健全人格、创新思维、宽厚基础、全球视野和社会责任感的拔尖创新人才。复旦大学注重学生"德才兼备、全面发展"，培养具有"人文情怀、科学精神、专业素养、国际视野"的领袖人才、行业栋梁及社会英才。上海交通大学要使毕业生整体创新精神、创造意识、创业能力明显增强，通过价值引领，培养出具有高尚道德和优秀品格，具有学术前沿知识、科学创新能力和国际视野的拔尖创新人才。[①] 每所大学都有自己毕业生规格的表述，基本面包括了专业素养、创新创造能力、国际视野、全面发展等。不管如何表述，大学毕业生除人格素养、专门知识外，还要具有尊重客观实际、独立思考的能力。为此，每个专业领域还有自己的具体化的规格。没有具体规格，人才培养就会随波逐流。

一所大学，不断地运行，不断地投入产出，不断地把入学生转变成毕业生，不断地发生社会影响，如果循环往复运行一百年、五百年、一千年，那是个什么结果？如果每年有10000个学生毕业，一百年就是100万的毕业生，那是什么影响？上述问题是：一百年后这所大学留给世界的究竟是什么？什么是这所大学最有价值的部分？如果这个问题想明白了，就知道现在该怎么办了。

在相关大学的"双一流"大学建设方案中，按照要求，2017年下半年各大学都列出了近30年的建设目标。例如，北京大学力争到

---

① 各自表述来自《北京大学一流大学建设方案》(2017年8月)、《清华大学一流大学整体建设方案》(2017年7月)、《复旦大学一流大学建设方案》(2017年7月)、《上海交通大学一流大学建设方案》(2017年12月)。

2020年整体建成世界一流大学，若干学科处于世界一流前列；在2030年左右学校整体水平进入世界一流大学前列；到2048年，学校成为顶尖的世界一流大学。[①] 清华大学的目标是：2020年达到世界一流大学水平；2030年迈入世界一流大学前列；2050年前后成为世界顶尖大学。[②] 复旦大学的目标是：在2020年前，初步建成世界一流大学；在2030年前，学校整体水平处于世界一流大学前列；到21世纪中叶，学校整体水平处于顶尖世界一流大学行列。[③] 上海交通大学的目标是：2020年跻身世界一流大学行列；2030年进入世界一流大学前列；2050年建成卓越的世界一流大学。[④] 其他大学也有类似的分阶段的达成目标。30年时间或者50年时间的投入产出，大学关注的是能否成为世界顶尖大学。若能真的成为世界顶尖大学，那么往后该是什么、该做什么？其追逐的意义究竟是什么？这个问题也要想明白。

二、每个大学都有学生的培养流程

大学作为转化机构，有一个培养流程。从入学生开始到毕业生结束，直至在工作岗位上发挥作用。这里为什么没有到学生毕业而终止？是因为毕业生品质好不好要由工作岗位来检验。大学的培养流程第一步就是开学典礼、入学教育，最后一步是毕业典礼、毕业教育。这两步极为重要。不仅是仪式，也是大学传统和社会责任的培养，它们是学生经历中极具人生意义的时刻。国外有的大学非常重视，庄严热烈而使学生印象深刻。国内大学，对此有高境界的就有高水准，有低境界的就只有低水准。有的大学就是履行程序、走个过场、安排几个人讲讲话，如此而已。而大学是不是以学生为本，要看开学、看毕业、看整个流程的结构设计与品质管理。（见图2）

---

① 摘自《北京大学一流大学建设方案》，2017年8月

② 摘自《清华大学一流大学整体建设方案》，2017年7月

③ 摘自《复旦大学一流大学建设方案》，2017年7月

④ 摘自《上海交通大学一流大学建设方案》，2017年12月

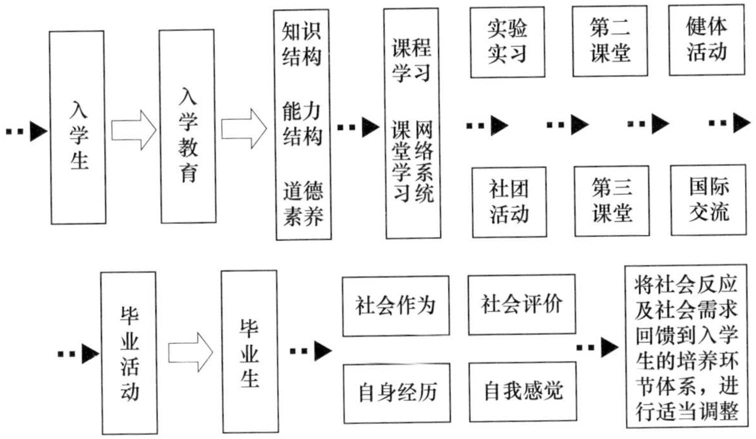

图 2　从入学生到毕业生的培养流程结构

大学对学生的培养在入学教育之后,就根据专业培养方案进行培养流程活动。经过培养加以改变的有三个领域:学生的知识结构、能力结构、道德素养。这三个方面分解成不同的课程学习。有的是理论课,有的是方法课,有的是实践课,有的是史学课、工具技术课等。有的是面对面的课堂学习,有的是在网络上学习。有的需要在实验室做实验,有的要到农村、企业、机关、医院做实习、做调查研究。除院系安排的教学活动外,学生还在自己喜欢的文艺、体育、音乐、研究等社团中进行课外训练活动;参加第二课堂(课程之外的跨院系的各种讲座)、第三课堂(到社会现实中进行调查研究、访问、挂职、志愿者活动、工厂田间的劳作等)。学习期间学生到国外进行考察和学术交流。学生要为在校期间和毕业之后的活动积累身体素质并养成良好的生活习惯。学校必须为此提供课程和训练方式。上述培养活动大约有十个类别。实际上,每个类别又有多个环节。例如,在课程学习类别中,按顺序先上基础课,再上专业课,还有公共课、选修课等,串成一个系列。在体育健身类别中,有的学校规定全校学生必修的体育项目,不及格不能毕业。如全体必修的游泳、男学生的太极拳、女学生的健美操等。有的规定文科学生必修的理科课程,理科学生必修的文科课程,医科学生必修的文理课程等。

总之，从入学生到毕业生要经历几十个培养环节。不同专业的学生的培养环节不同，每个学生的学习环节也不都一样。不同特点的大学所设置的环节也不一样。这就构成了专业的环节构成、个人的环节构成、大学的环节构成。

毕业生的品质素养和特征，一方面取决于培养环节的构成，即入学生经历哪些培养环节、这些环节之间有怎样的关联、相互之间如何发生作用等；另一方面取决于每一个环节的设计、质量及努力程度；再一方面还取决于这个学校的学科结构，以及长期形成的理念、规则、风气、习惯、传统。在综合性大学里，综合性较强的大学拥有文学、历史学、哲学、考古、艺术等人文学科，经济学、商学、政治学、社会学、法学、教育学、人口学、管理学等社会科学，还有数学、物理、化学、生命科学、环境科学、心理学等理学学科，信息、计算机、材料、航空航天、人工智能等工程学科，还有基础医学、临床医学、药学、运动、护理等医学学科。这样的综合性，对比于偏重于某一类学科来看，更有利于学生综合素质的培养，以及视野、格局、心胸的扩展。

在偏重于工程类的大学里，较多拥有工程学科。其中或包括，机械工程、光学工程、土木工程、水利工程、材料科学与工程、环境科学与工程、航空宇航技术、建筑学、城乡规划学、信息与通信工程、核科学技术、化学工程与技术、安全科学与工程、计算机科学与工程、软件工程等。这类大学的毕业生积淀的工程思维比较多。毕业生接受的有序化、程序化的训练，和基本构思、总体设计、具体实施等逻辑训练，以及讲究实际的精神都比综合性大学的学生要充分。然而工程思维及习惯可能会带到各个方面。例如，我们将建设世界一流大学的事情称作“211 工程”，将邓小平同志称为中国改革开放的“总设计师”，我们进行“社会科学项目”评审，这些都是工程及工程思维的延伸。

在偏重于艺术的院校，例如专事音乐、美术、舞蹈、戏剧等学科的院校，其毕业生的素质及特征又是另外一种状态。还有军事院校，其毕业生的素质及特点又不同于通常一般的院校。不同的院校由不同的培养环节构成。同一所中学出来的学生，进入不同的培养环节，成为毕业生后就带有这个培养流程的印记，表现出不同的素质和特征。在这个流程中的时间越长，留下的印记越多。在国外看大学及其毕业生，有的给人的感觉是“诗意与远方”，富于想象；有的给人的感觉是“钢筋与水泥”，善于设计；有的给人的感觉是“情感与活力”，充满激情；有的给人的感觉是“勇敢与纪律”，崇尚责任。

问题在于，对某所大学，对某类毕业生，需要什么样的培养环节构成？也就是说，现在的培养环节流程所培养出来的毕业生，其身上所积淀的素质和特征，是否就是培养目标所要求的素质及特征？反过来讲，如果想得到符合预期的毕业生，大学的培养环节构成该做哪些改造或调整？我们该用哪个思路来考虑这个问题？

每所大学不一定都有“以学生为中心”的经过缜密有序设计的培养环节，但都有人才培养的基本构思。例如，清华大学对今后的人才培养有系统的考虑。清华大学在“培养拔尖创新人才”方面，总体设想是围绕立德树人根本任务，探索建立“三位一体”的培养模式，着力培养具有健全人格、创新思维、宽厚基础、全球视野和社会责任感的拔尖创新人才。

在本科学生培养方面，实施本科大类招生和大类培养，将纳入本科招生的所有专业进行整合，例如数理类、化生类、机械类、能源类、计算机类、电子信息类等，引导学生发现自己的学科兴趣，找到适合自己的专业方向。大学应根据专业的人才培养定位和特色，设计有前瞻且可落实的人才培养目标，基于学生的学习成效重构培养方案；建立本科生通识教育模式和课程体系，注重文理通识课程教学与养成教育相结合；推动以“教”为中心向以“学”为中心转变。例如，以第一课堂课内教学为基础，全面推进各类课堂的协同培养，课内教学鼓励教学创新，强化启发式教学，提高课程兴趣度、学业挑战度和师生互动。此外，统筹建设实践和实习基地，让学生了解国情和社会，在服务社会中增强分析和解决实际问题能力；实施海外研修计划，依托全球优质教育资源，为学生创造进入国外一流教育、研究、公共机构的学习机会；依托在线课程，推动 MOOC（Massive Open Online Courses）、SPOC（Small Private Online Course）和混合式课程建设，推动新技术在教学上的应用。大学还应建立校、院系、教师三级教学效果评估指标，实施效果评价、诊断评价、过程评价、毕业生调查、教师自评、专家评价等六维评教系统；进一步完善学业评价体系，建立覆盖入学、在读、毕业等环节的学术环境督查和反馈机制。大学还可打造成长社区，建设校友网络，强化教师、学生、校友之间的联系互动，相互学习、共同提高，推动终身学习。

在研究生培养方面，建立适应培养目标的研究生选拔录取机制。提升博士生的学术创新能力和国际化视野。支持博士生面向学术前沿开展原创性研究、田野调查和专业实践，推动博士生辅助授课并接受教学评价，力争每位有需求的在读博士生均有海外培养经历。重构专业学位培养方案，提升专业学位研究生的职业胜任力。探索依托跨院系、跨领域的专业学位"项目制"管理机制，搭建跨院系研究生实践平台，推动多学科交叉融合培养。提高专业学位研究生的实践能力和创新创业能力。促进艺术、工科和文科之间、工科之间、工科和医学之间的跨学科研究生培养。

在促进学生全面发展方面，学校应充分利用教室、校园、国内、国际以及网络和成长社区等不同环境，拓展教育资源，创新教育方式。创新完善社团管理服务体系，重点支持建设一批社团。发挥学生艺术团、体育代表队带头作用，建设健康向上的大学文化。深化社会实践改革，引导学生认识基本国情、承担社会责任。充分利用海外教育资源，培养学生国际视野。积极搭建平台，探索创新创业教育模式，吸引社会资源参与创业人才培养。整合学生职业发展、学习发展、心理发展咨询相关资源，建设面向全体学生的一体化咨询服务平台。构建学生发展性支持项目群，设立更多针对不同学生群体、不同发展阶段需求的因材施教项目，给予经费支持和工作指导。以提升就业质量为导向，健全就业服务体系。构建全球化人才培养体系，推进学生国际化培养。

三、关注未来趋势对毕业生素养的需求

大学教育面向未来，实质面向的是没有到来的却有迹象的事务对大学毕业生素养的需求，通过预测趋势进行判断，进而推动课程结构的更新、训练方式的改进、道德素养的完善。未来是不确定的，难以准确断定；不能准确断定，不等于不做判断，什么事都不做。至少可以将已经有迹象的、能够在相当的时期中稳定发挥作用的理念、技术、规则、机制等，纳入到学生培养环节中，使毕业生在毕业后能够适应快速变化的环境。从农业社会转向工业社会，从工业社会进入信息社会，物理、化学、生物、工程、人文学科、社会科学、艺术认识等领域的知识结构都发生了明显的变化，大学的课程和训练方式也随之变革，如此才有了毕业生知识结构、能力结构、道德素养的进步，才有了社会的实际发展。这样的发展又在孕育着新的变化、新的趋势，又在呈现新的趋势需求，也在激励大学毕业生的素养方式新的变化。每一个时代都面临着这样的动力。（见图 3）

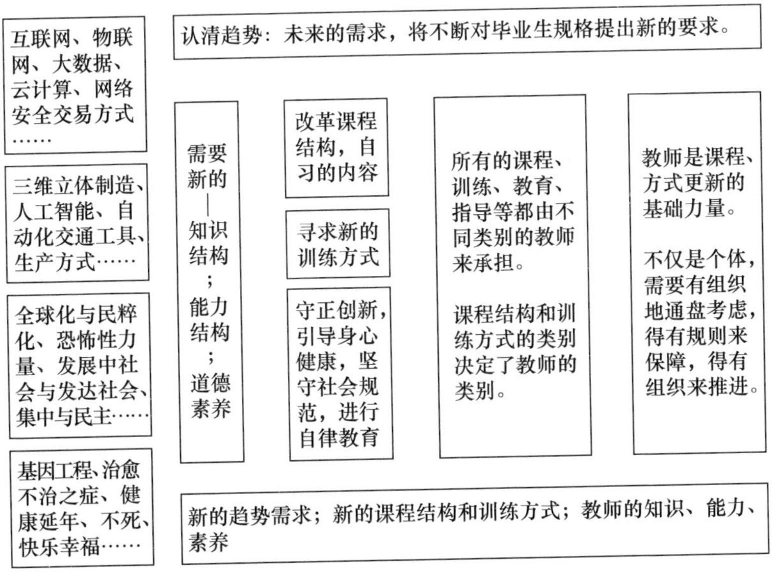

图 3　未来趋势对毕业生素质及对教育改进的要求

现在面临着什么样的新的迹象？例如，正在出现并发展的互联网、移动互联网、物联网、大数据、云计算、网络安全、三维立体制造、人工智能、自动化交通工具、新能源、基因工程、治愈不治之症、健康延年、不死、快乐幸福、新的存在方式与生产方式、星球移民、网络战争、世界性贫富极化、恐怖性力量、发达社会与发展中社会、新的集权与民主、全球化与全球治理、互联网技术与社会化制度、新的交易方式交往方式等等，这些新的迹象引发的新理念、新技术、新规则、新机制都应当在大学的课程结构中有所体现，在毕业生的知识结构、能力结构中有所体现。如果不这样来推进，毕业生毕业后就无法跟上世界的发展，变得被动。

新的变化、新的趋势需求，在大学里需要新的知识结构、能力结构来适应。所以，就要改革课程结构，将新的课程、新的内容放进培养流程中，将落后的课程及内容剔除出来，进行课程结构的吐故纳新。同时寻求新的训练方式，计算机、网络机制、模型、虚拟与现实、自主自习、碎片集合、无固定时间空间的学习方式、知识集约等，进行训练方式的吐故纳新。无论技术如何变化，课程训练方式如何更新，毕业生的道德素养培育还是第一位的。坚守人类积累下的正确的指导思想和行为规范，才能驾驭不断出现的新技术。守正创新，引导学生的身心健康，坚守正确的社会规范，对学生进行系统的自律教育。学生的道德素养需要专门的教育来进行，不要指望新技术能自然改变的人的道德。人们看到的更多的是罪犯利用了新技术在重复以往的罪恶，由于新技术，恶势力也变得更加有效率。大学教育需要培养道德高尚的引领世界的毕业生，这一点比什么都重要。

吐故纳新的课程结构、训练方式、道德培养等，其中所有的课程、训练、教育、指导等都需要由不同类别的教师来承担。没有教师的努力，上述的吐故纳新都是空中楼阁。课程结构和训练方式新的变化，实际上促进了教师知识结构、能力结构的更新，促进了教师类别构架的更新。旧的教师类别结构适应不了新的课程结构要求。

学生培养中的许多退步在于教师队伍跟不上变化的步伐。教师是课程、方式更新的基础力量，关心教师队伍的发展就是关心毕业生素质培养。促进新的变化，不仅仅依赖于教师及教师队伍，而需要有组织地通盘考虑，有规则来保障，并且系统地来推进。

四、将“关注未来”变成有组织的持续性机制

在大学里，直接结果是毕业生，学生就成了最终的服务对象。大学现在所做的一切，在于培养学生的知识结构、能力结构、道德素养等，使其在毕业后能有更多的适应性。就这种情况看，大学里，谁在关注未来社会人才知识结构、能力结构、道德素养的需求及变化？例如，谁在关注中国哲学、国际政治、工商管理、资源与环境科学、信息与通信工程、临床医学等学科人才的知识结构、能力结构、道德素养的需求及变化？大学有多个层次，哪个层次在关注？仔细看看，似乎都沾边，似乎又都不特别关注。（见图 4）

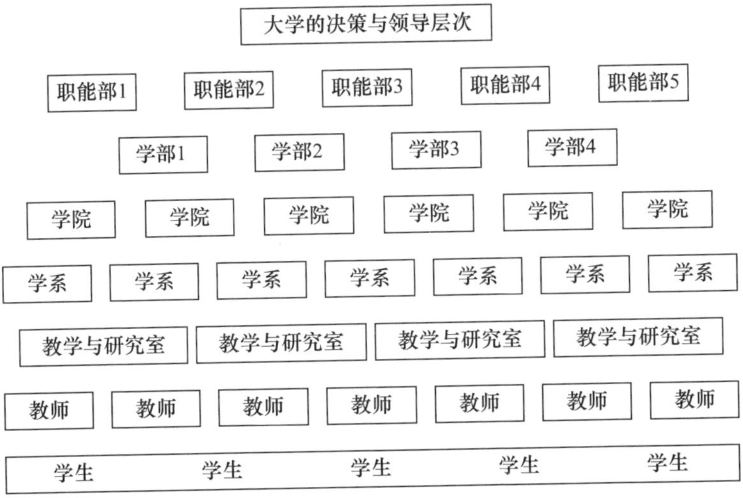

图 4 大学与学生关联的多个层次

大学最高层是大学的决策与领导层，他们没有精力去关注学科人才的知识结构、能力结构、道德素养方面的需求问题；职能部门分管规划、人事、财务、教务、科研、国际交流、后勤服务等领域的事务，

也不具体关注学科人才的需求问题；学部侧重跨院系的学科建设及交叉学科建设，也不具体关注这一问题；学院是下属多个学系多个学科的教学科研管理机构，关注多个学科共同发展的问题，也很难具体关注某个具体学科的人才问题。

接下来就是学系层次了。学系大致上相当于专业，也不完全相等。学系具体分管某一专业学生的培养事宜，制定学生培养计划，分配教师任务，研究课程教学问题，管理学生，评估教师业绩和学生学习成效等。甚至有的学系还保留教学与研究室（教研室），研究教学内容、教学方法及学术科研方面的事情。按职能，学系最应该具体关注学科人才的知识结构、能力结构、道德素养方面的需求问题了。实际上，有的学系做得好，有的学系做得一般。有的学系每学年只是把上一学年的课表做些增减调整，分配给教师，更多的时间用来研讨教师科研问题、教学质量问题、学生考核及管理上的问题、各种评估问题等。学系难以下功夫去研究未来趋势的变化，难以下力量去关注本专业人才的需求问题。如果连最应该关注的层次也难以集中且持续地关注，那么，未来变化、趋势需求、相应的课程结构更新、训练方式改革等，都会成为难题。

课程内容的更新、教学方式的改进，现在大多是通过教师进行的。教师开设新课、添加新的内容、采用新的教学方式，使每年的教学都有新的进步。这其中，有学系专门组织的，但并不作为惯常行为。而通过教师改进的方式，倒成了经常性的机制。教师改进只是根据某位教师的看法和理解来进行的，这种改进是否符合趋势，是否就是未来所需要的内容及方式，并不能确定。有的课程陈旧，虽然教师坚持保留，但从总体结构来看应该淘汰。所以，教师个体进行的改进继续鼓励，但更重要的是将关注和推动下一周期课程结构、学生训练方式、素质培养的变革变为有组织的持续性机制。

有组织的持续性机制，可大致分为以下四个方面。第一，同一学科专业的教师每年集中时间研讨未来趋势和课程结构、内容、训练方式、素质培养的改革问题。按毕业生的基本规格，教师分学科、分专业、分方向或分课程类等，每学年期末安排专门时间进行问题研讨。第一年不会有什么效果，年年这样做，大家就会形成共识性的见解，改革起来就自然多了。第二，让学生在毕业时谈他们对学习的感觉。在学生毕业时，专门组织不同类别的学生座谈会，就学习期间的课程结构、课程内容、训练方式、素质培养等提出看法和建议。第三，学生毕业几年后，听取他们的建议。可在每年校庆时，专门组织返校的毕业生参加座谈会，再次听取他们对在校期间学习的看法，这时的看法比刚毕业时的看法会更加深入、准确。同时，结合工作中的体验，征求他们对未来人才知识结构、能力结构和道德素养的看法及建议。第四，听取毕业生用人单位的看法及建议。可在每年元旦前去毕业生用人单位，或适时组织毕业生用人单位来校座谈，了解毕业生工作状况，征求改进知识、能力、道德培养方面的看法及建议。如果觉得这样做非常有必要，那就定下规则，年年坚持，形成机制，形成传统，形成持续改进的力量。这样一来，就将关注和推动下一周期学生课程结构、训练方式、素质培养的变革，落到了实处。

将对未来需求的关注形成有组织的持续性机制，必将更加重视充实学生的知识结构，这在学生大学阶段是十分必要的。因为通识知识、专业知识、前沿知识等，是能力升华的基础。只要有新的知识出现，就应该及时地充实给学生。是否能够“及时”，这要看各种条件和机会。强调知识的重要，是否意味着大学就是灌输知识，或者以知识为中心忽视了思维能力培养的地方呢？答案是否定的。但是，我们现在培养流程和训练方式上，比较注重知识的掌握，但大学教育的关键是训练大脑的思维能力。将来的世界，恰恰需要具有批判思维和创新思维的人才。而在将关注未来的需求形成有组织的持续性机制的时候，需要通过各种途径把培养具有思维能力的创新型人才的设想逐一落实下来。

后　记

大学管理第二辑《大学的核心使命与管理机制》结集出版了。这本专辑集中了23篇文章，均出自于现任的大学校长、书记和曾任的大学校长、书记，以及学院院长和相关领域的大学领导人、管理者。他们具有丰富的大学管理经历和经验，对大学建设有深刻的理解，对问题与对策有独到的看法，每一篇文章都颇具匠心。和第一辑一样，文稿虽然角度不同、宽窄有别、风格各样，观点或许还有争论，但笔下都饱含着对中国大学健康发展的思考与期待。作者们将自己的看法奉献出来，和大家交流，非常可贵。

大学管理的研讨，起因于2010年10月《大学章程》①五卷七册的出版。《大学章程》集中了国内外几十所著名大学的章程和管理规程、细则，从中可以看出大学是如何管理的，那些世界一流大学是如何成就的。《大学章程》可以说是大学管理的经典，也是大学领导人必读的经典。五卷集出版后，我们开始转向大学管理领域的研究工作，开始征集大学领导人对大学管理的心得。经过两年的研究，2013年5月，由24篇论文组成的专辑《大学理念、规则与大学治理》在北京大学出版社出版。之后，在2015年前后，我们又启动有关大学使命、大学决策、大学建设、国际比较的研究。又经过两年，到2017年，就有了27篇的研究心得。2018年最后入选的就是大家看到的这23篇大作。

中国特色、世界水准、面向未来、健康发展是中国大学发展的基本取向。无论宏观上如何指向，人才培养始终是大学的根本职责与核心任务。2018年5月2日，习近平总书记在北京大学师生座谈会

① 张国有主编：《大学章程》，北京：北京大学出版社2012年版。

上指出："大学是立德树人、培养人才的地方，是青年人学习知识、增长才干、放飞梦想的地方……高校只有抓住培养社会主义建设者和接班人这个根本才能办好，才能办出中国特色世界一流大学。"①根据第一辑出版后大学的新气象、新进步、新问题，第二本专辑集中于"大学的核心使命与管理机制"，侧重研究大学的核心使命与发展理念、国外大学管理机制的比较分析、大学学科建设与人才培养模式等。为使研究及征稿工作有序进行，我们建立了编辑组。张国有任组长，冯支越任副组长，编辑组成员有胡少诚、陈杰，共同承担研究的协调及文稿的联络组织。至今，可以说，比较好地完成了大学管理第二辑的协调及出版面世工作。

我们非常感谢赐稿的各位领导、各位同仁的鼎力支持。他们在诸事繁多、非常忙的情况下，应允进行研究，成稿后又不厌其烦地修改，这种一丝不苟的精神，令我们十分感动。文稿在北京大学编辑并在北大出版社出版。北京大学出版社王明舟社长、刘乐坚副书记、周雁翎主任等领导对编辑出版给予了大力支持和特别的关照，刘清愔编辑等出版社的同仁付出了许多辛劳。在此，向所有为《大学的核心使命与管理机制》赐稿，以及出版过程中给予指导和帮助的各位领导、各位专家、各位同仁、各位编辑和同事表示由衷地感谢！书中若有不当之处，希望读者们批评指正。

编辑组

2018 年 10 月 31 日

---

① 习近平：《青年要自觉践行社会主义核心价值观——在北京大学师生座谈会上的讲话》，《人民日报》2014 年 5 月 5 日。